FRÜHSTÜCKEN WIE EIN KAISER, MITTAGESSEN WIE EIN KÖNIG UND ABENDESSEN WIE EIN BETTELMANN

Die Bedarfsorientierte Ernährung im alltäglichen Gebrauch – Rezepte und Tipps bei der Umsetzung

Wibke Bein-Wierzbinski

Frühstück | Mittagessen | Abendessen

Symbole

 Frühstück

 Mittagessen

 Zwischenmahlzeit

 Abendessen

 Nur für Erwachsene

 Kinder
Gerichte mit bestimmten Nahrungsmitteln (z.B. Linsen, Polenta, Mohn, rote Bete), die Kinder in dieser Rezeptur gerne essen

 Frühling

 Sommer

 Herbst

 Winter

 Ganzjährig

 Vorbereitungszeit
benötigt Vorarbeiten, wie z.B. übernacht einweichen

Einleitung

Eine am Bedarf orientierte Ernährungsweise – ja, das hört sich erst einmal ganz einleuchtend und einfach an. Zumal man auch davon ausgehen kann, dass man sich instinktiv, durch den eigenen Appetit gelenkt, bedarfsorientiert ernährt. Man würde beispielsweise nicht auf die Idee kommen, einen deftigen Linseneintopf zum Mittagessen in praller Sommerhitze zu essen oder eine kühlende Gurkenkaltschale im Winter. Es gibt jedoch Einflüsse, die unser Ernährungsverhalten beeinflussen und verändern können. Werbung beispielsweise lässt unterbewusst Essgelüste auf Produkte entstehen, die nicht viel mit gesunden Lebensmitteln zu tun haben. Ebenso irreführend können allgemein gültig klingende Weisheiten sein, wie z.B. „Obst sei immer gesund und habe viele Vitamine" oder „Cholesterin und Salz sollte man immer meiden". Zudem können Erschöpfungszustände den Appetit auf schnelle Energielieferanten und aufputschende Lebensmittel, wie z.B. Süßigkeiten, koffeinhaltige Getränke und Alkohol, verstärken. Weniger bekannt ist, dass Ernährungsungleichgewichte, wie z.B. eine Unterversorgung an Salz und Eisen, ebenfalls zu einem verändertem Essverhalten führen können.

Wir leben in einer Zeit mit viel Hektik, hohen Ansprüchen und ständiger Leistungsbereitschaft. Das hohe Leistungsniveau am Tage bedarf einer Phase der Ruhe und der Erholung, in der sich der Körper regenerieren kann und Energiereserven für den kommenden Tag aufbauen kann. Das Konzept der bedarfsorientierten Ernährung hilft dabei, den individuellen Bedarf zu erkennen, um den Körper mit den Nährstoffen zu versorgen, die er zur „Wartung" bzw. zur Gesunderhaltung benötigt.

Es ist nicht immer leicht, den individuellen Bedarf an Nährstoffen zu erkennen und den Appetit mit Lebensmitteln zu stillen, die für die eigene Gesunderhaltung und für die seiner Familie notwendig sind. **Unterschiedliche Tagesinhalte, Wettereinflüsse sowie individuelle Gesundheitszustände fordern immer wieder eine auf den aktuellen Zustand angepasste Ernährungsweise. Diese sollte zum Ziel haben, sowohl Leistungsfähigkeit, als auch Erholung nach einem intensiven Alltag sowie den Aufbau von Energiereserven für den kommenden Tag zu ermöglichen.**

Störungen im Wohlbefinden, Erschöpfungszustände, Neurodermitis, Hyperaktivität, Kopfschmerzen und andere „Alltagswehwehchen" sowie das Entwickeln von Überempfindlichkeiten und Unverträglichkeiten gegenüber bestimmten Nahrungsmitteln zeigen an, dass dem Organismus nicht immer die passenden Nährstoffe zugeführt werden. **So hat Heinrich Tönnies, der Begründer der Bedarfsorientierten Ernährung, immer darauf aufmerksam gemacht, dass der Bedarf an bestimmten Nährstoffen bei jedem Menschen und von Tag zu Tag unterschiedlich sein kann, und keinen allgemein gültigen Angaben unterliegt.**

Sich zu ernähren soll in erster Linie angenehm sein, zu Wohlgefühl führen und nicht kompliziert oder gar mit schlechtem Gewissen sein, z.B. wenn man etwas vermeintlich ungesundes isst. Ich erinnere mich dabei an einen tief aus der Seele kommenden Einwurf einer Seminarteilnehmerin: „Ernährung kann ja so gefährlich sein!". Betrachtet man die durch Fehlernährung entstehenden „Volkskrankheiten" ist dieser Ausspruch sicherlich nachzuvollziehen. **In dieser Rezeptsammlung jedoch geht es in erster Linie nicht um das Heilen von Krankheiten, wie H. Tönnies es in seiner Praxistätigkeit getan hat, sondern erst einmal um die Gesunderhaltung von Kindern, deren Eltern und Großeltern. „Was braucht ein Körper an Nährstoffen" und „zu welcher Zeit und in welcher Kombi-**

nation nimmt er diese am besten auf" sind die zentralen Fragen, die hier behandelt werden, um gestärkt und ausgeglichen den Alltag zu meistern.

Für die Umsetzung der am Bedarf orientierten Ernährungsweise sind einige Grundregeln zu beachten: Das betrifft zum einen den Einkauf sowie die Lagerungs- oder Zubereitungsart einiger Speisen. Es wird z.B. auf bestimmte Gartechniken bei Fisch, Fleisch, Gemüse und Getreide hingewiesen. Zum anderen werden Tipps gegeben, zu welcher Tages- und Jah-

reszeit die Speisen besonders gut bekömmlich sind und was sie positiv im Organismus unterstützen. Hierzu zählen beispielsweise Hinweise zum Stärken der körpereigenen Abwehrkräfte, zum Verbessern der Regenerationsfähigkeit, zum Stabilisieren des Kreislaufes oder auch zum Vertragen von Hitzeeinwirkungen im Hochsommer und von Kälteeinwirkung im Winter. Auf diese Art und Weise soll erreicht werden, den Zugang zur Bedarfsorientierten Ernährung zu erleichtern, sodass es einem mehr und mehr möglich sein wird, sich und seine Familie

nach dem Konzept der Bedarfsorientierten Ernährung gesund erhaltend zu ernähren.

Der Rezeptsammlung voran wird das Konzept der Bedarfsorientierten Ernährung nach H. Tönnies vorgestellt. Es wird auf das Schöne und auf das Besondere der Bedarfsorientierten Ernährung eingegangen sowie Tipps zum Einstieg in die bedarfsorientierte Ernährungsweise gegeben.

Viel Spaß und guten Appetit beim Ausprobieren der bedarfsorientierten Ernährungsweise!

Das Konzept

DAS SCHÖNE AN DER BEDARFSORIENTIERTEN ERNÄHRUNG

Das Schöne an der Bedarfsorientierten Ernährung nach H. Tönnies ist, dass ganz normale Nahrungsmittel, wie man sie schon von jeher kennt, Verwendung finden. Dazu gehören verschiedene Brot- und Getreidesorten, Hülsenfrüchte, Gemüse und Obst, Öle, Butter, Käse und Fleischwaren sowie Meersalz und Gewürze. Es werden keine Lebensmittelgruppen kategorisch ausgeschlossen. Vielmehr wird darauf geachtet, dass Lebensmittel nicht gänzlich vermieden werden, wie z.B. tierische Fette in Form von Butter und Schmalz oder auch Hülsenfrüchte, die in vielen Haushalten in Vergessenheit

geraten sind. Durch gezieltes Kombinieren verschiedener Lebensmittel sowie durch besonders schonende Zubereitungs- und Garmethoden wird deren Bekömmlichkeit verbessert.

Durch den sorgfältigen Umgang mit Lebensmitteln ist davon auszugehen, dass herkömmliche Nahrungsmittel ausreichend Nährstoffe enthalten, um sich gesund zu ernähren. Spezielle Pülverchen, Säfte oder Präparate mit hohen Konzentrationen an Vitaminen, Mineralstoffen, Spurenelementen oder Aminosäuren, finden hier keine Verwendung.

Bei vielen Ernährungskonzepten werden konkrete Mengenangaben von bestimmten Lebensmitteln gemacht, die einem Diätplan ähneln. Bei der Bedarfsorientierten Ernährung erhält man stattdessen eine Sammlung von Leitsätzen und Hinweisen, wie Lebensmittel einzeln und in Kombination zubereitet und physisch und psychisch wirken, sodass man eine auf sich selbst abgestimmte Ernährungsweise entwickeln kann. Die Anwendung der Bedarfsorientierten Ernährung ist daher sehr praktikabel und individuell in der Umsetzung.

Das Konzept der Bedarfsorientierten Ernährung

ist aus dem Erfahrungsschatz des Heilpraktikers **Heinrich Tönnies** (1936-2006) entstanden, der gezielt Nahrungsmittel zum Heilen von physischen und psychischen Erschöpfungszuständen und zum Aufhalten von Erkrankungen eingesetzt hat. Durch seine gute Beobachtungsgabe und durch ein gutes Körpergefühl ist es ihm gelungen, ernährerische Ungleichgewichte aufzuspüren und mit Wissen aus biochemischer und ökotrophologischer Fachliteratur abzugleichen und zu ergänzen. Das hier zusammengetragene Wissen stammt größtenteils aus Mitschriften aus seinen Vorlesungen und Sprechstunden und wurde ergänzt durch neuere Erkenntnisse sowie durch eigene Erfahrungen beim täglichen Umsetzen der bedarfsorientierten Ernährungsweise.

Das Kinderernährungswerk e.V. und die Pädagogische Praxis für Kindesentwicklung PäPKI® in Hamburg haben sich zur Aufgabe gemacht, das sehr detaillierte Fachwissen aufzuarbeiten und zu praxisrelevanten und umsetzbaren Ernährungsempfehlungen zusammenzufassen.

Die in diesem Werk zusammengestellte Rezeptsammlung stammt zum größten Teil aus dem Fundus der Pädagogischen Praxis für Kindesentwicklung PäPKI®, wobei ein Schwerpunkt auf die Ernährung von Kindern und deren Eltern gelegt wird. Rezepte, die seinerzeit von Heinrich Tönnies zusammengestellt wurden, sind als solche gekennzeichnet.

DAS BESONDERE AN DER BEDARFSORIENTIERTEN ERNÄHRUNG

Tönnies hat immer darauf aufmerksam gemacht, dass die Bekömmlichkeit von Nahrungsmitteln davon abhängig ist, zu welcher Zeit ein Lebensmittel und in welcher Kombination es gegessen wird. Viele Körperfunktionen unterliegen tagesrhythmischen Schwankungen bzw. einem etwa 24-stündigen, circadianen Rhythmus. Dazu gehören der Schlaf-Wach-Wechsel, die Tagesrhythmus gebundene Aufnahme einzelner Substanzen oder auch die zeitlich begrenzte Entgiftungsfähigkeit einzelner Organe. **Im Unterschied zu anderen Ernährungskonzepten liegt bei der Bedarfsorientierten Ernährung daher ein Schwerpunkt auf der Einteilung der Lebensmittel hinsichtlich ihrer tageszeitlichen Wirkung:** Tönnies hat sie im Groben in aktivierende und regenerierende Nahrungsmittel unterteilt. Im Detail hat er die am meisten wirkenden Nährstoffe (Vitamine, Mineralstoffe, Aminosäuren, Fettsäuren) einzelner Lebensmittel benannt, die bei schonender Zubereitung oder durch bestimmte Kombinationen von Lebensmitteln besonders gut zur Wirkung kommen – und das in Abhängigkeit von der Tageszeit und des individuellen Bedarfs (Tönnies 1980-1996). Obwohl sich diese Einteilung zunächst etwas kompliziert anhört, lassen sich daraus einfache Leitsätze und Nahrungsmittelempfehlungen für die einzelnen Mahlzeiten beschreiben. Einen besonderen Schwerpunkt nehmen dabei die Gestaltung des Frühstücks und die des Abendessens (s. S. 31 und S. 24) ein aufgrund des Wechsels zwischen Aktivität und Regeneration in der circadianen Rhythmik (Kinderernährungswerk Hamburg 1995).

Sich ernähren unter Berücksichtigung von Organaktivitäten – circadiane Rhythmik

Basierend auf den Erkenntnissen der traditionellen chinesischen Medizin und der heutigen Chronobiologie (s. S. 15) unterliegen viele Körperfunktionen einer **circadianen Rhythmik.** Das bedeutet, dass alle zwei Stunden im Laufe eines 24-Stunden-Rhythmus ein anderes Organ die energetische Hauptaktivität übernimmt. So liegt beispielsweise die Hauptzeit des Magens zwischen 7:00 und 9:00 Uhr morgens bei gleichzeitiger Zunahme an Aktivität. Die Hauptzeit der Blase ist zwischen 15:00 und 17:00 Uhr, die der Gallenblase zwischen 23:00 und 1:00 Uhr und die der Leber zwischen 1:00 und 3:00 Uhr nachts. Das Besondere an der Bedarfsorientierten Ernährung ist die Aufteilung der Nahrungsmittel auf bestimmte Tageszeiten, in Abhängigkeit von der Tätigkeit der inneren Organe (Tönnies 1985).

Es ist günstig, die Funktionstüchtigkeit der Organe mit entsprechenden Nährstoffen zu unterstützen. Das bedeutet für die morgendliche Magenzeit, dass in der Zeitspanne zwischen 7:00 und 9:00 Uhr besonders gut Magensäure produziert wird. Magensäure besteht unter anderem aus Salzsäure und ist insbesondere für die Verdauung von Eiweißen notwendig, sodass zum Frühstück gesalzene, eiweiß- und kalziumreiche Lebensmittel gegessen werden sollten. **Ein herzhaftes Frühstück mit Wurst, Käse, Hähnchenschenkel, Fisch oder mit Ei und Hülsenfrüchten** ist dann besonders bekömmlich und stellt ein gutes Fundament an Nährstoffen – insbesondere an Proteinen – für den gesamten Tag bereit. Einerseits unterstützen diese Nährstoffe die Magenfunktion. Andererseits werden diese Nährstoffe, wie z.B. Kalzium aus Käse, Eisen aus dunkelrotem Fleisch und Vitamin D aus Ei, besonders gut morgens aufgenommen, da sie u.a. eine starke Magensäure zum Herauslösen aus den Lebensmitteln benötigen und zudem aktivitätsfördernd wirken.

Eine günstige Zusammenstellung von Lebensmitteln für das Frühstück wird auf den Seiten 31 bis 38 dargestellt (s. S. 36 ff Tabelle Frühstück). Mit einem **süßen Frühstück** – bestehend aus einem Marmeladentoast – würde man der Hauptaktivitätsphase des Magens nicht gerecht werden.

Ein ausschließlich süßes Frühstück hat sogar zur Folge, dass die innere Uhr verstellt wird bzw. die Hauptaktivitätszeiten der Organe nicht mehr synchron zu den äußeren Taktgebern passen. Chronobiologen (s. S. unten) sehen darin eine der Hauptursachen für Abgeschlagenheit, Burnout und Gewichtsprobleme in der heutigen Gesellschaft (Foster et al. 2013). Ernährt man sich im Takt der inneren Uhr werden Proteine, die am Morgen verzehrt werden, in Aktivität und Wärme umgewandelt. Die gleiche Menge an Proteinen am Abend hingegen wird in körpereigenes Fett umgewandelt und vermindert zudem die Entgiftungsfunktion der Leber.

In Abhängigkeit von der Organuhr wird auch ein besonderes Augenmerk auf die Zusammenstellung von

Lebensmitteln für das **Abendessen** gerichtet. **Von der abendlichen Mahlzeit ist hauptsächlich die Regenerationsfähigkeit des Körpers abhängig.** Eine besondere Rolle spielen dabei die Gallenblase und die Leber, die unter anderem für die Fettverdauung und für die Entgiftung unseres Körpers zuständig sind. Zudem ist die Leber maßgeblich an der Produktion von Glykogen beteiligt, dem körpereigenen Zuckerspeicher für die Energiebereitstellung in Muskeln und Leber. **Die Funktionstüchtigkeit dieser Organe wird unterstützt durch die Aufnahme von Kohlenhydraten, Silizium, essentiellen Fettsäuren, Vitamin A und E sowie durch Magnesium und Kalium.** Verschiedene Getreidegerichte sowie Brotsorten kombiniert mit Gemüse und Butterfett und zum Teil auch mit Ölen sind nun besonders bekömmlich und unterstützen die Erholungsphase und den Schlaf (s. S. 28 ff Tabelle Abendessen).

Stark eiweißhaltige Nahrungsmittel hingegen belasten am Abend den Körper, zumal der Magen zwischen 21:00 und 23:00 Uhr „zur Ruhe geht" und nicht mehr ausreichend Magensäure für die Verdauung der Proteine zur Verfügung stellt. Es ist daher sinnvoll, das Abendessen nicht mit tierischen Nahrungsmittel – wie in vielen Familien bislang praktiziert – mit Käse und Wurst zu gestalten, sondern am **Abend eher auf pflanzliche Kost umzusteigen.** Am Anfang scheint die Einteilung der Nahrungsmittel in aktivitätsfördernd am Morgen und entsprechend in regenerationsfördernd am Abend etwas schwierig und in einigen Familien zunächst wenig praktikabel zu sein. Hilfreiche Umsetzungswege der bedarfsorientierten Ernährungsweise werden ab Seite 21 beschrieben. Mit der Zeit ist man doch erstaunt, wie schnell man sich an die neue Zusammensetzung der Mahlzeiten gewöhnen kann und sie dann auch nicht mehr missen möchte. Gleichzeitig lernt man seine eigene Leistungs- und Regenerationsfähigkeit besser einzuschätzen und kann sich schließlich instinktiv gesund erhaltend ernähren.

Chronobiologie

Die Chronobiologie (gr. χρόνος chrónos „Zeit"; Biologie = Lehre vom Leben) ist eine Wissenschaft, die die zeitliche Organisation physiologischer Prozesse und wiederholter Wachstums- und Verhaltensmuster von Organismen (Pflanzen, Pilze und Lebewesen) untersucht.

Untersuchungsgegenstand beim Menschen sind rhythmisch wiederkehrende Phänomene (z.B. Stoffwechselprozesse), die im Inneren eines Lebewesens stattfinden (innere Uhr, Organuhr). Die innere Uhr ist dabei durch Einflüsse von außen, von so genannten biologischen „Zeitgebern", in ihrer Taktlänge an zeitlich schwankende Veränderungen aus der Umgebung, wie z.B. den Tag-Nacht-Wechsel, angepasst.

Die biologischen Rhythmen beim Menschen haben in den letzten Jahren in der Wissenschaft an Bedeutung gewonnen, da unsere Lebensweise immer häufiger von den Rahmenbedingungen, die die biologische, innere Uhr vorgibt, zuwider läuft. Eine Vielzahl an empirischen, physiologischen und molekularbiologischen Untersuchungen bestätigen die immense Wichtigkeit und Wirksamkeit der biologischen Uhr u.a. bei der Einnahme von Medikamenten hinsichtlich dessen Wirksamkeit.

Bei der täglichen Ernährung ist das Einhalten der biologischen, inneren Uhr ebenso sinnvoll und wichtig, damit die innere, optimale Organaktivität jeweils genutzt werden kann und sie nicht durch äußere Einflüsse und durch fehlende Nährstoffe geschmälert wird. Bislang wissenschaftlich bestätigte Folgen können Schlaf- und Essstörungen, Energielosigkeit bis hin zu schweren Depressionen sein. Aber auch „Alltagswehwehchen", Migräne, Konzentrationsstörungen und so genannte Alterserkrankungen, wie z.B. Osteoporose, Herz-Kreislauferkrankungen, Arthritis und Arthrose, Gicht, Fettleber, etc., können die Folgen sein.

Roenneberg (2012), Zulley und Knab (2009)

Wetterabhängige und regionale Ernährungsunterschiede

Bei der Umsetzung der am Bedarf orientierten Ernährungsweise sind neben dem Beachten der Aktivitäts- und Regenerationsphasen noch weitere Kriterien zu berücksichtigen. Hierzu zählen z.B. wetterabhängige und regionale Ernährungsunterschiede. **An feucht-kalten Herbst- und Wintertagen werden beispielsweise Nährstoffe, die die Wärmebildung fördern, besonders gut vertragen.** Nahrungsmittel mit einem hohen Anteil an Vitamin B1 und Pantothensäure sowie Zink und Mangan sind nun sehr bekömmlich.

An heißen Sommertagen mit starker Sonneneinstrahlung hingegen muss ein Schwerpunkt auf Lebensmittel mit Niacin, Vitamin A, Lysin, Arginin und Kupfer gelegt werden.

Auch können **regionale Unterschiede** zu unterschiedlichen Bekömmlichkeiten von Nahrungsmitteln führen: Ein Urlaub an der Nordsee kann beispielsweise den Bedarf an Jod verändern. Während des Aufenthalts in küstennahen Regionen nimmt man über die Atmung recht viel Jod auf, sodass dann zusätzliches Jod aus Speisen, die mit Meersalz angereichert sind, nicht mehr vertragen werden. Bei jodempfindlichen Personen kann es zu einer Überfunktion der Schilddrüse führen. Zu sehen ist eine Überfunktion u.a. an einer schmetterlingsförmigen Rötung im Bereich der Schilddrüse vorne am Hals. Betroffene Personen fühlen sich häufig gereizt. Einige reagieren mit empfindlichen, schmerzenden Zähnen. Abhilfe kann verschafft werden durch den Konsum von lang gebrühtem schwarzen Friesentee, der besonders fluorreich ist. Fluor wirkt im Stoffwechsel als Gegenspieler zu Jod, sodass Jod dann weniger stark zur Wirkung kommt (s. S. 85 Tönnies Tee).

Sich ernähren unter Berücksichtigung des Alters, des Geschlechts und der Konstitution

Natürlich spielen bei der Ernährung das Alter, das Geschlecht und die Konstitution einer Person eine Rolle: Kleinkinder benötigen beispielsweise andere Nährstoffkombinationen als Jugendliche oder Erwachsene. **Sich im Wachstum befindliche Kinder brauchen im Vergleich zu Erwachsenen einen höheren Anteil an Nahrungsmitteln mit den Aminosäuren Arginin, Histidin und Tryptophan, welche vom jungen Körper nicht oder nur in sehr geringem Maße selbständig aufgebaut werden können** (Kinderernährungswerk Hamburg e.V. 1995). Sie zählen zu den essentiellen Aminosäuren. Arginin lässt sich gut aus pflanzlichen Nahrungsmitteln, wie Linsen und Buchweizen aufnehmen. Histidin und Tryptophan allerdings sind aus tierischen Nahrungsmitteln besser zu gewinnen. Besonders gute Quellen zur Aufnahme von Histidin sind Filetfleisch und lang gereifter Käse sowie Thunfisch, Jakobsmuscheln und Lachs. In geringeren Mengen finden wir Histidin auch in pflanzlichen Produkten, wie beispielsweise in Erdnüssen und Weizenkeimen. **Histidin hat eine besondere Bedeutung beim Aufbau eisenhaltiger Moleküle.** Es stellt den Bindungsort für das Eisenatom dar, wie z.B. beim Eisenspeicherprotein Ferritin, beim roten Blutfarbstoff Hämoglobin und beim muskulären Myoglobin. Somit ist Histidin entscheidend für den Sauerstofftransport im Körper. In den Kraftwerken unserer Zellen, den Mitochondrien, bindet es ebenfalls Metallionen und ist dadurch an der Energiegewinnung beteiligt.

Tryptophan können wir besonders gut aus Kalbfleisch, aus jungem Geflügel und in geringem Umfang aus Cashewkernen, Gerste, grünen Bohnen und Bananen aufnehmen. Tryptophan spielt eine herausragende Rolle beim Schlafverhalten und wirkt indirekt auf die Psyche. Denn aus Tryptophan werden das müde machende Hormon Melatonin und das glücklich machende Hormon Serotonin gebildet. **Für die Wundheilung und Gewebereparatur sind Histidin und Tryptophan**

ebenfalls entscheidend. Diese bedeutenden Stoffwechselfunktionen beider essentieller Aminosäuren Histidin und Tryptophan sind entscheidende Gründe, warum eine rein pflanzliche, vegane oder makrobiotische Ernährungsweise für Kinder, die sich noch im Wachstum befinden oder auch für Erwachsene, die sich von einer schweren Krankheit erholen müssen, nicht sinnvoll ist. Zusätzlich kann es durch eine rein vegane Ernährung zu einer unzulänglichen Versorgung mit dem Vitamin B12 kommen. Vegan lebende Schwangere sollten daher unbedingt u.a. ihren Eisen- und Vitamin B12-Spiegel kontrollieren lassen, um die Entwicklung ihres ungeborenen Kindes nicht zu beeinträchtigen.

Die Konstitution eines Menschen ist für die bedarfsorientierte Ernährung von großer Bedeutung (Tönnies 1985): Jeder hat seine eigenen Schwachpunkte im Körpersystem, die besonders unterstützt werden können. Frauen beispielsweise, die häufig unter kalten Fingern und Füßen leiden, weisen meist auch eine schwache Blase auf, die zudem zu Entzündungen neigt. Die **Blasenfunktion** lässt sich gut über bestimmte Nährstoffe beeinflussen. So ist es günstig, die Blasenfunktion sowie den Wärmehaushalt am Nachmittag zwischen 15:00 und 17:00 Uhr mit wärmenden Nährstoffen, wie beispielsweise mit Pantothensäure (Vitamin B5) aus Haferflocken (s. S. 235) oder Popcorn zu unterstützen. Aus wiederkehrenden Streptokokken-Infektionen, wie eitrige Mandelentzündung oder Scharlach, resultiert häufig eine **Nebennierenschwäche**. Die Nebennieren lassen sich in ihrer Funktionstätigkeit sehr gut durch tyrosinhaltige Nahrungsmittel, wie beispielsweise Polenta, Eier oder auch Allgäuer Emmentaler (aus Rohmilch), unterstützen, sodass man wieder leistungsfähiger wird und weniger anfällig für weitere Infektionen ist. Als „schnelle Hilfe" bei kurz auftretender Erschöpfung nennt Tönnies einen kurz gebrühten schwarzen Tee (s. S. 85 Tönnies Tee). Der hohe Gehalt an Koffein mit nur wenig belastenden Gerbsäuren wirkt schnell kreislaufstabilisierend und hilft für 2 bis 3 Stunden über den Erschöpfungszustand hinweg. Auf lange Sicht benötigt der Körper jedoch die Stärkung der Nebennierenfunktion.

In Bezug auf das **Geschlecht** sollte eine Frau aufgrund der monatlichen Hormonschwankungen Nahrungsmittel mit ausreichenden Mengen an Mangan, Kupfer, Eisen und Folsäure zu sich nehmen, während ein männlicher Organismus für seinen Hormonhaushalt und für die Spermiogenese einen Mehrbedarf an Zink aufweist.

Wechselwirkungen einzelner Nährstoffe

Ein besonderes Augenmerk bei der Umsetzung der Bedarfsorientierten Ernährung gilt den **Wechselwirkungen** einzelner Nährstoffe untereinander.

Hierzu muss man wissen, dass kein Nährstoff isoliert im Stoffwechsel wirkt, sondern immer im Verbund mit anderen. So gibt es **synergistische** (fördernde) und antagonistische (behindernde) Wechselwirkungen, die zudem in Abhängigkeit von den Mengenverhältnissen zueinander auch noch unterschiedliche Wirkungsmechanismen aufweisen können. **Vitamin D ist beispielsweise notwendig, damit der Mineralstoff Kalzium mit Hilfe des Parathormons in Knochengewebe aufgenommen werden kann** (Synergismus). Sofern nicht genügend Vitamin D sowie auch Folsäure, Silizium, Magnesium und Phosphor vorhanden sind, kann die Kalziumaufnahme in Knochen oder Zähne beeinträchtigt sein, obwohl ausreichend Kalzium vorhanden ist.

Ebenso kann aber auch ein Zuviel des einen Stoffes Symptome eines Mangels eines anderen Stoffes hervorrufen. Wenn beispielsweise zu viel Vitamin D vorhanden ist im Verhältnis zum Kalziumspiegel, dann wird Kalzium aus dem Knochengewebe wieder heraus geschleust, um das Verhältnis im Blutserum auszugleichen.

Ein weiteres Beispiel bezüglich Wechselwirkungen ist bei **Kupfer und Zink** anzuführen: Ein Überschuss des Spurenelements Zink führt zu Symptomen wie bei einem Kupfermangel. Umgekehrt führt ein Kupferüberschuss zu Zinkmangelerscheinungen, da Kupfer und Zink antagonistisch wirken. Im Blutbild sind jedoch beide Spurenelemente ausreichend vertreten, sodass dieses keine Hinweise auf eine Mangelversorgung ergibt.

Die Qualität von **Aminosäuren** sowie deren Mischungsverhältnisse sind ebenso von großer Bedeutung für die Gesunderhaltung des Körpers. Der Organismus benötigt eine ausgeglichene Mischung an Aminosäuren. Wenn eine essentielle Aminosäure – wie z.B. Tryptophan – in zu geringem Anteil vorliegt, werden die anderen Aminosäuren nicht in vollem Umfang zum Proteinaufbau genutzt, sondern in Fette und Zucker um- und abgebaut.

Gerade bei unvorsichtigen Garmethoden von proteinhaltigen Lebensmitteln, wie beispielsweise das Erwärmen von Hühnerfrikassee im Mikrowellenherd oder das Frittieren von Fischstäbchen in zu heißem Fett, beeinflusst die Wertigkeit der darin enthaltenen Aminosäuren, sodass diese dann nicht zur Proteinsynthese verwendet werden.

Die Qualität einer Mahlzeit bezogen auf die Aminosäureversorgung kann durch geeignete **Kombinationen** gesteigert werden. Das Kombinieren von Fleischgerichten mit Hülsenfrüchten, wie beispielsweise Beefburger mit gelben Linsen (s. S. 90), oder auch mit eiweißreichen Getreidesorten, wie beispielsweise Lammfleisch mit Hirse (s. S. 152), ist besonders bekömmlich. Die biologische Wertigkeit der einzelnen Nahrungsmittel wird dadurch gesteigert.

Nahrungseiweiß wird benötigt, um körpereigene Proteine in Form von Enzymen, Bindegewebe oder auch Muskulatur etc. aufzubauen. Bei vegetarischer Ernährung ist das Kombinieren von unterschiedlichen Getreidesorten und Hülsenfrüchten besonders wichtig für einen ausgewogenen Aminosäurestoffwechsel – sei es als Beilage oder auch in Form von Brotaufstrichen, wie beispielsweise Knäckebrot mit Kichererbsenmus (s. S. 182).

Aufgrund der vielen und zum Teil sicher auch nicht bekannten Wechselwirkungen einzelner Nährstoffe und Begleitstoffe untereinander, kann die Wirkung von bestimmten Nahrungsmitteln sehr unterschiedlich ausfallen. Obwohl in **Nährstofftabellen** beispielsweise der Gehalt an Niacin bei Erdnüssen sehr viel höher ist als bei Champignons, ist nach dem Konsum von Erdnüssen sehr viel weniger Niacin-Wirkung zu spüren als nach Champignons. H. Tönnies hat daher Nahrungsmittel benannt, aus denen bestimmte Nährstoffe besonders gut bioverfügbar sind und zum Ausgleich von Ernährungsungleichgewichten eingesetzt werden können. Insbesondere diese Nahrungsmittel finden in den Rezepten Verwendung mit den jeweiligen Hinweisen bezüglich der entsprechenden Nährstoffwirkungen. Eine Nahrungsmittelliste nach Tönnies (Kinderernährungswerk Hamburg e.V. 1994) mit günstigen Lebensmitteln in Bezug auf bioverfügbarer Nährstoffe ist im Anhang (s. S. 242) nachzuschlagen.

Die Umsetzung im Alltag

DER EINSTIEG IN DIE BEDARFSORIENTIERTE ERNÄHRUNGSWEISE

Eine Umstellung der „traditionellen" Ernährungsgewohnheiten auf die bedarfsorientierte Ernährungsweise innerhalb einer Familie ist nicht immer einfach, obwohl die bedarfsorientierte Ernährung gewöhnliche Lebensmittel verwendet. Allein die zeitliche Verschiebung des herzhaften und deftigen Abendessens mit Wurst und Käse auf den Morgen scheitert häufig bei dem ein oder anderen (meist Erwachsenen) an einem schwachen Magen, Müdigkeit und morgendlicher Erschöpfung. Und die Gestaltung einer vegetarischen Abendmahlzeit scheitert in einigen Familien beispielsweise daran, dass den ganzen Tag über keine warme Mahlzeit zu sich genommen wird. Am Abend ist der Hunger dann so groß, dass unbedingt etwas Deftiges mit Wurst/ Fleisch oder Käse benötigt wird.

Den Einstieg in die bedarfsorientierte Ernährungsweise sollte man daher planen. In einigen Familien ist es sinnvoll, nicht allzu viele Änderungen gleichzeitig vorzunehmen, sondern die bedarfsorientierte Ernährung nach und nach in den familiären Alltag einzuführen.

Eine Möglichkeit: Mahlzeiten ergänzen

Ganz im Sinne der bedarfsorientierten Ernährungsweise können einzelne Mahlzeiten ergänzt werden mit eiweißreichen, tierischen („kaiserlichen") Nahrungsmitteln am Morgen, mit einer ausgewogenen Mahlzeit („königlich") am Mittag und mit pflanzlichen („bettelarmen") Lebensmitteln am Abend. Ziel ist es, sich schließlich ganz nach dem Motto der alten Volksweisheit **„Frühstücken wie ein Kaiser, Mittagessen wie ein König und Abendessen wie ein Bettelmann"** zu ernähren.

Beim schrittweisen Verändern der einzelnen Mahlzeiten kann beispielsweise zum Frühstück neben dem gewohnten süßen Frühstück (z.B. Müsli) auch ein gekochtes Ei oder neben dem Marmeladentoast auch eine Scheibe Brot, die mit Hartkäse oder Kochschinken belegt ist, gegessen werden. Nach und nach kann sich der Körper an diese Ernährungsumstellung gewöhnen, sodass der Magen wieder seine volle Leistungsfähigkeit am Morgen zurückgewinnt und man auf das süße Frühstück ganz verzichten kann.

Das Abendessen kann durch aufgeschnittenes Gemüse ergänzt werden. Anstelle von Käse- oder Wurst-Broten kann die ein oder andere Brotscheibe mit vegetarischen Brotaufstrichen aus Hülsenfrüchten (s. S. 181) oder mit Erdnussmus (s. S. 177) bestrichen werden.

In der kälteren Jahreszeit fällt es einem leicht, das herkömmliche Abendessen mit Käse- und Wurstbroten einzutauschen gegen warme Gemüsesuppen (s. ab S. 200), die zusammen mit Brot und Butter gegessen werden.

Die eigene innere Uhr wird auf diese Art und Weise nach und nach mit den Organaktivitäten synchronisiert.

Weitere Möglichkeit: vorbereitend essen

Besonders gut gelingt die Ernährungsumstellung durch ein so genanntes „vorbereitendes Essen" auf die nachfolgende Mahlzeit.

Die Mahlzeiten (evtl. ergänzt durch Zwischenmahlzeiten) die zeitlich vor dem Frühstück und dem Abendessen liegen, werden so gestaltet, dass ein entsprechender Appetit beim Frühstück und beim Abendessen vorhanden ist. Das bedeutet für das Abendessen, dass die Mittagsmahlzeit ausreichend sättigend, „königlich" sein muss, damit man am Abend nicht zu großen Hunger hat. Und das bedeutet für das Frühstück, dass das Abendessen wenig belastend und nicht zu umfangreich („bettelarm") sein darf, damit man morgens Hunger auf etwas Herzhaftes hat. Dieser Weg zum Einstieg in die bedarfsorientierte Ernährungsweise kann wie folgt gestaltet werden:

ERSTER SCHRITT: UMSTELLUNG DES MITTAGESSENS

Am besten nimmt man sich erst einmal vor, das Mittagessen „vollständig" zu gestalten. Wenn man über den Tag hinweg nur „aus der Hand in den Mund lebt" mit kleinen (Fastfood-) Snacks, ist man am Abend so hungrig auf eine deftige Mahlzeit, dass eine rein vegetarische Ernährungsweise bestehend aus Butterbrot mit Kichererbsenmus und Gurkensalat oder einer Gemüsesuppe mit etwas Brot und Butter nicht ausreicht. Besteht die Mittagsmahlzeit jedoch aus tierischen und pflanzlichen Eiweißen mit genügend Kohlenhydraten, etwas Fett sowie einer kleinen Portion frischem grünen Salat oder kurz gegartem Gemüse, dann kann man am Abend sehr gut mit einer rein vegetarischen und den Magen und die Leber wenig belastenden Mahlzeit auskommen.

Vollständige und über einen längeren Zeitraum satt machende Mittagsmahlzeiten (an nicht zu heißen Tagen) sind z.B. folgende:

- ❤ Hähnchenschenkel mit Salat und Kartoffelstampf
- ❤ Buletten mit Graupen dazu Kartoffelbrei und Feldsalat
- ❤ Kalbsfilet mit Polentabratlingen, Gemüse und Rotweinsoße
- ❤ Curry-Hühnchen auf buntem Reis mit Cashewkernen
- ❤ „Bauernfrühstück" aus Bratkartoffeln mit Rührei
- ❤ Züricher Kalb-Geschnetzeltes mit Kartoffelplätzchen und Beilagensalat
- ❤ Kartoffelsuppe mit Wiener Würstchen; eine vegetarische Kartoffelsuppe würde sehr müde machen.

In dieser Auflistung sind viele Gerichte aufgeführt, die reich an Tryptophan sind. Die vor allem in tierischen Nahrungsmitteln vorkommende Aminosäure ist besonders wertvoll für uns Menschen, da sie zum einen nicht vom Körper selbst hergestellt werden kann. Zum anderen ist sie an der Bildung von dem glücklich machenden Hormon Serotonin und von Melatonin, dem Schlafhormon, beteiligt. Zusätzlich spielt Tryptophan eine entscheidende Rolle bei der Aufnahme von Magnesium und Kalium in das Zellinnere und ist somit maßgeblich an der regenerativen Leistung während des Schlafens beteiligt. Gerade Menschen, die unter Stress leiden, sollten tagsüber ausreichend tryptophanhaltige Lebensmittel zusammen mit Vitamin B12 und Jod (zum Einbau von Tryptophan in die Zelle) zu sich nehmen, damit sie am Abend in den Schlaf finden und nicht noch einen alkoholischen Absacker zum Abschalten vom Tag benötigen.

Grundsätzlich können folgende Leitsätze beim Gestalten einer Mittagsmahlzeit hilfreich sein:

Für das Mittagessen gilt: Die Mischung macht's!

♥ Kartoffelgerichte zusammen mit ein wenig tierischem Eiweiß (Ei, Schinken, Würstchen, Käse) und grünem Blattsalat kombinieren (s. S. 223).

♥ Fischgerichte mit Hülsenfrüchten oder Reis kombinieren und nicht mit Kartoffeln, da man sonst aufgrund der Niacinwirkung zu müde wird (ab S. 163).

♥ Fleischgerichte mit Hülsenfrüchten und Kartoffeln oder Getreide kombinieren (ab S. 162).

♥ Getreidegerichte mit Hülsenfrüchten und niacinreichem Gemüse (z.B. Avocado, Fenchel, Champignons) oder Fisch kombinieren, da Hülsenfrüchte und Getreide die Aminosäure Leucin enthalten. Leucin lässt die Schleimhäute trocken werden. Niacin hebt diese Wirkung wieder auf. Bei Niacin-Mangel entstehen schnell Blähungen. Dies trifft besonders bei Menschen mit einer empfindlichen Leber zu.

♥ Blattsalate als Beilage zur Mittagsmahlzeit immer mit gesäuerter Salatsoße (Vinaigrette) und genügend Salz zubereiten, damit die Magensäure nicht zu stark in ihrer Wirkung reduziert wird und Blähungen nach dem Essen entstehen.

♥ Eierspeisen zum Mittagessen mit Kartoffeln kombinieren, wie z.B. Bauernfrühstück (s. ab S. 140).

♥ Möglichst nur frisch zubereitete Speisen essen. Kantinenessen, das zu lange erwärmt gelagert wird, enthält weniger bioverfügbare Stoffe als frisch gekochte Speisen. Warm gehaltene Gemüse und Kartoffeln werden besonders unbekömmlich und führen zu chronischen Darmstörungen.

♥ Wenn man auf Kantinenessen angewiesen ist, können ein Zwischensnack aus Hülsenfrüchten sowie zusätzliche frische Kräuter (z.B. Basilikumtopf als „Büropflanze") als sinnvolle Ergänzungen dienen.

ZWEITER SCHRITT: UMSTELLUNG DES ABENDESSENS

Wenn man sich tagsüber gut ernähren kann, fällt es einem nicht mehr schwer, das Abendessen im Sinne der Bedarfsorientierten Ernährung zu gestalten. Tönnies hat besonderen Wert auf die abendliche Nahrungszufuhr gelegt, da von dieser die Regeneration bzw. das Erholen und Entgiften der Gewebe sowie der Aufbau der Energiereserven für den nächsten Tag abhängen.

Ein gut zu merkender Satz von ihm ist folgender:

„Der Tag fängt am Abend vorher an!"

Im übertragenen Sinne bedeutet es, dass die Leistungsfähigkeit am Tage entscheidend von einem erholsamen Schlaf abhängig ist, bei dem das physiologische Gleichgewicht im Körper wieder hergestellt wird. Eine besondere Rolle spielt bei diesem Prozess die Leber, die in ihrer Funktion durch geeignete Lebensmittel unterstützt werden kann. Hier stehen pflanzliche Kost mit einem hohen Anteil an langkettigen Kohlenhydraten (Vollkornbrot, Mischbrot, Hülsenfrüchte, gegartes Getreide) kombiniert mit etwas Fett sowie eine ausreichende Zufuhr an Magnesium, Kalium, Niacin und Vitamin A und E im Vordergrund.

Günstige Speisekombinationen für das Abendessen sind:

- ❤ in Butter kurz gegartes Gemüse (Brokkoli, Kohlrabi, Blumenkohl, Fenchel) mit Brot, Reis oder Nudeln (s. ab S. 208)
- ❤ Brot mit vegetarischem Brotaufstrich aus Hülsenfrüchten und Sahne oder Schmand dazu ein Stück rote Paprika, frischer Fenchel oder Gurke (s. ab S. 177)
- ❤ Brot mit Erdnussmus etwas Parmesan und ein Stück grünes Gemüse (Gurke, Fenchel, Kohlrabi)
- ❤ Avocado-Dip mit Brot und Butter (s. S. 180)
- ❤ Forellenfilet mit Endiviensalat und Brot
- ❤ Gemüsesuppen evtl. mit etwas Parmesan und dazu etwas Brot (s. ab S. 199).
- ❤ Im Sommer: Tomatensalat mit Öl, Balsamico und Basilikum dazu Baguette mit Butter
- ❤ Kartoffelstampf mit sauer angemachtem Gurken-Dill-Salat dazu geröstetes Brot mit Butter. Brot (Kohlenhydrate) ist notwendig, damit Gurke nicht zu Blähungen führt.

Für das Abendessen gilt:

- ❤ tierisches Eiweiß am Abend meiden. Ausnahmen sind fetter Fisch und etwas kurz gestocktes Hühnerei in Kombination mit Parmesankäse nach körperlicher Verausgabung

- ❤ Kartoffelgerichte am Abend immer mit Kohlenhydraten aus Brot oder Getreide kombinieren, damit keine Unterzuckerung entsteht.

- ❤ Frisches Gemüse in Form von Salaten mit saurer Salatsoße kombinieren und mit vollwertigen Kohlenhydraten.

- ❤ Hülsenfrüchtegerichte mit ausreichend Butterfett (Butter, Sahne, Schmand) und Weißmehlprodukten kombinieren, damit es nicht mitten in der Nacht zu einer Unterzuckerung kommt. Weißmehlprodukte eignen sich besser zu Hülsenfrüchten, damit nicht zu viel von der Aminosäure Leucin konsumiert wird. Leucin kommt besonders in den Randschichten des Getreides vor.

- ❤ Getreide und Hülsenfrüchte mit niacinreichem Gemüse (Fenchel, Avocado, Champignons, rote Paprika) kombinieren, damit es durch die Aminosäure Leucin nicht zu einer Unterversorgung an Niacin kommt.

Tierisches Eiweiß sowie Alkohol und Süßigkeiten am Abend führen zu einer geschwächten Regenerationsleistung der Leber und sollten daher gemieden werden. Eine Ausnahme bezüglich tierischer Eiweiße ist fettreicher Fisch, wie beispielsweise geräucherte Makrele oder auch Forelle. Auch kann hin und wieder der Konsum an lang gereiftem Rohmilchkäse am Abend, wie z.B. Parmesankäse im Stück, bei dem ein oder anderen zur Stabilisierung des Kreislaufes in der Nacht notwendig sein. Stillende Mütter benötigen ebenfalls etwas Kalzium aus Hartkäse, damit sie durch das nächtliche Stillen nicht völlig entkräften (Bein-Wierzbinski 2013b).

Bei besonders erschöpften Menschen – zu sehen an geschwollenen Fuß- und Fingergelenken sowie an einem aufgedunsenen Körper am Abend (meist vermehrt im Sommer) – hat Tönnies folgende Speisen empfohlen:

♥ In Butter angebratenes Fenchelgemüse oder Chicorée mit gestockter Eischneehaube dazu Weißbrot evtl. mit Walnüssen (s. S. 210)
♥ In Butter angebratener Chicorée oder frischer Endiviensalat mit etwas Balsamico-Creme dazu Baguette mit Butter (sommerliches Abendessen)
♥ Kleines Rührei (1 Ei und etwas Milch) mit Parmesankäse dazu vollwertiges Brot und eine Gewürzgurke und/ oder sauer eingelegte rote Bete (s. S. 211)

Die **Bitterstoffe** aus Endiviensalat oder aus leicht in Butter geschwenktem Chicorée zusammen mit Brot verbessern die Entgiftungsleistung der Leber. In der Anfangszeit ist auch **sauer eingelegtes Gemüse**, wie z.B. eine Gewürzgurke zum Abendessen, eine gute Verdauungshilfe. Der Essig und das Magnesium aus der Gewürzgurke helfen der Leber beim Abbau von Ammoniak, sodass der Körper sich in der Nacht besser regenerieren kann.

Das tierische Eiweiß in Form von **kurzgestocktem Rührei und Eischneehaube** evtl. in Kombination mit Parmesan am frühen Abend ist immer dann sinnvoll, wenn man sich am Tag stark körperlich betätigt bzw. verausgabt hat (lange Radtouren, Klassenausflüge, Gartenarbeit, etc.). Das leicht verdaubare Eiweiß aus Eiklar hilft, sich nach körperlicher Erschöpfung besser zu regenerieren und den Kreislauf stabil zu halten.

Ein wenig **frischer Parmesankäse** zum Abendessen in Kombination mit Kohlenhydraten ist immer dann sinnvoll, wenn durch magnesiumreiches Gemüse der Kreislauf zu stark gedämpft wird. Zu bemerken ist eine Magnesiumüberversorgung bzw. eine Kalziumunterversorgung durch das Gefühl, seine Beine bewegen zu müssen, sobald man zur Ruhe kommt bzw. im Bett liegt – und das, obwohl bzw. gerade weil man hundemüde ist. Der Kreislauf sackt durch das zur Ruhe kommen noch stärker ab, sodass der Körper versucht, durch Bewegung wieder in die Gänge zu kommen. Kalzium aus Parmesan (als Gegenspieler zu Magnesium) stabilisiert den Kreislauf wieder. Im Gegensatz zu jungem Schnittkäse, wie z.B. Butterkäse und junger Gouda) eignet sich Parmesankäse besonders gut, da durch die sehr lange Reifelagerung die Eiweißstrukturen schon so mürbe sind, dass der Käse nur sehr kurz im Magen verweilt.

Wie oben schon kurz erwähnt, ist ab und zu der Konsum von fettem Tiefseefisch am Abend zu empfehlen, um ausreichende Mengen an essentiellen Omega-3-Fettsäuren aufzunehmen, die besonders wichtig für die Leistungsfähigkeit unseres Gehirns sind, für die Augen und für die Herztätigkeit. Auch bei Allergien und Neurodermitis spielen essentielle Fettsäuren aus Tiefseefisch eine positive Rolle, bzw. sie zeigen eine anti-allergene Wirkung durch Veränderung der Immunaktivität.

In der folgenden Tabelle werden Lebensmittel zusammen mit den darin enthaltenen Nährstoffen und deren Funktion bzw. Nutzen aufgeführt, die besonders günstig für eine gute nächtliche Regeneration sind.

Günstige Nahrungsmittel für das Abendessen

Nahrungsmittel	Nährstoffe	Funktion/ Aufnahme
Brot/Getreide/ Scheingetreide: Vollkornbrot, Vielkornbrot, Weißbrot, Knäckebrot, Maiswaffeln (Tyrosin), Hirsebrei, Reis, Bulgur, Buchweizen, Couscous *Je wärmer es ist, um so weniger Vollkornbrot und umso besser verträgt man Weißmehlbrot.* *Hirse nicht mehr als einmal pro Woche essen, da man sonst schnell garstig und jähzornig werden kann durch Threonin-Überschuss.*	Kohlenhydrate, Vitamin B1 und B6	als Energielieferant. **Vitamin B1** und **Vitamin B6** sind wichtig bei dem Eiweißstoffwechsel. **Vitamin B1** kann zusammen mit **Vitamin C** den Heißhunger auf Süßigkeiten mindern und den Teufelskreis, ständig mehr Süßigkeiten und Zucker zu sich nehmen zu wollen, durchbrechen. Vitamin B6 wirkt gut gegen Nackenverspannungen.
Streichfett: Butter Bio-Schmalz (im Winter und bei Kreislaufschwäche) 	Essentielle Fettsäuren, Vitamin D, etwas Vitamin A (in Butter)	als Energielieferant. **Essentielle Fettsäuen** sind wichtig für das Nervensystem und für das Gehirn. **Vitamin D** benötigen wir zur Kalziumverwertung und es wirkt kreislaufstabilisierend. Schmalz ist besonders reich an Vitamin D, sodass er in der nass-kalten Jahreszeit besonders bekömmlich ist. Butter kann das ganze Jahr über gegessen werden. Butterfett ist wichtig für die Verwertung von Getreide.
Hülsenfrüchte: Linsen, Kichererbsen, gelbe Erbsen, weiße Bohnen, rote Kidneybohnen, grüne Erbsen Viele der Hülsenfrüchte lassen sich leicht zu einem vegetarischen Brotaufstrich verarbeiten.	pflanzliches Eiweiß und vollwertige Kohlenhydrate, Vitamin B6, z. T. Mangan, Zink, Selen, Kupfer	**Vitamin B6** ist wichtig für den Eiweißstoffwechsel und wirkt sehr gut gegen Nackenverspannungen. **Mangan** aus braunen Linsen, gelben Erbsen und aus Kichererbsen wirkt beruhigend und gegen Nervosität. Man fühlt sich weniger schnell gereizt. Mangan kann aber auch die Nebennierenaktivität herabsetzen. **Selen** aus Kidneybohnen macht beweglich im Halsbereich. Zink aus weißen Bohnen fördert das logische Denken, kann aber auch zu Gefühlsarmut führen. Kupfer aus grünen Erbsen macht kreativ. Kupfer wird besonders gut morgens aufgenommen.

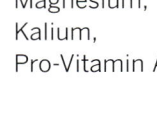

Nahrungsmittel	Nährstoffe	Funktion/ Aufnahme
Gemüse: Gemüserohkost, Blattsalate mit Öl und Essig, sauer eingelegtes Gemüse (Gurken, rote Bete) Gemüsesuppe, kurz gegartes Gemüse (Blumenkohl, Brokkoli, Fenchel, Kohlrabi, grüne Bohnen, Schmorgurke, Pastinake, Tomate, rote Paprika) 	Magnesium, Kalium, Pro-Vitamin A	**Magnesium** ist beteiligt am Energiestoffwechsel, an der Nervenfunktion, an der Muskelentspannung, an dem Zahn- und Knochenaufbau; es wirkt beruhigend und ist wichtig bei der Regeneration: **Magnesium** wird besonders gut zusammen mit **Kohlenhydraten, Kalium und Vitamin A** sowie **Tryptophan** in die Zelle aufgenommen - und das insbesondere bei körperlicher Ruhe. Zum Aufbau von körpereigenen Energiereserven (Glykogen) in Leber und Muskulatur benötigen wir zusätzlich noch **Vitamin E** (gutes Öl, Weizenkeime). **Kalium** befindet sich in jeder Zelle; es dient der Übertragung von Nervenimpulsen: Muskelkontraktionen werden auf diese Art in Gang gesetzt; es kontrolliert und reguliert die Flüssigkeitsmenge in unserem Körper zusammen mit Natrium. Es ist an regenerierenden Stoffwechselprozessen beteiligt: Damit der Körper Blutzucker in Form von Glykogen in Muskeln und Leber als Energiereserve speichern kann, wird Kalium zusammen mit **Vitamin E** benötigt.
Kartoffelgerichte: Bratkartoffeln, Pellkartoffeln mit Butter oder gewürztem Öl oder etwas Frischkäse, Kartoffelsalat, Kartoffelbrei, Kartoffelauflauf mit Sahne und Parmesan *Am Abend Kartoffelgerichte immer mit Getreideprodukten, wie z.B. etwas Brot, kombinieren.*	Kohlenhydrate und Niacin	Kartoffel enthält viel **Niacin,** welches die Freisetzung von Energie beim Kohlenhydratstoffwechsel ermöglicht. Niacin wirkt stabilisierend auf den Kreislauf, ist an der Bildung von Fettsäuren, Aminosäuren und Hormonen beteiligt, sorgt bei starker Sonneneinstrahlung für inneren Zellschutz. Als **Energielieferant** wirkt Kartoffel besonders gut zusammen mit einem Stück Brot und ein wenig Butterfett (Sahne, Schmand, Butter). Für Personen mit schwacher Nebennierenfunktion ist die Kombination mit ein wenig kalziumreichem Parmesankäse sinnvoll, damit der Kreislauf nicht zu stark gedämpft wird.

Nahrungsmittel	Nährstoffe	Funktion/ Aufnahme
Fisch: Makrele, Sardine, Hering in Tomaten- oder Senf-Soße Zucht-Lachs einmal pro Woche Wildlachs ist wegen des höheren Chromgehalts weniger gut geeignet bei Allergien/ Neurodermitis als Zuchtlachs.	Omega-3-Fettsäuren	**Omega-3-Fettsäuren** wirken anti-allergen, sie verhindern die überschießende Aktivität von Immunzellen bzw. dämpfen die Immunantwort und wirken entzündungshemmend. Omega-3-Fettsäuren gehören zu den essentiellen Fettsäuren und sind besonders wichtig für die Gehirn- und Herzaktivität sowie für die Augenfunktion.
Weichkäse: Brie, Camembert, Blauschimmelkäse	Vitamin B2	**Vitamin B2** benötigen wir zusammen mit Kupfer (z.B. rote Bete) für die Sauerstoffverwertung. Es ist ein Baustein verschiedener Coenzyme, die beteiligt sind an Umwandelprozessen von Eiweiß, Fett und Kohlenhydraten zu Körperenergie, sowie an der Produktion von Schilddrüsenhormonen und an der Produktion von infektionsbekämpfender Immunzellen.
Rohmilch-Hartkäse, wie z.B. Gruyère, Bergkäse, Appenzeller, Allgäuer Emmentaler, frischer Parmesan im Stück (nicht in geriebener Form aus der Dose)	Kalzium	**Kalzium** wirkt kreislaufstabilisierend und anregend. Zusammen mit Folsäure wirkt Kalzium entgegen einer Entkalkung der Zähne und Knochen (Osteoporose). Kalzium am Abend ist für kreislauf- und nebennierenschwache Personen wichtig, wenn sie das Gefühl haben, ihre Beine bewegen zu müssen, sobald sie liegen und der Kreislauf zur Ruhe kommt.
Getränke: Wasser, Mineralwasser/ Heilwasser, das reich an Mineralien ist, Kräutertee evtl. angereichert mit ein wenig Birnensaft, Traubensaft, Aprikosensaft	Wasser mit ein wenig Kalium und Vitamin B2	**Kalium** wird in den Zellen benötigt zur Regeneration. **Vitamin B2** wird für die Sauerstoffverwertung benötigt.

DRITTER SCHRITT: UMSTELLUNG DES FRÜHSTÜCKS

Gelingt es einem, sich abends vegetarisch und nicht zu opulent zu ernähren, ist die Umstellung des Frühstücks auf eine „kaiserliche" Mahlzeit nicht schwer. Häufig wacht man schon kurz vor dem Wecker auf und fühlt sich wohl und munter. Es fällt nun nicht schwer, aufzustehen. Der Magen signalisiert Appetit auf ein reichhaltiges „Starkmacher"-Frühstück mit tierischen und pflanzlichen Proteinen.

Das „Starkmacher"-Frühstück soll anregend und kreislaufstabilisierend wirken und die Energie für die Tagesaktivität liefern. Da die Hauptaktivitätszeit des Magens am Morgen zwischen 7 und 9 Uhr liegt, eignet sich gerade das Frühstück besonders gut für die Aufnahme von Nahrungsmitteln, die eine starke Magenfunktion benötigen, um verdaut zu werden. Hierzu zählen:

1 Tierische und pflanzliche Proteine
2 Eisen zusammen mit Vitamin C und Folsäure
3 Kalzium zusammen mit Vitamin D

Daraus resultierend hat H. Tönnies ein herzhaftes Frühstück zusammengestellt, bei dem der Anteil an Eiweiß möglichst hoch ist und der Kohlenhydratanteil möglichst gering ausfällt.

Günstige Speisekombinationen für ein Frühstück sind:

Herzhaft belegtes Brot
mit Butter, Hartkäse, Schinken oder Wurst

Eierspeise
(Rührei, Löffelei, Spiegelei, Omelette) mit einer Scheibe Brot

Polenta-Gerichte
(s. Rezepte ab S. 118) und für das zweite Frühstück dann eine Scheibe Brot mit Käse

Würstchen, Bacon oder **Hähnchenschenkel** mit einer Scheibe Brot

dazu
1-2 Eßlöffel Hülsenfrüchte (Linsen, weiße Bohnen/ Baked Beans)

dazu
2-3 dunkelgrüne Salatblätter (z.B. Feldsalat oder Basilikum)

dazu
ein wenig Vitamin C-reiche Früchte (Himbeeren, Johannisbeeren, gelbe Grapefruit)

Ab und zu zusätzlich oder als zweites Frühstück
1 kleines Glas Buttermilch (natur). Buttermilch enthält viel Lysin, eine Aminosäure, die im Frühjahr besonders gut für Menschen ist, die unter Heuschnupfen leiden.

Getränke:
Wasser (evtl. angereichert mit ein wenig rotem Traubensaft, Johannisbeersaft, Kirschsaft oder frischem Zitronensaft) und/ oder kurz gebrühten Schwarzen Tee oder Kaffee nach Tönnies Art zubereitet (s. S. 82).

Gut zu wissen:
Argininhaltige Lebensmittel, wie z.B. Linsen, braune Bohnen, Haselnüsse, sollten bei akuten Erkrankungen mit Herpesviren, wie z.B. Lippenherpes, Windpocken oder Gürtelrose nicht verzehrt werden.

Das Kombinieren von tierischen Eiweißen (z.B. aus Ei, Wurst, Schinken, Roastbeef, Lachs, Käse oder Hähnchenschenkel) mit pflanzlichen Eiweißen aus Hülsenfrüchten (Linsen, weiße Bohnen oder grünen Erbsen) ist besonders günstig für den Proteinstoffwechsel. Ähnlich wie es beispielsweise im English Breakfast (baked beans, bacon, sausages and eggs) kombiniert wird, hat Tönnies die Kombination von Hülsenfrüchten zum Frühstück mit Eierspeisen oder auch mit Bacon empfohlen. Anstelle von zinkhaltigen weißen Bohnen in Tomatensoße hat Tönnies Linsen (Tellerlinsen, Paradinalinsen) für das Frühstück vorgeschlagen, wobei diese nicht zu einem Eintopf verkocht werden, sondern durch vorheriges Einweichen

nur ca. 4 bis 5 Minuten frisch zum Frühstück gegart und mit Butter oder Sahne sowie Meersalz abgeschmeckt werden.

Am Morgen lassen sich Hülsenfrüchte hervorragend kombinieren mit tierischem Eiweiß, wie z.B. Schinken, durchwachsenen Speck, Grützwurst und Ei (s. S. 94).

Werden Hülsenfrüchte zum Frühstück ohne zusätzliches tierisches Eiweiß gegessen, kann es bei einem starken Magen schnell zu einer Unterzuckerung kommen, da die Hülsenfrüchte dann zu schnell verdaut werden. Die Folge können Konzentrationseinbußen am frühen Vormittag sein und auch Heißhungerattacken auf Süßigkeiten.

Um den Eiweißanteil in der Nahrung am Morgen zu erhöhen, hat Tönnies insbesondere für Kinder **Stapelbrote** empfohlen. Auf einer Scheibe Brot werden gleichzeitig Wurst (Eiweiß und Eisen), Käse (Kalzium) zusammen mit ein paar dunkelgrünen Salatblättern (Folsäure) und evtl. auch noch mit einem Spiegelei (Vitamin D) übereinander gestapelt. Im Rezeptteil ab Seite 96 sind einige gut schmeckende Variationen von Stapelbroten aufgeführt, die auch gerne individuell gestaltet werden können.

Kalte Hände und Füße

Durch Eiweißkonsum am Morgen wird die Wärmeregulation verbessert, sodass kalte Füße und Hände deutlich seltener vorkommen.

Das am Morgen aufgenommene Eiweiß wird im Stoffwechsel in Wärme und Energie umgewandelt. Anders ist es am Abend. Hier stört tierisches Eiweiß die Wärmeregulation. Überschüssiges Eiweiß am Abend wird in körpereigenes Fett als Reserve angelegt.

Zusätzlich wird die Wärmeregulierung in der Peripherie – also in den Händen und Füßen – durch den Konsum von Pantothensäure (Vitamin B5) verbessert, welche in Haferflocken, Hülsenfrüchten und in Popcorn gut bioverfügbar ist.

Ein ausgeglichener Blutzuckerspiegel fördert die Konzentrationsfähigkeit, was gerade in der Schule oder am Arbeitsplatz von Vorteil ist

Studien (Rampersaud et al. 2005) haben ergeben, dass die Einnahme eines herzhaften Frühstücks zu einer besseren Gedächtnisleistung beiträgt. Bei Schulkindern wirkt sich ein proteinhaltiges Frühstück auf eine verbesserte Mitarbeit am Unterricht aus und somit führt es zu besseren Schulnoten. Darüber hinaus scheint sich das Frühstück als Teil einer gesunden Ernährung und eines gesunden Lebensstils generell positiv auf die Gesundheit und auf das Wohlbefinden eines Kindes auszuwirken.

Besonders günstig ist es, den Proteinstoffwechsel sowie die kognitive Aufmerksamkeitsleistung mit Folsäure zu unterstützen. Hierzu reichen ein paar Blättchen Feldsalat, Basilikum oder auch eine halbe frische Orange am Morgen aus.

Für die Eisenaufnahme ist eine starke Magensäure wichtig. Die Magensäureproduktion lässt sich durch ausreichend gesalzene Speisen sowie durch das Kombinieren mit Vitamin C steigern, sodass das herzhafte, salzige Frühstück mit etwas Vitamin C-haltigem Obst, wie beispielsweise Beerenobst, Zitrone, gelbe Grapefruit oder frischer Orange, angereichert werden soll.

Bei einer Eisenunterversorgung ist das Verlangen nach süßen Speisen (Müsli, Marmeladenbrot, Nuss-Nugatcreme) größer als nach gesalzenen Speisen, sodass gerade bei **Kindern und älteren Menschen dieser Teufelskreis behutsam überwunden werden muss.**

Häufig wird versucht, die Eisenaufnahme durch Hirsekonsum zu verbessern, z.B. als Beimengung zum Müsli. Hirse ist ein Getreide mit recht hohem Eisengehalt. Da für die Eisenaufnahme jedoch ein saures Milieu notwendig ist, führt die Beimengung von Milch zum Müsli zu einer basischen Umgebung. Die säuernde Wirkung der Magensäure wird geschälert. Das meist fehlende Salz und das z.T. fehlende Vitamin C führen dazu, dass die Magensäurepro-

duktion nicht verstärkt wird und das in Getreide enthaltende Eisen nicht gut verwertet wird. Die Getreideflocken im Müsli weisen zudem recht hohe Phytinsäurewerte auf, sodass ein Teil des Eisens und der anderen Mineralien und Spurenelemente irreversibel im Darm daran gebunden werden und nicht über die Darmschleimhaut aufgenommen werden können (Harland und Oberleas 2001).

Wenn man unter Eisenmangel leidet, sollte Käse nicht zusammen mit eisenhaltiger Wurst gegessen werden. Dann ist ein Wurstbrot zum Frühstück

Die Wirkung von Quark und Frischkäse

Quark, Frisch-, Hütten-, Hand- und Fetakäse sollte man nicht allzu oft zum Frühstück verzehren, da recht viel Methionin enthalten ist. Methionin ist eine schwefelhaltige Aminosäure, die beim Kalziumstoffwechsel mitwirkt. Zu viel Methionin führt zu Kalzium-Mangel in den Knochen – zu wenig aber auch! Ein bis höchsten zweimal pro Woche ein bisschen Quark zum Frühstück erhöht allerdings die Aufnahme von Kalzium in die Knochen. **Ein methioninreiches Frühstück eignet sich beispielsweise, wenn man anschließend körperlich aktiv sein muss,** wie beispielsweise bei einer Wanderung, bei der Gartenarbeit oder immer dann, wenn man sich schlecht aufraffen kann, etwas zu erledigen.

Ein Schulkind hingegen, welches möglicherweise motorisch aktiv sein möchte, aber dennoch am Vormittag im Klassenraum ruhig auf seinem Stuhl zu sitzen hat, sollte nicht methioninreich frühstücken. Es wird sonst noch mehr den Drang verspüren, sich bewegen zu müssen (Schulte und Nietner 1996).

Für **hyperaktive Kinder** eignen sich Hähnchenschenkel, Kochschinken oder Wiener Würstchen in Kombination mit kurz gegarten Linsen, etwas Brot und folsäurereiches Blattgrün zum Frühstück am besten. Ab und zu sollte das Frühstück bei diesen Kindern auch Speisen aus Maisgrieß enthalten.

in Kombination mit Blattgrün und etwas Vitamin C-haltiger Früchte besser. Kalzium aus Käse kann man mit dem zweiten Frühstück (z.B. Schulbrot) zu sich nehmen. Besteht keine Eisenunterversorgung darf jedoch gerne Käse und Wurst (mit Vitamin D) kombiniert werden, da dann eine längere Sättigungsphase erreicht wird und der Blutzuckerspiegel länger konstant bleibt.

Einige Menschen neigen dazu, **am Nachmittag Heißhunger auf etwas Süßes** zu bekommen. Meistens klagen diese Menschen auch über verstärke Blähungen am Nachmittag. Beide Symptome sind Anzeichen für eine zu geringe Vitamin C-Aufnahme am Morgen und eine zu geringe Magensäureproduktion. Ein kohlenhydratreiches Müsli und ein süßes Frühstück mit Marmelade, süßem Obst, Honig, Nuss-Nugat-Creme verstärken die Neigung zu Blähungen am Nachmittag. Sobald 3-5 Himbeeren oder eine viertel gelbe Grapefruit oder ein wenig Zitronensaft zum herzhaften Frühstück dazu gegessen werden, verschwinden die Blähungen am Nachmittag, da die Säure zusammen mit den Proteinen und dem Salz aus Käse oder Wurst den Kreislauf stabilisieren und die Magensäureproduktion anregen.

Ein süßes Frühstück wirkt sich auf den **Kalziumstoffwechsel** ungünstig aus: Kalzium wird besonders gut aus Hartkäse zusammen mit Vitamin D aufgenommen. Für diesen Prozess ist eine starke Magensäureproduktion notwendig, sodass basisch wirkende Milch (z.B. aus Müsli) sowie ein Fehlen an kalziumreichen Lebensmittel auf lange Sicht zu Mangelsymptomen wie Kreislaufschwäche, Abgeschlagenheit, Osteoporose, schwaches Immunsystem und Allergiebereitschaft führen kann.

Weitere herzhafte Frühstücksvariationen, die eine gute Grundlage für den Tag darstellen, sind Nürnberger Würstchen, Wiener Würstchen, Hähnchenschenkel, Roastbeef, Klößchen, Hering und Lachs. Entsprechende Rezeptvorschläge sind im nachfolgenden Rezeptteil (s. ab S. 86) aufgeführt.

Bei einer Kupferunterversorgung empfiehlt es sich zusätzlich rote Bete als Gemüse oder als Saft bzw. Most ab und zu zum Frühstück zu sich zu nehmen, da die Kupferaufnahme ebenfalls am Morgen am besten gelingt.

Wer morgens rote Bete nicht zu sich nehmen mag, kann sie auch zum Mittagessen und am Abend (s. S. 198) essen. Die Kupferverwertung fällt etwas geringer aus, aber häufig reicht es aus.

In der folgenden Tabelle sind günstige Nahrungsmittel zusammen mit entsprechenden Hinweisen bezüglich Funktion und Aufnahme bestimmter Nährstoffe für das Frühstück aufgeführt. Wenn es möglich ist, sollte man tierische und pflanzliche Eiweiße, Käse, Vitamin C-reiche Früchte, Blattgrün, evtl. Edelhefe (aus dem Reformhaus) und ein wenig langkettige Kohlenhydrate in Form von Brot oder Hülsenfrüchten zu sich nehmen. Die Portionen müssen nicht groß sein. Das Kombinieren verschiedener Lebensmittel führt jedoch zu einer verbesserten Bioverfügbarkeit einzelner Nährstoffe.

Günstige Nahrungsmittel für das Frühstück

Nahrungsmittel	Nährstoffe	Funktion/ Aufnahme
Wurst- und Fleisch: Gekochter Schinken, luftgetrockneter Schinken, Leberwurst, Fleischwurst, Salami, Lyoner, Bierschinken, Corned-Beef, Rotwurst, Leberkäse, Roastbeef, Bratenaufschnitt (z.B. aus Kalb, Bio-Schwein, etc.) Nürnberger Würstchen (bei Kälte), Lammwürstchen, Fleischbällchen, kleines Rindersteak, Lammfilet, Schnitzel	Eisen, tierisches Eiweiß	**Eisen** wirkt aktivierend und wird am besten morgens aufgenommen. Je dunkelroter das Fleisch ist, um so mehr Eisen enthält es. Je kälter und nasser die Jahreszeit ist, um so mehr benötigen wir die fetten Wurst- bzw. Fleischsorten (Vitamin D). Im Sommer lieber die mageren Wurst-und Fleischsorten bevorzugen.
Hähnchenschenkel, Kalbssteak, Wiener Würstchen, Leberkäse 	Tryptophan	**Tryptophan** wirkt beruhigend, entspannend und antidepressiv; Grundsubstanz für Synthese von **Niacin** (Vitamin B3) und Serotonin (Neurotransmitter, der das Sättigungsgefühl und die Stimmungen steuert) und Melatonin (Hormon des Körperzyklusses/ reguliert Schlaf-Wach-Rhythmus); **Tryptophan** ist wichtig für die Hirnfunktion, für die Regeneration und für das Immunsystem. Es wird besonders gut morgens und mittags aufgenommen.

Nahrungsmittel	Nährstoffe	Funktion/ Aufnahme
Fisch: Hering (Hering in Aspik, Brathering, Sild, Bismark-Hering), Zucht-Lachs	Omega-3-Fettsäuren	**Omega-3-Fettsäuren** wirken anti-allergen. Sie verändern die Aktivität der Immunzellen bzw. dämpfen die Immunantwort und wirken entzündungshemmend.
Rohmilch-Hartkäse, wie z.B. Gruyère, Bergkäse, Appenzeller, Allgäuer Emmentaler, frischer Parmesan im Stück (nicht in geriebener Form aus der Dose)	Kalzium, tierisches Eiweiß	**Kalzium** sowie **tierisches Eiweiß wirken** kreislaufstabilisierend und anregend. Zusammen mit **Folsäure** wirkt **Kalzium** entgegen einer Entkalkung der Zähne und Knochen.
Eierspeisen in Form von Rührei (evtl. mit Schinkenwürfeln, Bacon oder geriebenen frischen Parmesan), Löffelei, Spiegelei, Omelette, Eierpfannkuchen. In den Teig der Eierpfannkuchen (evtl. als Waffel gebacken) kann man auch sehr gut gegarten Maisgries (tyrosinhaltig)(s. S. 221) beimengen oder auch Haferflocken (in der kälteren Jahreszeit)(s. S. 220), gegarte Hirse (wenn man sich schwunglos empfindet) oder pürierte weiße Bohnen aus der Dose (zinkhaltig).	Tierisches Eiweiß, Tyrosin, Cystein, Vitamin D	Aus **Tyrosin** (Aminosäure) werden im Nebennierenmark die Stresshormone Adrenalin und Noradrenalin gebildet. Wichtig, damit man bei gesteigerten Anforderungen ausreichend wach und stabil ist und Leistungssteigerungen nicht als belastenden Stress empfindet. Tyrosin verbessert die Leistungsbereitschaft. **Cystein** (Aminosäure) ist wichtig für das Sprachzentrum. Cystein hilft bei Bronchitiden, indem der Schleim dünnflüssiger wird und besser abgehustet werden kann. Gerade wenn Bronchitiden schnell zu Lungenentzündungen werden, wird mehr Cystein benötigt. **Vitamin D** ist besonders in der nass-kalten Jahreszeit notwendig für die Aufnahme von **Kalzium** in die Knochen und in die Zähne.
Brot: Vollkornbrot, Vielkornbrot, Weißbrot, Knäckebrot, Maiswaffeln (Tyrosin), Hirsewaffeln, Hirsebrei *Je wärmer es ist, um so besser verträgt man Weißmehlbrotsorten und um so weniger verträgt man Vollkornbrotsorten.* *Hirse nicht mehr als einmal pro Woche essen, da man sonst schnell garstig und jähzornig werden kann durch Threonin-Überschuss.*	Kohlenhydrate, Vitamin B1 und B6	Brot dient als Energielieferant. **Vitamin B1** und **Vitamin B6** sind wichtig beim Eiweißstoffwechsel. **Vitamin B1** kann zusammen mit **Vitamin C** den Heißhunger auf Süßigkeiten mindern und den Teufelskreis, ständig mehr Süßigkeiten und Zucker zu sich nehmen zu wollen, durchbrechen. Vitamin B6 wirkt gut gegen Nackenverspannungen.

Nahrungsmittel	Nährstoffe	Funktion/ Aufnahme
Hülsenfrüchte: Linsen, Kichererbsen, gelbe Erbsen, weiße Bohnen, rote Kidneybohnen, grüne Erbsen Viele der Hülsenfrüchte lassen sich auch hervorragend zu einem vegetarischen Brotaufstrich verarbeiten.	pflanzliches Eiweiß und vollwertige Kohlenhydrate, Vitamin B6, z. T. Mangan, Zink, Selen, Kupfer	**Vitamin B6** ist wichtig für den Eiweißstoffwechsel und wirkt sehr gut gegen Nackenverspannungen. **Mangan** aus braunen Linsen, gelben Erbsen und aus Kichererbsen macht friedlich und wirkt gut gegen Berührungsempfindlichkeit. **Selen** aus Kidneybohnen macht beweglich im Halsbereich. **Zink** aus weißen Bohnen fördert das logische Denken, kann aber auch zu Gefühlsarmut führen. **Kupfer** aus grünen Erbsen macht kreativ. Kupfer wird besonders gut morgens aufgenommen.
Streichfett: Butter, Bio-Schweineschmalz, Gänseschmalz (im Winter)	Essentielle Fettsäuren, Vitamin D, etwas Vitamin A (Butter)	Energielieferant. **Essentielle Fettsäuren** sind wichtig für das Nervenwachstum. **Vitamin D** benötigen wir zur Kalziumverwertung und es wirkt kreislaufstabilisierend. Schmalz ist besonders **Vitamin D**-reich, sodass es in der nass-kalten Jahreszeit benötigt wird. Butter kann das ganze Jahr über gegessen werden.
Obst: Himbeeren, Johannisbeeren, gelbe Zitrusfrüchte, Kirschen, Aprikosen, Erdbeeren (nicht bei Neurodermitis oder Allergiebereitschaft) und Orangen	Vitamin C	**Vitamin C** wirkt aktivierend und fördert die **Folsäure- und Eisenverwertung**. Vitamin C hilft gegen Blähungen am Nachmittag.
Blattgrün/ Blattsalat: Basilikum, Feldsalat, Römersalat oder frische Orange	Folsäure	**Folsäure** ist wichtig für den Eiweißstoffwechsel und für die Eisenverwertung. Zusammen mit Kalzium wirkt es gegen Entkalkung der Zähne (grau werdende Zähne) und der Knochen.
Edelhefe	Vitamin B1	**Vitamin B1** ist gut für die Eiweißverwertung, Edelhefe gleicht den Vitamin B1-Haushalt aus z.B. bei hohem Süßigkeitenkonsum.
Getränke: Wasser evtl. angereichert mit ein wenig rotem Johannisbeersaft, Kirschsaft, Himbeersaft, rotem Traubensaft, frischem Zitronensaft; Tönnies-Kaffee, Tönnies-Tee (in Maßen)	Wasser mit ein wenig Vitamin C, Koffein	**Vitamin C** wirkt anregend auf Kreislauf und auf die Magensäurebildung. **Koffein** aus Kaffee und echtem Tee (schwarz, grün, weiß) regt den Kreislauf an.

Getränke

Als **Getränk** empfiehlt Tönnies zum Frühstück Wasser (evtl. angereichert mit ein wenig rotem Traubensaft, Johannisbeersaft, Kirschsaft oder frischem Zitronensaft) und/ oder kurz gebrühten schwarzen Tee oder Kaffee nach Tönnies-Art zubereitet (s. S. 82). Hierbei ist zu beachten, dass bei einer Eisenunterversorgung weder Kaffee, noch schwarzer Tee, noch kakaohaltige Getränke (wie auch kakaohaltige Brotaufstriche) zum Frühstück sinnvoll sind, da sie die Eisenaufnahme vermindern.

Die **Trinkmenge,** die man durchschnittlich pro Tag zu sich nehmen soll, wird mit ca. 750 ml bis 1000 ml pro 25 kg Körpergewicht angegeben. Im Sommer ist der Bedarf meist höher als im Winter. Eine Trinkmenge von 3 Litern pro Tag sollten nicht überschritten werden, da sonst zu viele wasserlösliche Vitamine durch den Urin ausgeschieden werden. Bei der Wahl des Wassers ist zu beachten, dass es nicht zu gering an Mineralien ist. Je natriumärmer es ist, um so größer ist das Verlangen nach weiterem Wasser. Im Alter kehrt sich dieses Verlangen meist um: Durch zu geringe Mineraliengehalte im Wasser widersteht vielen Senioren das Trinken von Wasser. Mit dem Trinken von **Heilwasser,** welches sehr reich an Mineralien ist, kann die Trinkmenge dann verbessert bzw. normalisiert werden.

Kaffee und echter Tee sind keine Durstlöscher. Sie können aufgrund der kreislaufanregenden Wirkung gezielt, therapeutisch genutzt werden. Der morgendliche Genuss einer Tasse Tönnies-Kaffee oder Tönnies-Tee ist bei kreislaufschwachen Menschen, die schlecht in die Tag kommen, zu empfehlen. Beide Getränke werden mit zuckerhaltigem Wasser und nur sehr kurz aufgebrüht, sodass begleitende Gerbsäuren weniger stark in dem Getränk vorhanden sind, das gewünschte Koffein jedoch enthalten ist. **Je länger der Kaffee brüht oder der schwarze Tee zieht, um so unverträglicher werden sie.** Gerbsäuren werden frei und reizen die Magenschleimhäute. Auch verhindern Gerbsäuren die Aufnahme von vielen Mineralien und Spurenelementen, wie z.B. auch die von Eisen.

Roibusch-Tee, der in der letzten Zeit vermehrt als Ersatz für den gewohnten schwarzen Tee getrunken wird, ist weniger zu empfehlen, da dieser ebenfalls Gerbsäuren aufweist aber dazu noch nicht einmal die kreislaufanregende Wirkung von Koffein zeigt. Roibusch-Tee dämpft die Nebennierenfunktion, sodass man durch den Konsum eher müde und unausgeglichen wird.

Einige decken ihren Flüssigkeitsbedarf über einen fast ungebremst wirkenden Konsum von Milch. Besonders bei Kindern ist dieses Phänomen zu beobachten. Milch ist jedoch in zu großen Mengen nicht günstig. Ein starkes Verlangen nach Milch ist häufig einhergehend mit einer Kupferunterversorgung. Sobald diese behoben ist, lässt das übertriebene Verlangen nach Milch nach.

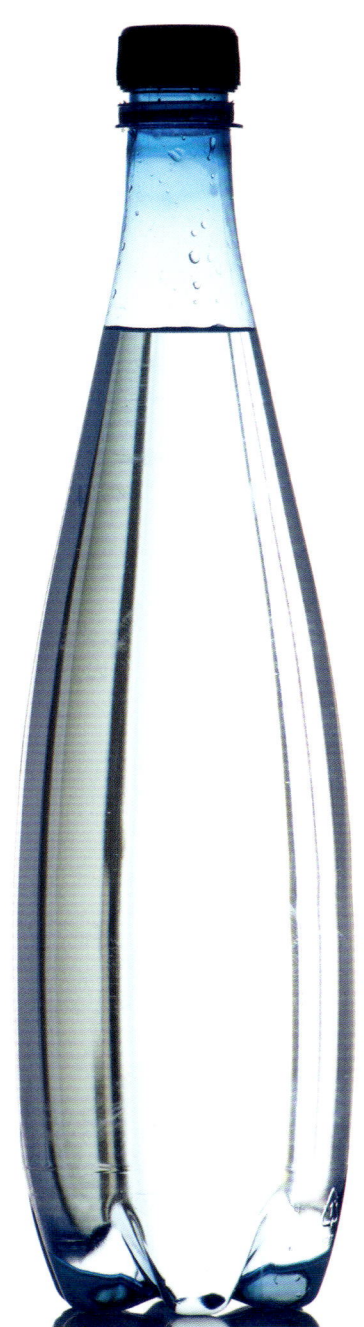

DAS VORWEG-FRÜHSTÜCKCHEN ALS STARTHILFE

Bei dem ein oder anderen gelingt es vielleicht nicht, sich sofort nach dem Aufstehen auf ein herzhaftes Frühstück einzulassen. Häufig liegt dieses an einer zu kurzen und unruhigen Nacht mit schlechter Regeneration und Kreislaufschwäche. Die Augenlider sind dann noch schwer und die Finger sind etwas geschwollen. **Man fühlt sich am Morgen abgeschlagener und müder, als am Abend zuvor, bevor man zu Bett gegangen ist. Dies alles sind Zeichen, dass die Regeneration und die Entgiftung nicht ausreichend stattgefunden haben.**

Wenn auch noch Kopfschmerzen hinzu kommen, kann das an einem zu hohen Ammoniakwert im Körper liegen, einem Stoffwechselprodukt bei der Proteinverwertung, welches hauptsächlich in Darm, Muskulatur und Niere gebildet wird und durch die Leber entgiftet werden muss. Gerade nach abendlichem Feiern mit zu viel gutem Essen und evtl. Alkoholkonsum, können hohe Ammoniakwerte nicht ausreichend über die Leber entsorgt werden. Ein sogenanntes **Katerfrühstück** wird notwendig. Einige mögen dann besonders gerne sauer eingelegten Hering (z.B. Bismarckhering). Andere holen sich Abhilfe durch Essigwasser in Kombination mit Magnesium und Kohlenhydraten – z.B. sauer eingelegte Gewürzgurke oder Gurkensalat mit Vinaigrette zusammen mit einem gerösteten Toastbrot.

Bei Müdigkeit und Appetitlosigkeit am Morgen ohne Kopfschmerzen reichen – um in die Gänge zu kommen – ein wenig schnell verdaubare Kohlenhydrate aus, wie z.B. Toast, Polentabrötchen oder Maiswaffel, welche mit frischer, leicht säuerlicher und Vitamin C-reicher Marmelade bestrichen werden, um die Leber mit schnell verdaubaren Kohlenhydraten (Zucker) in ihrer Funktion zu unterstützen. Ebenso anregend ist ein wenig Parmesan auf Toast, da die Magensäure durch Kalzium aus dem Hartkäse gut angeregt wird und mehr Aktivität zu spüren ist. Auch frische Buttermilch oder ein Glas Wasser mit einem Spritzer Zitrone, sowie ein wenig Vitamin C-reiches Obst, wie z.B. Grapefruit, etwas frische Orange und Beerenobst, wirken am Morgen anregend und nicht belastend.

Als Kreislauf-stärkende Getränke am Morgen sind kurz gezogener schwarzer Tee mit Zucker nach Tönnies Art und der mokkaartige Kaffee nach Tönnies Art sehr zu empfehlen (s. S. 82).

Wenn der Alltag es zulässt, ist es bei völliger Erschöpfung günstig, sich nach einer kohlenhydratreichen Frühstücksmahlzeit noch einmal zum Schlafen hinzulegen. **Die beste Erholungsphase bei völliger Erschöpfung ist zwischen 7:00 und 11:00 Uhr am Vormittag** – in einer Zeit, in der die Nebennieren besonders aktiv sind und den Kreislauf stabil halten (Tönnies 1980-1996). Gerade unter Stress leidende Menschen und Senioren mit nächtlichen, andauernden Schlafstörungen berichten, dass sie nachts wach liegen und dann erst in den Morgenstunden einschlafen. Ernährerisch kann man auf lange Sicht dieser Schwäche schon am Abend vor dem Schlafengehen oder auch in der Nacht mit kreislaufstabilisierender Nahrung ganz gut entgegen wirken, z.B. mit Polenta (Tyrosin), etwas kurz gebrühten echten Tee (Koffein), Brot mit Butter oder Bio-Schweineschmalz (Kohlenhydrate und Vitamin D) oder mit etwas Parmesankäse (Kalzium).

Das Vorweg-Frühstückchen sollte jedoch nicht zur Regel werden, sondern immer nur dann zum Einsatz kommen, wenn man sich in der Nacht nicht ausreichend regenerieren konnte. Wichtig ist, dass man sich dann für Unterwegs ein herzhaftes Frühstück einsteckt, welches z.B. aus Butterbroten mit herzhaftem Aufschnitt und etwas frischem Salat besteht.

Einkaufen

WAS BEI DER AUSWAHL DER NAHRUNGSMITTEL UND BEIM EINKAUF ZU BEACHTEN IST

Um sich gesund erhaltend zu ernähren, kommt es neben der Wahl der Lebensmittel besonders darauf an, wie sie beschaffen sind, ob sie noch ausreichend frisch sind und wie sie zubereitet werden. Die verwendeten Nahrungsmittel sollten – so einfach und logisch, wie das auch immer klingen mag – immer frisch und nicht schon überlagert sein. So können Waren aus einem gut sortierten, normalen Supermarkt durchaus gute Qualität aufweisen. Es ist nicht erforderlich ausschließlich extra deklarierte „Bio"-Ware zu verwenden, zumal hierbei

nicht immer Produkte zur Verfügung stehen, die noch ausreichend frisch sind. Qualitative Unterschiede sind in erster Linie bei tierischen Produkten zu finden. Hier sollte man möglichst wenig Kompromisse eingehen. Geflügel, Eier, Käse sowie Fleisch- und Wurstwaren sollten – wenn möglich – aus Betrieben mit nachhaltiger, biologischer Landwirtschaft stammen.

Beim Einkauf ist darauf zu achten, dass man nicht aufgrund von besonders lockenden Sonderangeboten zu große Mengen kauft, die im häuslichen

Rahmen dann leider zu alt werden und die wichtigen Inhaltsstoffe nicht mehr bioverfügbar oder gar zerstört sind. Vitaminverluste und das Denaturieren von Aminosäuren sind schon vor dem aufgedruckten Haltbarkeitsdatum zu messen. Die Ware ist zwar noch nicht verdorben, aber sie weist eine andere Qualität auf.

Um lange Transportwege und Lagerungszeiten zu vermeiden, sind regionale Waren (evtl. sogar aus dem eigenen Garten) und an die Jahreszeit angepasste Waren zu bevorzugen.

SALATPFLANZEN UND GEMÜSE

Ob es sich bei Salatpflanzen und Gemüse um frische Erzeugnisse handelt, sieht man an noch frischen Anschnittstellen. Auch müssen sie knackig wirken. Welke und in der Farbe veränderte Blätter und Oberflächen machen deutlich, dass die Ware schon zu lange gelagert wurde – unabhängig davon, ob sie aus konventioneller oder nachhaltig bewirtschafteter Landwirtschaft stammt. Wenn Gurken oder Wurzelgemüse (Rettich, Karotte, Pastinake) „biegbar" sind, dann sind die Mineralstoffe und Spurenelemente zwar noch enthalten, aber die wasserlöslichen Vitamine, sowie die Aminosäuren, an die viele der Mineral- und Spurenelemente gebunden sind, weisen keine gute Bioverfügbarkeit mehr auf. Der Verzehr dieses Gemüses ist dann nicht zu empfehlen.

Ausreichend frisch bedeutet z.B. bei Champignons, die für eine gute Niacin-Aufnahme stehen, wenn deren Köpfe noch nicht geöffnet und die Lamellen nicht zu sehen sind. Wenn sie sich geöffnet haben, weisen sie nicht mehr den gewünschten Effekt bezüglich einer Niacin-Versorgung auf. Sie sind zwar noch essbar, aber weniger effektiv. Die biologische Wertigkeit ist reduziert.

Kartoffeln dürfen nur verwendet werden, wenn die Schale nicht grün geworden ist und wenn auch noch keine Triebe zu sehen sind. Da Kartoffeln zu den Nachtschattengewächsen gehören, produzieren sie unter Lichteinfluss das für den Menschen giftige Solanin (DGE-Info 2010). Insbesondere bei der Herstellung von Speisen für kleine Kinder muss sehr sorgsam bezüglich der Solaningehalte umgegangen werden. Zu hohe Solaninwerte belasten die Leber und führen zu Vergiftungserscheinungen. Auch faulig riechende Kartoffeln weisen darauf hin, dass sie falsch bzw. zwischenzeitlich zu feucht oder auch zu kalt gelagert wurden und können ebenfalls erhöhte Solanin-Werte aufweisen.

Nur sehr wenige Gemüsesorten eignen sich bezüglich ihrer Bioverfügbarkeit zum **Tiefkühlen.** Spinat z.B., der normalerweise gerne als TK-Ware Verwendung findet, ist für unseren Darm aufgrund der veränderten Zellulosestrukturen nicht mehr gut zu verdauen. Die in den frischen Spinatblättern vorhandene Folsäure wird durch das Gefrieren zerstört. Eine Portion TK-Spinat wirkt belastend und ist nicht zu empfehlen.

Gemüsesorten, die sich zum Tiefkühlen eignen sind ausschließlich junge Erbsen (aber keine Zuckerschoten), Grünkohl und Mangold als Wintergemüse sowie in Maßen auch grüne Prinzess- oder Brech-Bohnen. Kartoffeln sind ebenfalls nicht als TK-Ware, z.B. in Form von Pommes frites oder Kartoffelpuffer, zu empfeh-

len. Abgesehen von der enorm hohen Energieaufwendung, die zur Herstellung von TK-Pommes frites schon in der Fabrik und schließlich zu Hause notwendig ist, sind die positiven Ernährungseigenschaften auf dem Produktionsweg verloren gegangen. TK-Kartoffelprodukte weisen keine nennenswerte Niacin-Wirkung mehr auf. Die Zellulosefasern sind denaturiert und können zu einer veränderten Darmflora führen mit einhergehenden Darmstörungen. Das gleiche gilt auch für tiefgekühlte Kartoffelprodukte, wie z.B. Kroketten und Kinder ansprechende Kartoffelplätzchen in Form von Gesichtern, Flugzeugen, Sternchen, bei denen in der Produktion gegarte, getrocknete, zu Flocken und Granulat verarbeitete Kartoffeln Verwendung finden.

Konservierte Gemüsesorten, wie beispielsweise in Essigwasser eingelegte Gemüse, sind in Bezug auf ihren Vitamingehalt zwar nicht mehr erwähnenswert, aber können im Speziellen auch gerade in Bezug auf die Mineralstoff- und Spurenelementeversorgung genutzt werden. Der Verzehr von **roter Bete** zum Beispiel ist besonders hilfreich beim Ausgleichen einer Kupferunterversorgung. Beim Verzehr größerer Mengen können sich Urin und Darm-Ausscheidungen über einen kurzen Zeitraum rötlich färben, was aber völlig harmlos ist. Auch sauer eingelegte Gewürzgurken können gut verträglich sein und helfen zum Beispiel sehr beim Reduzieren von Ammoniak im Körper, welches nach einer Nacht mit schlechter Regeneration

in zu geringem Maße von der Leber entsorgt wurde. Traditionell bekannt ist in diesem Zusammenhang das Katerfrühstück bestehend aus Rollmops und **Gewürzgurke** nach einer ausgiebigen Feier mit Alkoholkonsum und eiweißhaltigem Essen.

Verschiedene in Glas oder Dose eingemachte **Kohlsorten** eignen sich auch zum Verzehr. Hierzu zählen Grünkohl, Rotkohl sowie auch Weißkohl in Form von Sauerkraut. Grünkohl weist trotz der Konservierung noch beachtliche Vitamin C-, Folsäure- und Vitamin K-Wirkung auf, sodass gerade im Winter dieses Gemüse zum Einsatz kommen kann. Sauerkraut ist reich an Vitamin C. Rotkohl weist eine gute Bioverfügbarkeit von Mangan auf. Rotkohl aus dem Glas sollte aber immer noch leuchtend violett und etwas bissfest sein und nicht schon graustichig oder gar breiig matschig wirken. Wenn die Farbe schwindet, ist es ein sicheres Zeichen, dass der Kohl zu wenig gesäuert oder zu stark gegart wurde und die Zellulosestrukturen stark denaturiert und unverdaulich sind.

Gemüsemais aus Glas oder Dose ist nicht für jeden gut verdaubar und führt häufig zu starken Blähungen. Das ist von Person zu Person unterschiedlich und muss ausprobiert werden. Ansonsten weist eingemachter Mais gute Vitamin B2-Wirkung auf.

OBST

Bei Obst gilt wie bei Gemüse auch, dass nur frische Ware eingekauft werden sollte. Bananen, die schon braune Fädchen im Inneren aufweisen oder auch Früchte, die an einer Stelle schon braune Druckstellen mit Fäulnis aufweisen, sind nicht mehr für den Konsum geeignet. Äpfel sind das ganze Jahr über als einheimisches Obst zu kaufen. Wenn man jedoch Äpfel aus der eigenen Region konsumieren möchte, sollte man sich auf die Äpfel beschränken, die man direkt vom Baum pflücken kann. Nur dann (bis 24

Stunden nach dem Pflücken) sind sie gut bekömmlich und weisen noch ausreichend gesundheitsfördernde Stoffe auf. Wenn wir jedoch heimische Äpfel im Mai kaufen, lagern diese schon seit dem Spätsommer des vergangenen Jahres in Kühlkammern. Sie sehen zwar noch frisch aus, sind es jedoch nicht mehr. Je länger die Äpfel gelagert werden, um so mehr verlieren sie an gesundheitsfördernden Eigenschaften und umso mehr dominiert die Wirkung des recht hohen Chromgehalts, der bei vielen Menschen zu aufgedunsenen Blähbäuchen führt und auch Schrittmacher für Allergien und Neurodermitis sein kann.

Insgesamt wird heutzutage recht viel Obst verzehrt– mehr als viele Menschen vertragen können. Durch ein Überangebot an Obstsorten das ganze Jahr über und durch Obst bewerbende Slogan ist dem fast grenzenlosen Konsum an Obst und Obstprodukten kaum Einhalt zu gewähren. Reifes und süßes Obst weist einen besonders hohen Fruchtzuckergehalt auf, der bei bis zu 30% der Bevölkerung aufgrund einer geringen Fruktoseintoleranz zu Blähungen und Verdauungsstörungen führt (Ledochowski et al. 2001). Bei ca. 3% der Bevölkerung wirkt sich eine Fruktoseintoleranz sogar auch schon beim Konsum von Haushaltszucker, der zur Hälfte aus Fruktose besteht, aus. Mit zuckerhaltigen Nahrungsmitteln – ob naturgereift in Form von Obst, Obstprodukten oder mit Honig hergestellt – sollte man immer achtsam umgehen und sparsam im Gebrauch sein.

Nicht nur Äpfel weisen hohe **Chromwerte** auf, sondern auch folgende Früchte: Ananas, Mandarinen, Mango, Papaya, orangene Galiamelone, Aprikosen, Erdbeeren und Kiwi sind reich an Chrom und führen bei Kindern schnell zu Neurodermitis und Hautempfindlichkeiten und können Schrittmacher für Allergien und Asthma sein. Im Sommer werden chromhaltige Nahrungsmittel besser vertragen als in der feucht-kalten Jahreszeit (Tönnies 1980-1996).

Zu hohe Chromwerte lassen sich durch molybdänreiche Speisen ausgleichen. Molybdän ist aus Mohn, Datteln, Rotkohl und Brombeeren sowie Rot-/ Schwarzwurst und rote Grützwurst recht gut bioverfügbar.

Beerenobst, wie beispielsweise Blaubeeren, Himbeeren, Brombeeren sowie auch rote und schwarze Johannisbeeren, sind sehr Vitamin-C-reich und meist gut bekömmlich. Auch eignen sich **Zitronen, Limonen und gelbe Grapefruit** zum Verzehr. Roséfarbene Grapefruits haben jedoch einen höheren Chromgehalt als die gelben Früchte und sollten bei Neurodermitis- und Allergiebereitschaft nicht gegessen werden. Ebenso eignen sich in Maßen Physalis, Wassermelone, gelbe Honigmelone, Banane, Kirschen, Pfirsiche, Nektarinen sowie rote und weiße Trauben.

Zum Tiefkühlen eignen sich nur wenige Obstsorten. Abgesehen davon, dass durch die Kälte das Vitamin C und die Folsäure kaum noch bioverfügbar sind, können dennoch einige Beerenfrüchte auch tiefgekühlt zum Einsatz kommen: Bei Himbeeren beispielsweise tritt die Kupfer-Wirkung hervor, bei Brombeeren und Blaubeeren die Wirkung von Mangan, bei Kirschen die Kobalt-Wirkung.

Von Obst aus der Dose oder aus dem Glas ist mehr oder weniger abzuraten. Ausnahme bilden dabei gut gereifte (kalifornische) Pfirsiche aus der Dose, da bei ihnen die Vitamin B2-Wirkung recht gut ist. Sauerkirschen eignen sich ebenfalls aus dem Glas, da sie auch nach dem Lagern im Einweckglas immer noch eine gute Kobalt-Wirkung aufzeigen. Bei Blaubeeren und Brombeeren aus dem Glas sind die Manganwerte weiterhin vorhanden (Tönnies 1980-1996). Der Geschmack lässt aber eher zu wünschen über.

Einige **Dörrobstsorten** enthalten recht hohe Werte an bioverfügbarem Vitamin B2. Besonders hervorzuheben sind Dörrpflaumen und Aprikosen. Vitamin B2 hilft gut gegen aufgerissene Mundwinkel bei Kälteeinbruch im Herbst. Ein daraus gebackenes Früchtebrot ist am Nachmittag besonders zu empfehlen (s. S. 228). Auch Datteln (in Maßen) sind aufgrund der hohen Mangan- und Molybdän-Werte als sinnvolle Nahrungsmittel hervorzuheben. Getrocknete Apfelringe, Feigen sowie getrocknete Mango und Ananas sind aufgrund der hohen Chromwerte jedoch nicht so zu empfehlen.

GETREIDE, REIS, HIRSE, BUCHWEIZEN, GETROCKNETE HÜLSENFRÜCHTE UND DARAUS GEWONNENE PRODUKTE

Verschiedene getrocknete Getreide- und Reissorten sowie auch Hirse und getrocknete Hülsenfrüchte sind recht lange lagerfähig und können fast unbedenklich gekauft werden. Sinnvoll ist, darauf zu achten, dass das Haltbarkeitsdatum mindestens noch 6 Monate - wenn möglich sogar 12 Monate - im Voraus liegt, damit man nicht zu alte Ware kauft.

Bei **Buchweizen** gibt es recht große Geschmacksunterschiede. Je nachdem aus welchem Land er importiert wird, kann der typische Geschmack von Buchweizen sehr stark ausfallen und für Kinder nicht mehr attraktiv sein. Milde und geschmacklich ansprechende Sorten findet man meist bei russischem Buchweizen.

Auch bei **Hirse** gibt es Unterschiede. Junge kleine Hirsekörner lassen sich schonender garen als große Körner. Wenn auf der Verpackung angegeben ist, dass die Hirse nur für 5 Minuten zu kochen ist und anschließend noch weitere 5 Minuten gar ziehen soll, dann ist davon auszugehen, dass es sich um eine junge Hirse handelt. Hirsesorten, bei denen die Garzeiten von über 20 bis 30 Minuten angegeben sind, sollten weniger Verwendung finden.

Bei **getrockneten Hülsenfrüchten** ist darauf zu achten, dass die Garzeit nicht zu lange ist. Daher eignen sich besonders gut Paradina-Linsen, Bulgur-Linsen, gelbe und grüne Schälerbsen, kleine weiße Bohnen und Kichererbsen. Je größer und je älter die Hülsenfrüchte sind, umso länger müssen sie später gegart werden und umso mehr werden dabei Zellulosefasern denaturiert, die zu Darmstörungen führen können. Rote geschälte Linsen weisen nur eine sehr kurze Garzeit auf, sind jedoch recht chromreich, sodass sie für Kleinkinder sowie für Neurodermitiker und Allergiker nicht geeignet sind.

Getreidesorten, die zu Flocken verarbeitet wurden, wie beispielsweise Hafer- und Gersteflocken, sollten immer luftundurchlässig verpackt sein, da sie aufgrund der vergrößerten Oberfläche schnell oxidieren und z.B. auch das Vitamin B5, die Pantothensäure, dann nicht mehr vorhanden ist.

Beim Kauf von Mehlsorten ist darauf zu achten, dass die Haltbarkeit stark davon abhängig ist, wie fein es ausgemahlen ist. Je feiner der Mahlgrad, je weniger Enzyme und Mineralstoffe sind noch darin enthalten. Dafür hält es sich aber auch länger als Mehltypen mit höheren Zahlen. Weizenmehl mit Type 550 und Type 1050 sind reicher an Spurenelementen und Mineralstoffen als Type 405. Vollkornmehle mit vollem Kornanteil, wirken auf den ersten Blick erst einmal besonders gesund. Sie weisen einen hohen Vitamin B1-Wert auf, der sich vor allem in Wintermonaten positiv auf den Wärmehaushalt auswirkt. Auch der hohe Anteil an Mineralien und Ballaststoffen ist positiv zu bewerten. Vollkornmehle benötigen bei der Zubereitung aber besondere Berücksichtigung, da die darin enthaltenden Mineralstoffe wie Kalzium, Magnesium, Eisen und Zink für den Magen und den Darm zunächst unlöslich an **Phytinsäure (Phytinat)** gebunden sind, sodass die Mineralien dem Körper bei falscher Zubereitungsart nicht zur Verfügung stehen. Erst durch lange Gärprozesse bzw. durch lange Teigführung wird Phytinat abgebaut und das Vollkornprodukt weist dann die darin enthaltenen Nährstoffe auch in einer zur Verdauung geeigneten Form auf. Aus diesem Grunde sollte man auch Vollkornbrot grundsätzlich nur von einem Bäcker kaufen, der sich noch mit der Teigführung für echte Sauerteig- oder Backferment-Brote auskennt. Meistens sind das Bäcker, die Bioläden und Reformhäuser beliefern.

Leider verwenden viele herkömmliche Bäcker heutzutage Backmischungen, die zeitraubende Teigführung nicht mehr notwendig machen. Auch Vollkornbrote können dann im Schnellverfahren hergestellt werden, die dann jedoch häufig phytinsäurehaltig sein können (Harland und Oberleas 2001).

Zudem kann durch zu hohen Konsum an schlecht verarbeiteten **Vollkornprodukten** sowie auch durch **Soja- bzw. Bohnenprodukte** der Anteil an Phytinsäure im Darm sehr hoch sein, dass auch aus anderen Nahrungsmitteln stammende Mineralstoffe gebunden und schließlich über den Darm ausgeschieden werden. Gerade in der Kleinkindernährung und bei älteren Menschen ist darauf zu achten, da Zink und Eisen von ihnen häufig zu wenig aufgenommen werden. Weißmehlprodukte kombiniert mit Linsen und Fleisch mögen die Kleinen sowie deren Großeltern meist nicht nur lieber, sondern sie vertragen sie dann auch besser als Vollkornprodukte. Sojabohnen und andere Bohnen weisen ebenfalls hohe Phytinatwerte auf. Wenn Kinder nun ausschließlich vegetarisch und evtl. sogar vegan mit Vollkorn- und Soja-Produkten ernährt werden, kann dies zu erheblicher Eisen- und Zink-Unterversorgung führen. In den Randschichten von Getreide und in Hülsenfrüchten ist zudem die Aminosäure Leucin enthalten, die große Mengen an Niacin zur Verstoffwechselung benötigt (s. S. 100).

Polenta (Maisgrieß) gibt es ebenfalls in unterschiedlichen Mahlgraden. Auch hier gilt, je feiner der Maisgrieß ist, um so geringer ist der Tyrosinanteil. Tyrosin ist eine Aminosäure, die für die Nebennierenaktivität von großer Bedeutung ist. Daher ist mittelgradige und wer mag auch grobe Polenta mehr zu empfehlen als feine. Mit Instant-Polenta reduziert man zwar die Zeiten, in der der Grießbrei gar zieht. In ihrer Bioverfügbarkeit ist sie jedoch stark reduziert, was auch geschmacklich zu bemerken ist.

Reis gibt es in ganz unterschiedlichen Sorten. Häufig wird angenommen, dass Parboiled-Reis besonders schlecht wäre, da er schon industriell vorbehandelt ist mit dem Ziel, die Garzeit zu reduzieren. Um Parboiled-Reis zu produzieren wird Vollkornreis lange eingeweicht und anschließend heißem Dampf ausgesetzt. Dadurch diffundieren etwa 80 Prozent der in den Randschichten vorhandenen Mineralstoffe und Spurenelemente in das stärkehaltige Innere des Reiskorns. Anschließend wird das Reiskorn geschält, sodass man einen weißen Reis erhält, der ähnlich wie Vollkornreis reich an Mineralien und Spurenelementen ist. Um Parboiled-Reis braucht man also keinen weiten Bogen zu machen, sondern empfiehlt sich besonders bei Kindern, die Vollkornprodukte ablehnen.

MILCHPRODUKTE

Milchprodukte werden heutzutage – wie auch Obst – sehr viel konsumiert. Ein Überangebot in Supermärkten und das ständig neue Produzieren von Kinder ansprechenden, stark gesüßten Joghurts und Puddings sowie von Frischkäseprodukten, die laut Werbung „so wertvoll seien, wie ein kleines Steak", lassen uns fälschlicherweise glauben, dass Milchprodukte in Dessertform zu einer ausgewogenen Ernährung dazu gehören würden.

Milch aus dem Laden ist in ihrer Bioverfügbarkeit nicht gleichzusetzen mit ganz frischer Rohmilch direkt vom Bauernhof, die weder pasteurisiert noch homogenisiert wurde. Aufgrund schädlicher und schwer krank machender Keime, die in nicht-pasteurisierter Milch sein können, ist der Verkauf von unbehandelter Rohmilch in gewöhnlichen Supermärkten oder auch in Bioläden nicht möglich. Ab und zu in einigen Hof-Läden wird heutzutage jedoch Vorzugsmilch mit dem Aufdruck "Rohmilch – vor dem Verzehr abkochen" unter strengen Hygiene-Auflagen verkauft. Diese Milch ist aufgrund ihrer naturbelassenen Zusammensetzung bezüglich der Aminosäuren und des Vitamingehalts besonders wertvoll.

Der Unterschied zwischen Rohmilch und pasteurisierter Milch ist der veränderte Gehalt an bestimmten Aminosäuren. Durch das Erhitzen der Milch beim Pasteurisieren werden die hitzeempfindlichen Aminosäuren Lysin und Tryptophan zerstört, sodass nun die Wirksamkeit von Methionin,

eine schwefelhaltige Aminosäure, zur Geltung kommt.

Auch den Homogenisierungsprozess, den jede Milch im Kühlregal durchlaufen hat, verändert die Verträglichkeit von Milch. Besonders wenig verträglich ist H-Milch, die ultrahocherhitzt (143°C!) wird. Kleinkinder und Neurodermitiker können darauf reagieren. Zu beobachten sind zu Beginn meist aufgesprungene, leicht entzündliche Hautpartien im Bereich der Wangen und z.T. auch um die Augen herum. Vorzugsmilch vertragen diese Kinder meist besser, jedoch ist aufgrund einer möglichen Keimbelastung vom Verzehr abzuraten, sofern man den Vorzugsmilchkonsum nicht schon gewohnt ist, z.B. durch das Aufwachsen auf einem Bauernhof. Um Milchprodukte besser verträglich zu machen, können Kinder und Erwachsene, die unter Heuschnupfen leiden, reine Buttermilch im Frühjahr und ab und zu während des Sommers konsumieren. Diese weist eine hohe Bioverfügbarkeit bezüglich der Aminosäure Lysin auf.

Bei Neurodermitikern und allergiegefährdeten Personen lassen sich herkömmliche Milchprodukte in ihrer Verträglichkeit ebenfalls steigern, wenn über andere Lebensmittel ausreichende Mengen an Lysin vorhanden sind, wie z.B. Forelle und Buttermilch (Tönnies 1980-1996).

Die Aminosäure Methionin aus Milchprodukten hat in Maßen auch positive Wirkungen, z.B. beim Einbau von Kalzium in die Knochen und in die Zähne. Daher ist es sinnvoll, ca. ein-

mal pro Woche eine kleine Quarkmalzeit zu sich zu nehmen.

Hartkäsesorten aus Rohmilch als Kalziumlieferanten sind besonders bekömmlich. Heutzutage sind Rohmilchkäsesorten immer mehr in den Kästheken zu finden, wie z.B. Allgäuer Emmentaler, Appenzeller, Gruyère, Comté, schweizer und österreichischer Bergkäse oder italienischer Parmesankäse im Stück. Geriebener Parmesan aus der Dose ist meist aus pasteurisierter Milch hergestellt worden und ist im Geschmack nicht zu vergleichen mit dem Original. Lang gereifter Hartkäse (z.B. Parmesan) ist aufgrund der schon sehr mürben Struktur schnell zu verdauen, sodass dieser zur schnellen Aufnahme von Kalzium zu bevorzugen ist und sogar bei erhöhtem Bedarf am Abend noch gegessen werden kann ohne die nächtliche Regeneration zu stören. Gerade bei kreislaufschwachen Personen mit starken Schweißausbrüchen in der Nacht kann ein Stück Parmesan Linderung verschaffen.

Weichkäsesorten dienen als gute Vitamin B2-Quellen. Die Sorten aus Rohmilch (Brie de Meaux, Roquefort, einige französische Camemberts) sind gewöhnlich ebenfalls zu bevorzugen, aber sie können bei Kleinkindern sowie in der Schwangerschaft zu Problemen führen, da sich – zwar in äußerst seltenen Fällen – unliebsame Keime vermehrt haben können, die fruchtschädigend und bei einem geschwächten Körper krank machend sein können.

SOJA- UND GETREIDEDRINKS

Pseudomilchgetränke, die gar nicht als Milch bezeichnet werden können

Gerade Eltern von Kindern mit Neurodermitis und Allergien versuchen Kuhmilch durch **Milchersatzprodukte**, wie beispielsweise **Soja-, Reis- oder Hafer-Milch**, bei der Ernährung ihrer Kinder zu ersetzen. Es handelt sich hierbei aber nicht um echte Milch, sondern um milchig wirkende Getränke. Diese Milchersatzprodukte werden häufig aus fermentiertem Soja oder Getreide hergestellt. Zur Geschmacksverbesserung werden zum Teil Enzyme eingesetzt, die schlecht für die Darmschleimhaut sind und somit schnell zu Nahrungsmittel-Allergien jeglicher Art führen können. Das Sojaeiweiß kann direkt **Nahrungsmittelallergien** auslösen – besonders bei Allergikern, die z.B. auf Birkenpollen in Form von Heuschnupfen reagieren.

Der **Nährwert** von Getreidemilch ist in Bezug auf den Gehalt an Aminosäuren und Fettsäuren sowie an Vitamin B12 und den fettlöslichen Vitaminen nicht zu vergleichen mit echter Kuhmilch. Soja-Milch weist weder einen natürlichen Gehalt an Vitamin B12 noch Vitamin C auf und deutlich geringere Werte an Vitamin B2 und Kalzium als Kuhmilch. Dieser Mangel soll zum Teil mit Hilfe von künstlich hinzugefügtem Vitamin B12, Vitamin B2 und Calciumcarbonat ausgeglichen werden. Aufgrund ihrer Zusammensetzung ist weder Soja- noch Getreidemilch für Säuglinge als Ersatz für Muttermilch geeignet. Wenn das natürliche Stillen nicht möglich ist, kann auf eine konventionelle Säuglingsmilch ausgewichen werden. Nach der Säuglingsphase (vollendetes erstes Lebensjahr) werden nahrungsphysiologisch weder Milch noch Ersatzmilchprodukte benötigt.

Tönnies (1980-1996) hat vom Konsum von Milchersatzprodukten ausdrücklich abgeraten. Er konnte beobachten, dass gerade junge Kleinkinder kurzfristig zwar gut mit den Ersatzmilchprodukten klar kamen, nach 2-3 Wochen dann jedoch mit verstärkter **Neurodermitis** reagierten. Bei Soja- und Mandel-Milch sind es die hohen Schwefelwerte, die zu einem Neurodermitisschub und einem Ernährungsungleichgewicht führen. Bei Hafer-Milch ist es z.T. der hohe Zinkgehalt, der dem Kind nicht bekommt.

Wenn ein Kind durch den Konsum von Kuhmilch mit Neurodermitis reagiert, ist dies meist auf den Pasteurisierungs- und Homogenisierungsprozess der Kuhmilch zurück zu führen. Das veränderte Mischungsverhältnis an Aminosäuren der durch Hitze haltbar gemachten Milch ist dabei ausschlaggebend. Tönnies konnte beobachten, dass Kleinkinder mit einer Unterversorgung an Lysin, einer hitzeempfindlichen Aminosäure, besonders häufig mit einer Unverträglichkeit auf haltbargemachte Milch reagierten. Lysin ist besonders gut über Buttermilch oder Forelle aufzunehmen. Sobald die Unterversorgung an Lysin durch andere Nahrungsmittel ausgeglichen wird, verträgt das Kleinkind Kuhmilch wieder besser. Kuhmilch sollte dann weiterhin für eine längere Zeit nicht in großen Mengen (z.B. als Getränk) genossen werden, aber man muss dann auch nicht akribisch auf milchfreie Ernährung achten.

Alternativen zu Kuhmilch sind Ziegen- und Stutenmilch. Man sollte sich jedoch immer fragen, ob nach dem ersten Lebensjahr der Konsum an Milch als Getränk notwendig ist, oder ob das Kind nicht auch mit Wasser und Tee und einer ausgewogenen Ernährung bestehend aus Gemüse, Getreide, Hülsenfrüchten, Hartkäse, Öl, Butter, Sahne, Schmand, Fisch und Fleisch gesund erhaltend ernährt werden kann.

EIER

Eier werden bei uns häufig mit zu hohen Cholesterinwerten in Verbindung gebracht. Wenig bekannt ist, dass die Blutcholesterinwerte nur bis zu einem Fünftel unmittelbar über die Nahrung zu beeinflussen sind. Der Hauptanteil des Blutcholesterinwertes wird körpereigen produziert und ist u.a. von den Stoffwechselprozessen der Leber abhängig (Hu et al. 2001).

Wer also erhöhte Blutcholesterinwerte aufweist, sollte sich um seinen Leberstoffwechsel kümmern.

Eier sind gute Vitamin D-, Tyrosin- und Cystein-Lieferanten und weisen ein für den Menschen gesundes Mischungsverhältnis an Aminosäuren auf. Eier haben aber auch einen recht hohen Schwefel-Wert, sodass sie von dem ein oder anderen Migräne- oder auch Neurodermitispatienten nicht gut vertragen werden.

Eier sollten immer frisch gekauft werden und aus nachhaltig landwirtschaftlicher Produktion stammen. Hier sollten keine Kompromisse eingegangen werden.

FLEISCH

Der Fleischkonsum ist heutzutage recht stark angestiegen. Ein Konsum in Maßen mit **Bio-Fleisch** von „glücklichen" Tieren aus nachhaltig betriebener Landwirtschaft, für das man zwar mehr bezahlen muss, ist dennoch empfehlenswert. Der Geschmack und die Qualität sind nicht vergleichbar mit preiswertem Fleisch. Biofleisch enthält weniger schädliche Begleitstoffe und mehr Vitamine und Mineralstoffe sowie Spurenelemente, als das Fleisch von schnell groß gemästeten Tieren.

Fleisch ist Lieferant für viele essentielle Aminosäuren, B-Vitamine sowie für Mineralstoffe und Spurenelemente. Insbesondere ist hier Vitamin B12 hervorzuheben, da es in natürlicher Form nur in tierischen Nahrungsmitteln vorkommt. Vitamin B12 wird zum Aufbau unseres genetischen Materials, der DNA, benötigt und erfüllt zahlreiche Funktionen im Organismus, einschließlich der Blutbildung und der Aufrechterhaltung der vollen Funktionsfähigkeit des Nervensystems.

Dunkle Fleischsorten, wie beispielsweise Rind, Lamm, Wildschwein und Reh, verfügen über hohe Eisenwerte. Obwohl Eisen auch in vielen anderen Nahrungsmitteln enthalten ist, sind Fleisch und Meeresfrüchte die einzigen Lieferanten von Hämeisen. Diese Form von Eisen wird vom Körper wesentlich leichter absorbiert, als das in Gemüse und Getreide enthaltene Eisen.

Schaf- und Rinderfett weisen im Verhältnis zu anderen Fettsäuren gut ausgewogene Werte an Arachidonsäure auf, eine nur in Tieren vorkommende, vierfach ungesättigte Fettsäure. Natürliche Gegenspieler sind mehrfach ungesättigte Fettsäuren (z.B. Omega-3-Fettsäuren aus fettem Salzwasserfisch – Hering, Lachs, Thunfisch – und aus Leinsamen, Leinöl und Rapsöl).

Beim Kauf von Fleisch ist besonders auf die Frische und auf die Vielfalt zu achten. Die Aminosäure Tryptophan beispielsweise ist nicht gut lagerfähig, sodass beispielswiese ein **Hähnchenschenkel oder auch ein Kalbschnitzel** frisch vom Schlachter gekauft werden sollte und nicht Tiefkühlware Verwendung finden sollte. Auch sollte Frischfleisch nicht in einer aus dem Fleisch tretenden Gewebeflüssigkeit liegen. Das ist ein deutliches Zeichen für Überlagerung. Bei dunklen Fleischsorten muss das Fleisch erst eine Zeit lang kühl abhängen, bevor es in den Handel kommt. Das dann zu erwerbende Fleisch ist dennoch frisch. Aber auch hier gilt, wenn dann viel Fleischsaft austritt, ist es in seiner Qualität reduziert.

FISCH UND MEERESFRÜCHTE

Frischer Fisch sollte im Gegensatz zu Fleisch öfter, als es heutzutage in vielen Familien üblich ist, verzehrt werden. Wichtig beim Erwerb des Fisches ist auch hier wieder die Frische. Wenn möglich sollte nicht auf Tiefkühlware zurück gegriffen werden, da kälteempfindliche Aminosäuren, wie z.B. Lysin und Isoleucin (Forelle), dann weniger bioverfügbar sind. Bei der **Forelle** ist eine besonders gute Isoleucin-Wirkung zu spüren, wenn sie nicht zu heiß geräuchert und nicht überlagert konsumiert wird. Die Aminosäure Valin, die vermehrt in **hellem Tiefseefisch sowie in Flundern, Schollen, Heilbutt, Schwarzer Heilbutt und**

Lachs biowirksam ist, tritt bei Tiefkühlware in ihrer Bioverfügbarkeit stärker hervor als Lysin, da sie eher eine Tiefkühlung verträgt. Hierbei ist aber immer darauf zu achten, dass die Ware dann nicht überlagert ist. So lässt sich mit frischem Kabeljau mit noch ausreichend Lysinwirkung das Abheilen von Herpesinfektionen positiv beeinflussen. Nach einer längeren Tiefkühlung gelingt dieses nicht mehr. Dafür tritt die Wirkung von Valin stärker hervor und kann eine Überempfindlichkeit auf Berührungsreize und schmerzhafte Krämpfe verringern. Auch **Makrele und Ölsardinen** enthalten reichlich Lysin, lassen sich

gerne auch als Räucherware oder sogar Dosenware verwenden. Thunfisch aus der Dose, der in Öl eingelegt ist, weist recht hohe Niacinwerte auf. Bei in Wasser eingelegtem Thunfisch aus der Dose hingegen ist das Wasser genauso reich an Niacin wie der Fisch selbst und eignet sich daher weniger bezüglich einer Niacin-Versorgung.

Nordseekrabben weisen eine hohe Cysteinwirkung auf. **Hummer** hingegen verfügt über hohe Methioninwerte, eine Aminosäure, die häufig schon zu viel in der Kost vertreten ist (Kinderernährungswerk Hamburg e.V. 1994).

ÖLE UND FETTE

Tierische und pflanzliche Fette sind voneinander zu unterscheiden. Bei tierischen Fetten sind **Butter, Sahne, saure Sahne und Schmand sowie Schweineschmalz** aus Sicht der Bedarfsorientierten Ernährung als sinnvolle Nahrungsmittel zu benennen. Beim Kauf von Butter ist zu beachten, dass sie frisch ist und nicht schon ranzige, dunkel verfärbte Partien aufweist. Seit einigen Jahren werden einigen Buttersorten Öle und Emulgatoren hinzugefügt, damit sie „streichzart" werden. Vom Kauf und Verzehr dieser Produkte ist abzuraten. Von Natur aus etwas weichere Butter ist die Sommerbutter, die ausschließlich aus Rahm aus der Grünfutterperiode gewonnen wird. Wenn sich die Kuh von Gras und Wiesenkräutern ernährt hat, enthält der Fettanteil der Milch einen höheren Anteil an fettlöslichen Vitaminen A und E, sodass die daraus gewonnene Butter weicher ist.

Im Handel erhältlich ist auch Almbutter, Käsereibutter und Landbutter, die z.T. aus Rohmilch hergestellt werden, d. h. der Rahm wird nicht pasteurisiert. In diesem Fall muss die Butter den Hinweis „mit Rohmilch hergestellt" tragen.

Meist werden zur Säuerung der Butter spezifische Milchsäurebakterien verwendet, die aus einer Süßrahmbutter dann eine Sauerrahmbutter werden lassen. Beide Butterarten sind zu empfehlen.

Butterschmalz ist geklärte, ein-

gesottene bzw. geläuterte Butter. Es ist aus Butter durch Entfernen von Wasser, Milcheiweiß und Milchzucker gewonnenes Butterreinfett. Es hat ähnliche Eigenschaften wie Schweineschmalz, wird jedoch nicht aus Schlachtfett, sondern aus Kuhmilch erzeugt. Butterschmalz eignet sich gut zum Braten von Bratkartoffeln oder auch von Gemüse- und Getreidebratlingen.

Beim **Schweineschmalz** sollte man ebenfalls auf die Qualität achten. Im Fett der Schweine lagern sich – wie bei uns Menschen – Schadstoffe ab, wie beispielsweise Chrom, Blei, Kadmium, Dioxin, etc.

Schweine aus Bio-Betrieben bekommen nicht nur anderes Futter, sie werden auch mit Freilanderfahrung gehalten. Durch die Freilandhaltung können sie gut Vitamin D über ihre Haut produzieren, welches dann wie-

derum im Fettanteil gespeichert wird. Schmalz sowie auch fettes Schweinefleisch und Bacon von "Bio-Schweinen" weisen dementsprechend höhere Vitamin D-Werte auf als von konventionell gezüchteten „Stall-Schweinen".

Bei den pflanzlichen Ölen sind Maiskeimöl, Sonnenblumenkernöl, Olivenöl, Leinöl, Weizenkeimöl, Walnussöl und Distelöl zu benennen. Bei Ölen gibt es große Qualitätsunterschiede zu finden. Sie sollten immer in dunklen Glasflaschen oder in lichtundurchlässigen Behältnissen verkauft werden, da sonst u.a. die lichtempfindlichen fettlöslichen Vitamine zerstört werden und das Öl verdorben ist. **Kaltgepresste Öle eignen sich besonders für Salatsoßen und für Speisen, die nicht erhitzt werden.** Diese Öle werden recht schnell ranzig, sodass immer nur kleine Mengen davon erworben werden sollten.

Zum Anbraten von Fleisch eignet sich **Maiskeimöl und Olivenöl** gut, wobei letzteres einen hohen Schwefelanteil aufweist. Das Öl darf beim Anbraten nicht zu heiß gemacht werden. Sobald Fett in der Pfanne „raucht" – unabhängig davon, ob es pflanzlicher oder tierischer Natur ist – darf es nicht mehr verzehrt werden, da es dann krebserregende Stoffe beinhaltet. Maiskeimöl weist einen hohen Linolsäurewert auf und besteht damit zu knapp 60% aus mehrfach ungesättigten Fettsäuren. Aufgrund der sehr hohen Werte an essentiellen Fettsäuren ist Leinöl jedoch sehr anfällig für Oxidation, sodass beim Kauf darauf geachtete werden sollte, dass es ein Öl ist, welches unter Schutzathmosphäre gepresst wurde (oxyguard oder omega safe).

Distelöl, Leinsamenöl sowie auch Walnussöl, welche alle recht hohe Werte an einfach und mehrfach ungesättigten Fettsäuren aufweisen sowie letzteres auch reich an Vitamin E ist, sind nicht hitzebeständig und dürfen nicht zum Braten verwendet werden. Sie eignen sich jedoch gut für Salatsoßen.

Leinsamenöl (Leinöl) weist 90% an essentiellen Fettsäuren auf. Es setzt sich zusammen aus α-Linolensäure von 45% bis 71%, 12% bis 24% Linolsäure und 45% bis 71% Linolensäuren. Aufgrund des besonders hohen Anteils an entzündungshemmenden Omega-3-Fettsäuren in Leinöl ist der Konsum besonders Patienten mit Herz-Kreislauf-Erkrankungen, rheumatischen Erkrankungen, Allergie-Bereitschaft, Neurodermitis und Schuppenflechte zu empfehlen.

Die Verwendung von Walnussöl ist sehr zu empfehlen, da das Mischungsverhältnis von den Omega-3- zu Omega-6-Fettsäuren (optimales Verhältnis 1:2) für den menschlichen Stoffwechsel besonders günstig ist. Dieses Mischungsverhältnis weist auch **Rapsöl** auf, welches jedoch geschmacklich meist abgelehnt wird.

Sonnenblumenkernöl ist in der Regel ebenfalls nicht ausreichend hitzestabil. Es gibt jedoch besonders gezüchtete Sonnenblumenpflanzen, "High Oleic"-Sorten, die hitzestabiler sind und daher auch in der Gastronomie zum Frittieren eingesetzt werden. In der Bedarfsorientierten Ernährung nach Tönnies wird herkömmliches Sonnenblumenkernöl mit einem Anteil von ca. 65% mehrfach ungesättigte Fettsäuren verwendet für Salatsoßen oder für Mayonnaisen.

In der industriellen Verarbeitung wird aus Sonnenblumenkernöl und zum Teil aus anderen Ölen **Margarine** hergestellt. Margarine sollte jedoch aufgrund des hohen Anteils an Transfettsäuren (DGEinfo 2007) nicht zum Einsatz kommen, weder auf dem Brot, noch zum Anbraten, noch zum Backen. Auch spezielle Margarinen, die mit dem Slogan „besonders reich an ungesättigten Fettsäuren" beworben werden und möglicherweise sogar „den Cholesterinspiegel reduzieren" sollen, sind nicht zu empfehlen, da sie Pflanzensterine enthalten. Pflanzenste-

rine binden im Darm neben Cholesterin auch fettlösliche Vitamine und auch essentielle Fettsäuren, sodass sie nicht mehr über den Darm aufgenommen, sondern ausgeschieden werden.

Erdnussmus, welches ausschließlich aus Erdnüssen besteht und evtl. mit Meersalz verfeinert wurde, ist reich an Linolsäure sowie auch an der vollständig gesättigten Arachinsäure. Neurodermitiker mit Hautirritationen in den Ellbeugen und Kniekehlen reagieren häufig sehr positiv auf diese Kombination von Fettsäuren. Arachinsäure ist nicht zu verwechseln mit der Arachidonsäure, die in tierischen Nahrungsmitteln (Lammfett, Rinderfett) vorkommt. Erdnussmus weist einen sehr hohen Wert an Phytinsäure auf, welche – wie bei Vollkornprodukten – die Aufnahme der enthaltenen Mineralstoffe einschränkt.

Sesammus (Tahin) ist eine Paste aus feingemahlenem Sesam, die aus geschältem und ungeschältem Sesam hergestellt wird. Tahin ist reich an einfach-ungesättigten Fettsäuren (ca. 22 g pro 100 g) und mehrfach ungesättigten Fettsäuren (ca. 25 g pro 100g), wobei die in unserer Nahrung recht viel vertretende **Omega-6-Fettsäure** (ca. 24,0 g pro 100 g) deutlich erhöht ist. Bei häufigem Konsum von Sesammus kann es zu einem Ungleichgewicht im Fettsäurestoffwechsel kommen (www. naehrwertrechner.de). Omega-6-Fettsäuren (bis auf Gamma-Linolensäure) verengen im menschlichen Organismus die Blutgefäße, fördern Blutgerinnsel, begünstigen Zellwucherun-

gen und Entzündungen. Bei zu hohen Omega-6-Fettsäure-Anteilen kommt es zu einer Verringerung des herzschützenden HDL-Cholesterins. Die Folgen können Herz-Kreislauf-Erkrankungen, rheumatische Erkrankungen, Hautentzündungen, Ekzeme und Schuppenflechte sein. Sesammus sollte daher nicht allzu häufig und wenn möglich nur im Sommer konsumiert werden.

Bei Neurodermitis- und Allergiebereitschaft ist ebenfalls von Sesammus abzuraten, da Tahin neben den entzündungsfördernden Omega-6-Fettsäuren von Natur aus recht hohe Chromwerte aufweist, sodass es schnell zu neuen Schüben und Reaktionen kommen kann.

Der im Stoffwechsel agierende Gegenspieler zu **Omega-6-Fettsäuren** sind Omega-3-Fettsäuren. Sie bewirken genau das Gegenteil von Omega-6-Fettsäuren: Sie weiten die Blutgefäße, hemmen die Bildung von Blutgerinnseln, vermindern Zellwucherungen und Entzündungen. Omega-3-Fettsäuren verschwinden immer mehr aus unserer Nahrung, da recht häufig Fertigprodukte (auch aus dem Bio-Segment) konsumiert werden, die u.a. mit Margarine und Ölen zubereitet wurden. Margarine und Öle weisen einen hohen Anteil an Omega-6-Fettsäuren auf. **Natürliche Omega-3-Fettsäure-reiche Lebensmittel sind fettreicher Tiefseefisch (Zuchtlachs und Thunfisch) und Wild-Fleisch (Wildschwein) sowie grüner Kopf-Salat, dunkelgrüne Gemüsesorten, Sprossen, Walnüsse, Leinöl und Pilze.**

Zubereitung
WAS ALLES BEI DER ZUBEREITUNG VON SPEISEN ZU BEDENKEN IST

Bei der Art und Weise, wie eine Speise zubereitet und auch gelagert wird, ist einiges zu beachten, da die Bioverfügbarkeit bestimmter Nährstoffe schnell veränderbar ist und ein Ausgleichen von Ernährungsungleichgewichten dann nicht mehr so gut gelingen möchte.

Gemüse

Viele Gemüsesorten können roh und gegart verzehrt werden.

Besonders bekömmlich ist gegartes Gemüse zusammen mit Milchfett bzw. Sahne, saurer Sahne, Schmand oder Butter sowie in Kombination mit Getreide bzw. Getreideprodukten, wie z.B. Brot und Nudeln. Beim Garen von frischem Gemüse, wie beispielsweise Brokkoli, Blumenkohl, Karotten, Kohlrabi, Zucchini, Erbsen und Zucker-schoten ist darauf zu achten, dass die Farbe des farbigen Gemüses durch den Garprozess eher noch intensiver wird und nicht verblasst. Das gelingt einem, **wenn das geputzte und in mundgerechte Stücke zerteilte Gemüse in einem flachen Topf oder Pfanne zusammen mit ein wenig Butter nur kurzzeitig angebraten wird, dann mit verschlossenem Deckel noch 1 bis 10 Minuten ohne starke Hitzezufuhr gar zieht.** Die Garzeiten hängen ganz davon ab, um welches Gemüse es sich handelt. Zuckerschoten brauchen gar keine anschließende Garzeit, Karotten und einige Blumenkohlsorten brauchen am längsten.

In reichlich Wasser weich gekochtes Gemüse kann für uns Menschen, die keine Verdauungsenzyme zum Aufspalten von **Zellulose** (Hauptbestandteil von pflanzlichen Zellwänden, Massenanteil etwa 50%) besitzen, auf lange Sicht schädlich sein. Tönnies (1980-1996) hat darauf hingewiesen, dass eine Mahlzeit mit schlecht gegartem, lange warm gehaltenem oder zuvor tiefgekühltem Gemüse (außer Grünkohl und Erbsen) die Darmflora für mindestens drei Tage in ihrer Funktionalität stört. Bei dauerhaftem Konsum können Darmstörungen mit Darmerschlaffung die Folge sein.

Eine schlechte Verträglichkeit von Gemüse, die in Form von Blähungen zutage tritt, ist meist Zeichen dafür, dass die Speise zu wenig gesalzen, zu lange oder falsch gegart und zu wenig tierisches Fett (Butter, Sahne, Schmand, Schmalz) beigemengt wurde. Besonders Kinder und ältere Menschen lehnen häufig gegartes Gemüse ab, wenn sie eine Unterversorgung an Vitamin C und/ oder Niacin aufweisen. Sobald das Kind oder die Großmutter zum Frühstück ein paar frische Himbeeren, Johannisbeeren oder auch ein wenig gelbe Pampelmuse zu sich genommen haben über einen Zeitraum von ca. 3 Tagen, vertragen sie das gekochte Gemüse wieder und lernen es lieben. Niacin-Mangel entsteht häufig, wenn Kartoffeln nicht als Pell- oder Backkartoffel zubereitet, sondern als Salzkartoffeln oder als Fertigware konsumiert werden.

Zu starke und zu lange Hitzeeinwirkung oder auch das Garen von Gemüse in einem **Schnellkochtopf oder in der Mikrowelle** wirkt sich sehr negativ auf die Verdaulichkeit aus (Tönnies 1980-1996). Die in Gemüse enthaltenen Zellulosefasern verändern sich in ihrer Struktur, sodass sie für unsere Darmbakterien im ersten Teil des Dickdarms, dem Blinddarm und dem aufsteigenden Colon nicht mehr zu kurzkettigen Fettsäuren abgebaut werden können. Es kommt zu einem gestörten Darmmilieu mit veränderter Darmflora, was langfristig auch zu einer handfesten Vitamin-B12-Untervorsorgung führen kann. Eine gesunde Darmflora produziert bei uns Menschen im Darm das für uns essentielle Vitamin B12. Bei vegan ernährten Menschen ist eine gesunde Darmflora daher besonders wichtig, da Vitamin B12 sonst nur in tierischen Lebensmitteln vorkommt (Berg et al. 2012). Ein lang bestehender Mangel an Vitamin B12 ist meist zu spüren durch degenerative Prozesse im Bereich des Kreuzbeins mit z.T. einhergehenden Schmerzen, die bis in die Beine ausstrahlen können. Die Haut im Bereich der Lendenwirbelsäule und des Kreuzbeins wirkt fettiger als an anderen Stellen, sodass Duschwasser dort besser abperlt als an anderen Körperstellen (Tönnies 1980-1996).

Bei der Zubereitung von nicht erwärmten Gemüsesorten, wie beispielsweise Gurke, roher Fenchel, rote Paprika und bei Blattsalaten eignen sich Öle gut in Kombination mit frischer Zitrone oder auch mit Essig. Bei gegartem Gemüse, Getreide oder bei Hülsenfrüchten eignen sich in unseren Breitengraden Öle jedoch weniger gut. Hier ergänzen sich zu stark Kreislauf dämpfende Eigenschaften, wie Magnesium und Kalium aus dem Gemüse sowie Vitamin A und E aus den Ölen. Es kann dann passieren, dass man vor lauter Schwäche nicht mehr in den Schlaf findet. Im Bett liegend hat man das Gefühl, als wollten sich die Beine noch unbedingt weiter bewegen. Durch das Kombinieren mit Getreideprodukten, Milchfett und evtl. mit dem Verzehr von einem kleinen Stück gut gereiftem Parmesan am Abend lässt sich dieses Empfinden schnell reduzieren und den Kreislauf stärken.

Die Bekömmlichkeit von Gemüse kann verbessert werden durch:

▼ kurze Garmethode: mundgerechte Gemüsetücke salzen, in tierischem Fett kurz anbraten, bei geschlossenem Deckel ohne weitere Hitzezufuhr gar ziehen lassen.

▼ ausreichend mit Meer- oder Steinsalz salzen

▼ tierisches Fett (Butterfett, Schmalz) anstelle von Öl verwenden

▼ niacinreich essen

▼ Vitamin C-reich essen

Getreide und getrocknete Hülsenfrüchte

Die Verträglichkeit von Vollgetreide und Hülsenfrüchten lässt sich durch eine gute Zubereitung entscheidend verbessern.

Hierzu zählen einerseits **lange Einweichzeiten** vor dem eigentlichen Garen, um die Phytinsäurewerte aus **Getreide und Hülsenfrüchten** zu reduzieren. Mit Hilfe des Enzyms Phytase wird als Vorbereitung zum Keimen das Phytinat zum Teil abgebaut. Phytinat ist im menschlichen Körper nicht zu verdauen. Gelangt Phytinat in den Darm bindet es dort u.a. Eisen, Zink, Kalzium und Magnesium, sodass die Aufnahme dieser Mineralien reduziert wird.

Grünkern hat von Natur aus nur sehr geringe Phytinatwerte, da das Getreide unreif geerntet wird. Grünkern braucht vor dem Kochen nicht eingeweicht zu werden.

Hirse enthält neben Leucin auch recht hohe Threoninwerte. Threonin ist eine Aminosäure, die schnelles Denken fördert, einen jedoch auch schnell garstig werden lässt. Tönnies hat darauf hingewiesen, dass Kinder und Erwachsenen nicht mehr als einmal pro Woche Hirse zu sich nehmen sollten. Insbesondere hyperaktive Kinder benötigen wenig Threonin. Bei unruhigen Kindern ist darauf zu achten, dass sie ausreichend Tryptophan, Folsäure und Niacin zu sich nehmen, damit der Verzehr von Hirse sich nicht negativ auf die Konzentrationsfähigkeit und auf das Sozialverhalten auswirken kann (Schulte und Nietner 1996).

Bei **Natur-Reis** kann durch langes Einweichen (12 Stunden) vor dem Garen die Wirkung von der Aminosäure Valin verstärkt werden. Die Garzeit wird dadurch zwar nicht verkürzt, aber Valin scheint nach Angaben von Tönnies dann besser zu wirken. Er empfahl diese Zubereitungsmethode von Reis für ein Kleinkind, welches Schwierigkeiten in der Sprachentwicklung hatte. Zusammen mit Matjes sollte sie diesen Reis essen, um die Reifung des Sprachzentrums zu fördern (Tönnies 1980-1996).

Des Weiteren ist die **Bekömmlichkeit von Getreidegerichten**, wie beispielsweise Hirse, Polenta, Bulgur, Gerstengraupen, Reis und das Scheingetreide Buchweizen sowie auch Hülsenfrüchte durch A**nreicherung mit Milchfett** stark zu verbessern. Zusammen mit den Vitaminen B2 und B3 (Niacin) aus Milchfett kann die Aminosäure Leucin aus dem Getreide besser wirken und verstoffwechselt werden. Auch empfiehlt sich das **Kombinieren von Getreidegerichten zusammen mit Vitamin B6-reichen Hülsenfrüchten,** wie z.B. Linsen und Kidneybohnen. Einerseits lässt sich dadurch die Leucin-Wirkung optimieren. Andererseits wird die biologische Wertigkeit der darin vorkommenden Aminosäuren verbessert. Sofern jedoch eine Niacin-Unterversorgung besteht, wird Leucin nicht mehr gut vertragen. Dann eignen sich Getreideprodukte, bei denen die Randschichten des Vollkorngetreides

entfernt wurden, wie z.B. Gerstengraupen, polierter Reis und Weißmehlprodukte.

Hülsenfrüchte lassen sich gut mit tierischen Eiweißen kombinieren. Zum Frühstück eignen sich z.B. kurz gegarte Linsen zusammen mit Rindfleisch (s. S. 106 Klöpschen mit Linsen), Bacon oder Wiener Würstchen. Gerade bei Menschen mit einer empfindlichen Leber, ist ein solch „kaiserliches" Frühstück von Vorteil. Kinder lieben häufig Rührei mit ein paar Hülsenfrüchten darin oder Spiegeleier mit kurz gegarten Linsen und ein wenig Bacon.

Zum Mittagessen eignen sich Hülsenfrüchte in Kombination mit Fisch, Kartoffel und Salat sehr gut. Aufgrund der hohen Niacinmengen (Fisch und Kartoffel), ist diese Kombination ebenfalls für Menschen sinnvoll, die wenig Niacin in ihrer Leber speichern können.

Zum Abendessen lassen sich Hülsenfrüchte gut zu einem vegetarischen Brotaufstrich verarbeiten, wie z.B. Hummus s. S. 182 und weiße Bohnen-Creme s. S. 181, welche zusammen mit Weißbrot gegessen werden. Die Kombination mit Vollkornbrot kann die Aufnahme von zu viel Leucin bedeuten, sodass Niacin zu stark verbraucht wird. Bei einer Niacin-Unterversorgung werden Hülsenfrüchte schwer verdaulich und bleiben lange im Magen liegen häufig verbunden mit Sodbrennen oder Magenkneifen.

Werden Hülsenfrüchte in Form eines Salates zubereitet, ist die Wir-

kung, je nachdem welche Soße hinzugefügt wird, unterschiedlich. Durch **Säure** aus Essig oder Zitrone wird Pantothensäure zerstört, sodass Hülsenfrüchte dann nicht mehr so wärmend wirken. Vitamin B1 und Vitamin B6 rücken als Gegenspieler von Pantothensäure in ihren Wirkungen in den Vordergrund. Das kann gerade im Sommer von großem Vorteil sein.

Wärmend wirkende Hülsenfrüchtesalate erreicht man, wenn sie mit einer Sahnesoße angemacht sind, wie. z.B. der süße Linsensalat mit Banane (s. S. 192).

In einigen alten Rezeptbüchern findet man die Beigabe von **Natron** (basisch) in das Kochwasser von Hülsenfrüchten. Durch Natron wird Vitamin B1 zerstört, sodass dann die Wirkung von Pantothensäure mehr in den Vordergrund drängt.

Bei der **Zubereitung von Hülsenfrüchten entscheidet die Garzeit** gravierend darüber, ob „Erbsen, Bohnen, Linsen, den ... zum Grinsen bringen" oder nicht. Tönnies hat darauf hingewiesen, dass das längere Einweichen der getrockneten Hülsenfrüchte vor dem Erhitzen die Garzeit entscheidend verkürzen kann, sodass die Zellulosefasern nicht allzu stark aufquellen und die Darmflora nicht gestört wird.

Tönnies`sche Zubereitung von Linsen:

Linsen in einem Topf über Nacht mit Wasser einweichen, sodass alle Linsen gut mit Wasser bedeckt sind. Über Nacht nehmen die Linsen das Wasser fast komplett auf, sodass nur noch ein wenig Restwasser am Topfboden zu sehen ist. Mit dem Restwasser die Linsen einmal für bis zu 4 bis 5 Minuten aufkochen lassen. Salz, Gewürze und Butter oder Sahne hinzufügen und dann essen.

Übrig gebliebene Linsen sind im Kühlschrank gut verschlossen bis zu 4 Tage haltbar und können – ohne sie jedoch erneut stark zu erhitzen – zwischendurch immer wieder zu Gerichten dazu gereicht werden. Ein erneutes starkes Erhitzen führt wie bei allen Arten von Hülsenfrüchten zum Aufquellen der Zellulosestrukturen, sodass sie dann nicht mehr gut zu verdauen sind. Daher ist Dosenware bei Hülsenfrüchten ebenso weniger zu empfehlen.

Einweich- und Garzeiten von getrockneten Hülsenfrüchten

Hülsenfrüchte	Einweichzeit	Garzeit
Braune Linsen, Tellerlinsen, Suppenlinsen, gelbe Linsen	Mindestens 4 Stunden	4-5 Minuten
Rote Linsen	0-4 Stunden	6 Minuten ohne Einweichzeit 2 Minuten mit Einweichen
kleine weiße Bohnen	12 Stunden	30 Minuten
Große weiße Bohnen	12-24 Stunden	60-70 Minuten
Rote Kidneybohnen	12 Stunden	45-55 Minuten
Schwarze Bohnen	12 Stunden	45-55 Minuten
Gelbe Schälerbsen	12 Stunden	30 Minuten
Kichererbsen	12 Stunden	30-45 Minuten

1. Hülsenfrüchte dürfen nicht überlagert sein, da sonst die Einweich- und Garzeiten deutlich länger werden.

2. Hülsenfrüchte (außer Linsen) sollten erst nach dem Garen gesalzen werden, sonst kann es passieren, dass sie nicht weich werden.

3. Zwischendurch sollte der Garprozess von Hülsenfrüchten nicht unterbrochen werden, da sie sonst nicht weich werden. Das bedeutet z.B. auch, dass Wasser, welches eventuell nachgegossen werden muss, erst zum Kochen gebracht werden sollte, bevor es zu den Hülsenfrüchten geschüttet wird.

4. Zum Garen der Hülsenfrüchte dürfen keine Schnellkochtöpfe verwendet werden.

Gerade für eine hohe biologische Wertigkeit ist es sinnvoll, Hülsenfrüchte nicht aus dem Speiseplan zu streichen. Fleisch- und Fischgerichte werden stark aufgewertet, wenn Hülsenfrüchte dazu gegessen werden. Manchmal reicht es aus, wenn gegarte Hülsenfrüchte gemust und dem Gericht in Soßenform beigemengt werden. Zum Andicken von dunklen Fleischsoßen eignen sich anstelle von Speisestärke getrocknete Tellerlinsen, die vorab in einer Kaffeemühle zu Linsenmehl verarbeitet wurden.

Wenn man dennoch schlechte Erfahrungen nach dem Konsum von Hülsenfrüchten gemacht hat, sollte man mit sehr kleinen Mengen (1-2 Esslöffel pro Tag) beginnen, die dann nach dreimaligem Verzehr innerhalb von einer Woche langsam erhöht werden können. Die Darmflora hat dann Zeit, sich an die neuen Produkte zu gewöhnen, sodass es nicht zu Blähungen kommt.

Eine schlechte Verträglichkeit von Hülsenfrüchten, die in Form von Blähungen zutage tritt, ist meist Zeichen dafür, dass die Speise zu wenig gesalzen, zu lange oder falsch gegart, zu wenig tierisches Fett (Butter, Sahne, Schmand) beigemengt wurde oder auch dass bei dem betroffenen Menschen eine Unterversorgung an Vitamin C und/ oder Niacin vorliegt (Kinderernährungswerk Hamburg e.V. 1995).

Bekömmlichkeit von Nahrungsmitteln verbessern durch bestimmte Zubereitungsarten

♥ Gemüse in mundgerechte Stückchen schneiden, salzen, nur kurz in tierischem Fett (Butter oder Schmalz) anbraten und dann bei geschlossener Pfanne gar ziehen lassen ohne zusätzliche Wasserzufuhr!

♥ Hülsenfrüchte und Getreide immer über mehrere Stunden vor dem Garen in Wasser einweichen und quellen lassen.

♥ Getreide, Gemüse und Hülsenfrüchte mit etwas Milchfett (Butter, Sahne, Butterschmalz) oder in der nass-kalten Jahreszeit mit Bio-Schweineschmalz anreichern.

♥ Fleisch kann sehr unterschiedlich wirken: Fleisch von jungen Tieren sowie schonend gegartes Fleisch, welches noch leicht rosa im Inneren ist, weist Tryptophan-Wirkung auf. Das trifft besonders auf junge Tiere zu, wie z.B. Kalbfleisch, Frischling, Hähnchenschenkel etc. Lange bei Niedrigtemperatur geschmortes Fleisch weist Valin-Wirkung auf, wie z.B. Rouladen (s. S. 158).

♥ Fisch nur schonend bei niedrigen Temperaturen garen (nicht mehr als 70°C) oder mit schützender Teighülle.

Weitere Leitsätze:

♥ Mikrowellenherde, Dampfgarer und Schnellkochtöpfe sollten nicht zum Zubereiten von Speisen verwendet werden.

Quelle: Tönnies (1980-1996)

Fleisch

Fleisch von jungen Tieren weist höhere Werte an Tryptophan auf als Fleisch von älteren Tieren. Als Tryptophanlieferant eignen sich Kalbfleisch, junges Lammfilet, junges Schweinefilet sowie Hähnchenschenkel besonders gut. Da Tryptophan nicht gut lagerfähig ist, muss es recht schnell verarbeitet werden. Zudem ist Tryptophan auch sehr hitzeempfindlich und darf nur auf den Punkt gegart werden. Längeres Aufbewahren, warm halten oder mehrfach erhitzen, zerstören die Tryptophan-Wirkung. Kalbschnitzel mit schützender Panade, das so genannte „Wiener Schnitzel", eignet sich daher sehr gut als Tryptophan-Lieferant.

Wiener Würstchen und Fleischkäse weisen ebenfalls recht gute Tryptophan-Wirkung auf, wenn sie nicht zu lange auf Wärmeplatten oder in Wasser gelagert (Dose oder Glas) werden.

Schweinefleisch und Lammfleisch sind zudem gute Vitamin D-Lieferanten, wenn das Fleisch nicht zu fettarm ist. Bei der Zubereitung sollte man daher das Fett nicht abschneiden, sondern mit verwenden nach dem Motto: Lieber weniger und dafür ein „vollständiges" Stück essen.

Fisch

Bei der Art der Zubereitung von **frischem Fisch** ist ebenfalls einiges zu beachten. Fangfrischer Fisch darf beim Garprozess nicht über 70°C erhitzt werden, damit die hitzeempfindliche Aminosäure Lysin nicht zerstört wird. Eine gute Lysin-Wirkung im Anschluss an eine Fischmahlzeit ist durch Tiefenatmung mit einer guten Sauerstoffverwertung zu spüren. Beim Einatmen hat man das Gefühl, dass es einem Kraft und Frische gibt. Man fühlt sich geistig fit und verspürt Tatendrang. Durch zu starkes und zu langes Erhitzen von fangfrischem

Fisch treten andere Aminosäuren, wie z.B. Valin oder Cystein, in ihrer Wirksamkeit stärker hervor. Eine „Scholle Büsumer Art", die mit Speck und Nordseekrabben serviert wird, kann auf diese Art und Weise ganz unterschiedliche Wirkungen aufweisen, je nachdem wie heiß die Scholle beim Braten in der Pfanne geworden ist. Wenn die Scholle in sehr heißem Fett und recht lange gebraten wurde, ist nur noch wenig Lysin-Wirkung zu spüren. Das Gefühl der Tiefenatmung bleibt aus. Dafür treten dann die Aminosäure Valin aus der Scholle und Cy-

stein aus den Nordseekrabben in ihren Wirksamkeiten stärker hervor. Valin ist u.a. für die Muskelkraft, gegen Berührungsempfindlichkeit und gegen Organkrämpfe wirksam. Cystein ist für den Aufbau des Bindegewebe von besonderer Bedeutung. Beide Wirkungen sind jedoch nicht unmittelbar nach dem Verzehr zu spüren.

Beim Zubereiten von frischem Fisch sollte man das Fischfleisch daher gut vor zu starker Hitzeeinwirkung schützen. Das kann man auf folgende Art und Weise tun:

1. Garmethode:
frisches Fischfilet in heißem Wasser gar ziehen lassen:

Hierzu eignen sich besonders gut Filets von Plattfischen (Scholle, Flunder, ca. 150g), aber auch Zander, Heilbutt und Kabeljau sind möglich. Hierzu wird eine drei bis fünf-fache Menge an Wasser (z.B. 450 - 750 ml) in einem Kochtopf zusammen mit den gewünschten Gewürzen und Meersalz zum Kochen gebracht.

Je dicker das Fischfilet ist, je mehr Wasser wird benötigt. Kochtopf von der Herdplatte nehmen und das Fischfilet in das fast noch kochende Wasser legen und mit einem Deckel verschließen.

Das Fischfilet benötigt nun 7-15 Minuten zum Garziehen in Abhängigkeit von der Dicke des Fischfilets ohne weitere Hitzezugabe. Diese Methode eignet sich nicht, wenn mehr als 3 Filets gleichzeitig gegart werden sollen. Ansonsten evtl. mehrere Töpfe verwenden.

2. Garmethode:
frisches Fischfilet im Backofen bei Niedrigtemperatur gar ziehen lassen:

Hierzu eignen sich besonders gut sehr frische Fischfilets (Sushi-Qualität) z.T. mit hohem Fettgehalt, wie z.B. Lachs, Makrele, Hering, Wels oder Aal aber auch frischer Thunfisch. Das frische Fischfilet wird mit Olivenöl bepinselt und zusammen mit den Gewürzen und mit Meersalz auf ein mit Olivenöl beträufeltes Backblech gelegt. Bei ca. 50-70°C Ofentemperatur wird der Fisch zwischen 20 und 50 Minuten langsam gegart. Die Garzeit ist von Ofen zu Ofen unterschiedlich und auch von der Dicke der Filets abhängig. Die Filets sind fertig, wenn sie im Inneren nicht mehr glasig aussehen. Sehr frischen Lachs und auch Thunfisch in Sushi-Qualität kann man auch roh verzehren, sodass ein glasiger Kern die Wertigkeit steigert. Ist das Fischfilet recht dick und groß, wie z.B. eine halbe Lachsseite von über einem Kilogramm Gewicht, kann man die Ofentemperatur auch höher einstellen auf ca. 180°C und dann nur 25 Minuten Garzeit einstellen. In der Mitte ist das Fischfilet dann nicht heißer geworden als 70°C.

3. Garmethode:
Fischfilet in schützendem Ei-Parmesan-Mantel braten:

Ob Kabeljau, Wels, oder Plattfische – alle Fischfilets eigen sich dazu, sie bei schwacher Hitze in einem schützenden Teigmantel zu braten. Der Teigmantel sollte aus einer Kombination aus verschlagenem Ei mit Mehl oder Haferflocken und frischem Parmesan und evtl. Haselnüssen sowie mit Salz und Gewürzen bestehen. Beim Braten der möglichst portionierten Fischfilets in einer Pfanne kann gerne Süßrahm-Butter verwendet werden. Wenn sie dabei nicht dunkel wird, ist es ein Garant dafür, dass die Gartemperatur nicht zu hoch ist. Der Teigmantel sollte hellbraun bzw. wie man immer so schön sagt „gold-gelb" nach dem Braten sein. Durch das Ei (Cystein) und den Parmesan (Methionin und Kalzium) sowie dem Arginin aus Haselnüssen ist die kreislaufdämpfende Wirkung durch Lysin und Niacin des Fisches abgemildert. Dennoch bleibt die gute Sauerstoffverwertung bestehen und das Gefühl der Tiefenatmung nach der Mahlzeit ist vorhanden. Viele Kinder und ältere Menschen vertragen Fisch in Eihülle mit Parmesan besser als in Wasser gar gezogenen Fisch.

Rezepte

EINLEITUNG

 Frühstück

 Mittagessen

 Zwischenmahlzeit

 Abendessen

 Frühling

 Sommer

 Herbst

 Winter

Kinder

Nur für Erwachsene

Vorbereitungszeit

 Ganzjährig

In dieser Rezeptsammlung wird besonders viel Wert darauf gelegt, Kombinationen von Nahrungsmitteln aufzuzeigen, die besonders gut zu einander passen bzw. bei denen die biologische Wertigkeit Beachtung findet. Auf diese Art und Weise ist es möglich, sich nach dem Konzept der Bedarfsorientierten Ernährung nach H. Tönnies zu ernähren, ohne sich dabei in komplizierte Stoffwechselvorgänge einzuarbeiten. Ebenfalls werden bei jedem Rezept Angaben gemacht zu Nährstoffen, die aufgrund der Gartechnik oder aufgrund der Kombination einzelner Zutaten besonders gut zur Wirkung kommen.

Beim Linsensalat (s. S. 191) wird beispielsweise darauf hingewiesen, dass viel Arginin (Aminosäure), Mangan, Molybdän, Pantothensäure und Vitamin B6 enthalten sind. Es werden auch Tipps gegeben, wann eine Speise besonders bekömmlich ist. Wenn der Linsensalat z.B. mit etwas Öl und Essig (Vinaigrette) angemacht wird, kann die Wärme produzierende Pantothensäure nicht mehr wirken, sodass dieser gesäuerte Linsensalat zusammen mit den fettlöslichen Vitaminen A und E aus dem Öl dann im Sommer besonders gut bekömmlich ist. In der feucht kalten Zeit eignet sich ein Linsensalat mit einer Salatsoße auf Sahnebasis besser, da er dann zusammen mit Vitamin B2 aus der Sahne wärmend wirkt.

Zusätzlich werden Angaben zum Nutzen und zu speziellen Wirkungen einer Speise gemacht, wie z.B. „besonders gut bei Kreislaufschwäche" bei der Zubereitungsart von Schwarzem Tee nach Tönnies (s. S. 85) oder „gegen Kopfschmerzen auf dem Schädeldach" bei der Suppe mit roter Bete (s. S. 200).

Da es bei der bedarfsorientierten Ernährungsweise nicht um das Zählen von Kalorien geht, wird auf herkömmliche Nährstoffangaben zum Brennwert oder zum Gehalt an Fett, Kohlenhydraten und Eiweiß verzichtet.

In den Rezepten werden zum Teil Nahrungsmittel verwendet, die nicht jeder in seinem Haushalt vorrätig hat, wie beispielsweise Polenta (Maisgrieß), weiße Bohnen oder auch Linsen. Gerade für Kinder ist der Zugang zu diesen Lebensmittel nicht immer einfach, wenn sie diese nicht schon von früher kennen. Mit Rezepten, in denen verschiedene Hülsenfrüch-te bekannten Speisen untergemengt werden (Spaghetti Bolognese mit Linsen s. S. 126, weiße Bohnentörtchen s. S. 223, Schoko-Linsenmuffins s. S. 219), wird es Eltern erleichtert, diese Lebensmittel mit auf den Speiseplan zu bringen. Rote Betemost kann beispielsweise gut in Tomatensoße oder in Törtchen mit Himbeeren (s. S. 224) untergebracht werden. Maisgrieß lässt sich beispielsweise gut bei Gerichten ergänzen, die mit Mehl zubereitet werden. Ein Drittel oder manchmal sogar die Hälfte des Mehls wird durch Maisgrieß ersetzt, z.B. beim Rezept von Polenta-Waffeln (s. S. 221) und von Polenta-Orangen-Muffins (s. S. 217). Oder anstelle eines herkömmlichen Teigbodens wird einfach eine Schicht Polenta als Boden ausgestrichen, wie es beispielsweise bei Polenta-Pizza (s. S. 120) gemacht wird. Der Pizza-Belag zusammen mit den Pizza-typischen Gewürzen macht es möglich, dass die Kinder dieses Gericht dennoch mögen. Diese Art der Speisen, bei denen bestimmte Nahrungsmittel, wie z.B. Linsen, Polenta, Mohn oder rote Bete, zusätzlich eingearbeitet werden, sind mit dem Symbol „Kinder" markiert.

FRÜHSTÜCK

**Das kleine „Vorweg-Frühstück" für Morgenmuffel
nach schlechter nächtlicher Regeneration**

Gut zu wissen:
Das kleine Vorweg-Frühstück sollte nicht zur Gewohn-
heit werden, weder bei Kindern noch bei Erwachsenen.

Toast mit frischem Fruchtaufstrich

• Vitamin C, Folsäure und Magnesium

12

Zutaten pro Person als Vorweg-Frühstück

• 1 Scheibe Toast-Brot
• ½ TL Butter oder Schmand
• 1 TL Fruchtaufstrich (Himbeer-Orangen-, oder Himbeer-Johannisbeer-, Blaubeer-Fruchtaufstrich etc.)
• 3-4 Blatt Basilikum

Zubereitung

Toastscheibe in einem Toaster rösten und etwas abkühlen lassen. Mit Butter oder Schmand und rotem Fruchtaufstrich bestreichen und mit den Basilikum-Blättchen dekorieren.

Gut zu wissen:

In Kombination mit ein paar Blättchen Basilikum (reich an **Folsäure**) wirkt der Fruchtaufstrich noch belebender. Folsäure benötigen wir u.a., um klare Gedanken zu haben.

Himbeer-Orangen-Fruchtaufstrich

• Kupfer, Vitamin C

Zutaten für 10 Portionen

• 125 g frische Himbeeren
• 125 g feiner Zucker
• 3 Blatt Gelatine
• 40 ml Orangensaft und etwas Wasser

Zubereitung

Die Gelatine-Blätter für 15 Minuten in etwas Wasser einlegen. Den Orangensaft in einen Topf füllen und erwärmen. Die weichen Gelatine-Blätter aus dem Wasser nehmen, ausdrücken und in den Orangensaft legen. Ohne weitere Hitzezufuhr lässt man sie in dem Saft auflösen. Die Gelatine darf nicht gekocht werden!
Die Himbeeren von Blättchen und Stielen befreien und in einem Mixer zu Himbeermus verarbeiten. Zucker und das Orangensaft-Gelatine-Gemisch hineingeben und erneut für 1 Minute gut mixen bis sich der Zucker aufgelöst hat.
Dann in einem Gefäß im Kühlschrank erkalten lassen.

Ein nicht gekochter Fruchtaufstrich mit Zucker ist gut eine Wochen im Kühlschrank haltbar. Je älter er jedoch ist, um so weniger ist noch von dem natürlichen Vitamin C enthalten.

Himbeer-Johannisbeer-Fruchtaufstrich
• Kupfer, Vitamin C

Zutaten für 10 Portionen
• 100 g frische Himbeeren
• 75 g rote oder schwarze Johannisbeeren
• 175 g feiner Zucker
• 4 Blatt Gelatine
• 40 ml Orangensaft
• etwas Wasser

Zubereitung
Die Gelatine-Blätter für 15 Minuten in etwas Wasser einlegen. Den Orangensaft in einen Topf füllen und erwärmen. Die weichen Gelatine-Blätter aus dem Wasser nehmen, ausdrücken und in den Orangensaft legen. Ohne weitere Hitzezufuhr lässt man sie in dem Saft auflösen. Die Gelatine darf nicht gekocht werden!
Die Himbeeren und Johannisbeeren von Blättchen und Stielen befreien und in einem Mixer zu Mus verarbeiten. Sofern die Kerne zu groß sind, kann das Mus durch ein feines Sieb passiert werden. Zucker und das Orangensaft-Gelatine-Gemisch hineingeben und erneut für 1 Minute gut mixen bis sich der Zucker aufgelöst hat. Anschließend in einem Gefäß im Kühlschrank erkalten lassen.

Gut zu wissen:

Himbeeren enthalten zusätzlich Kupfer, welches für die Sauerstoffverwertung benötigt wird. Bei hohem Vitamin C-Konsum wird Kupfer allerdings über die Nieren vermehrt ausgeschleust.

Beeren-Fruchtaufstrich
• Vitamin C, Mangan

Zutaten für 15 Portionen
• 50 g frische Himbeeren
• 40 g rote Johannisbeeren
• 40 g Brombeeren
• 40 g Blaubeeren
• 170 g feiner Zucker
• 5 Blatt Gelatine
• 60 ml Kirschsaft
• etwas Wasser

Zubereitung
Die Gelatine-Blätter für 15 Minuten in etwas Wasser einlegen. Den Kirschsaft in einen Topf füllen und erwärmen. Die weichen Gelatine-Blätter aus dem Wasser nehmen, ausdrücken und in den Kirschsaft legen. Ohne weitere Hitzezufuhr lässt man sie in dem Saft auflösen. Die Gelatine darf nicht gekocht werden!
Das Beerenobst von Blättchen und Stielen befreien und in einem Mixer zu Mus verarbeiten. Wenn die Kerne zu groß sind, kann man das Mus durch ein feines Sieb passieren. Zucker und das Kirschsaft-Gelatine-Gemisch hineingeben und erneut für 1 Minute gut mixen bis sich der Zucker aufgelöst hat. Dann in einem Gefäß im Kühlschrank erkalten lassen.

Gut zu wissen:
Himbeeren enthalten neben **Vitamin C** auch etwas **Kupfer,** welches für die Sauerstoffverwertung benötigt wird. Bei hohem Vitamin C-Konsum wird Kupfer allerdings über die Nieren vermehrt ausgeschleust. Brombeeren und Blaubeeren enthalten zusätzlich Mangan, welches gelassen macht. Der Kirschsaft enthält **Kobalt**, welches anregend wirkt. Die Mengen an Spurenelementen, die durch diesen Fruchtaufstrich aufgenommen werden, sind jedoch sehr gering.

Rote Bete-Johannisbeer-Aufstrich
- Vitamin C, Kupfer

Zutaten für 15 Portionen
- 50 g frische rote oder schwarze Johannisbeeren
- 75 g frische Himbeeren
- 75 g gegarte rote Bete (ohne Essig)
- 175 g feiner Zucker
- 6 Blatt Gelatine
- 60 ml Kirschsaft
- etwas Wasser

Zubereitung

Die Gelatine-Blätter für 15 Minuten in etwas Wasser einlegen. Den Zitronensaft in einen Topf füllen und erwärmen. Die weichen Gelatine-Blätter aus dem Wasser nehmen, ausdrücken und in den Kirschsaft legen. Ohne weitere Hitzezufuhr lässt man sie in dem Saft auflösen. Die Gelatine darf nicht gekocht werden!

Die Johannisbeeren und Himbeeren von Blättchen und Stielen befreien und in einem Mixer zu Mus verarbeiten. Sofern die Kerne zu groß sind, kann das Mus durch ein feines Sieb passiert werden. Rote Bete in kleine Stückchen teilen und zum Fruchtmus geben. Zucker und das Kirschsaft-Gelatine-Gemisch ebenfalls hineingeben und erneut für 2 Minuten gut mixen bis sich der Zucker aufgelöst hat. Anschließend in einem Gefäß im Kühlschrank erkalten lassen.

Der Fruchtaufstrich ist gut eine Wochen im Kühlschrank haltbar. Je älter er jedoch ist, um so weniger ist noch von dem natürlichen Vitamin C enthalten.

Gut zu wissen:

Rote Bete enthält viel **Kupfer**, was besonders gut am Morgen aufgenommen wird. Nach einer Nacht mit schlechter Regeneration verbessert Kupfer die Sauerstoffversorgung in den Zellen.

Blaubeeren-Fruchtaufstrich
- Vitamin C, Mangan

Zutaten für 10 Portionen
- 100 g frische wilde Blaubeeren
  (keine großen weißfleischigen Zuchtbeeren)
- 75 g frische schwarze Johannisbeeren
- 175 g feiner Zucker
- 4 Blatt Gelatine
- 40 ml Zitronensaft
- etwas Wasser

Zubereitung

Die Gelatine-Blätter für 15 Minuten in etwas Wasser einlegen. Den Zitronensaft in einen Topf füllen und erwärmen. Die weichen Gelatine-Blätter aus dem Wasser nehmen, ausdrücken und in den Zitronensaft legen. Ohne weitere Hitzezufuhr lässt man sie in dem Saft auflösen. Die Gelatine darf nicht gekocht werden!

Die Blaubeeren und Johannisbeeren von Blättchen und Stielen befreien und in einem Mixer zu Mus verarbeiten. Sofern die Kerne zu groß sind, kann das Mus durch ein feines Sieb passiert werden. Zucker und das Zitronensaft-Gelatine-Gemisch hineingeben und erneut für 1 Minute gut mixen bis sich der Zucker aufgelöst hat.

Dann in einem Gefäß im Kühlschrank erkalten lassen.

Gut zu wissen:

Blaubeeren und schwarze Johannisbeeren enthalten **Mangan**, ein Spurenelement, welches ruhig macht und auch gut gegen Chrom-Überschuss-Symptome wirkt.

Hefe-Polenta-Brötchen mit Fruchtaufstrich
• Tyrosin

Zutaten für ca. 12 Brötchen
• 250 g Weizenmehl (550)
• 200 g Polenta (Maisgrieß)
• ½ TL Meersalz
• 150 ml lauwarmes Wasser
• 1 Würfel frische Hefe
• 80 g Zucker
• 100 g Butter und etwas Butter für das Backblech

Zubereitung
Die Hälfte vom Mehl und vom Maisgrieß zusammen mit Zucker, Salz, Wasser und frischer Hefe zu einem Vorteig verarbeiten und an einem warmen Ort ca. 30 Minuten gehen lassen.
Butter in einem Topf flüssig werden lassen. Die flüssige Butter zusammen mit dem restlichen Mehl und dem restlichen Maisgrieß zu dem Vorteig geben und noch einmal gut durchkneten bis ein geschmeidiger Teig entstanden ist. Anschließend werden aus dem Teig 12 Brötchen geformt auf ein gefettetes Backblech gelegt. Den Backofen auf 50°C (Umluft) stellen und das gefüllte Backblech auf mittlerer Schiene für weitere 20 Minuten gehen lassen. Anschließend die Ofentemperatur hoch drehen auf 180°C und für ca. 20 Minuten backen lassen.

Gut zu wissen:

Der recht hohe Maisgrießanteil (Tyrosin) wirkt kreislaufstabilisierend und regt die Nebennierenfunktion an.
Den Teig kann man auch am Vorabend zubereiten und im Kühlschrank bis zum nächsten Morgen zum Abbacken aufbewahren.

Gelbe Grapefruit
• Vitamin C, Bitterstoffe

Zutaten pro Person
• ½ gelbe Grapefruit
• 1 Prise Meersalz
• 2 Prisen Zucker

Zubereitung
Die gelbe Grapefruit aufschneiden und in mundgerechte Stückchen zerteilen. Mit Salz und Zucker bestreuen und sofort genießen.

Gut zu wissen:

Bei rosé-farbenen Grapefruits ist der Chromgehalt höher, sodass Personen mit Neurodermitis oder mit einer Allergiebereitschaft diese nicht verzehren sollten. Anstelle von Meersalz kann man auch ein paar Salzstangen dazu essen. **Salz ist notwendig, damit der Kreislauf stabilisiert und die Magensäureproduktion angeregt wird.** Bei Salz-Unterversorgung und gleichzeitigem Konsum von kaliumreicher Frucht kann man schnell zu Fließschnupfen neigen, bei dem wässriges Sekret aus der Nase läuft, ohne dass eine Erkältung vorliegen muss. Wenn die Frucht als zu sauer empfunden wird, kann es an einer Unterversorgung an Pantothensäure liegen. Der Zucker kann gerne auch weggelassen werden. Die gelbe Grapefruit eignet sich auch als Zwischenmahlzeit am Nachmittag als kleine Erfrischung.

Frische Orange

• Folsäure, Vitamin C

Zutaten pro Person
• ½ saftige Orange
• ½ Prise Meersalz

Zubereitung
Die Orange schälen und in mundgerechte Stückchen zerteilen oder auspressen und als Saft trinken. Etwas Meersalz hinzugeben und sofort genießen.

Gut zu wissen:
Anstelle von Meersalz kann man auch ein paar Salzstangen dazu essen. Gerade Kinder bevorzugen diese Variante. Salz ist notwendig, damit der Kreislauf stabilisiert und die Magensäureproduktion angeregt wird. Bei Salz-Unterversorgung und gleichzeitigem Konsum von Kalium-reicher Frucht kann man schnell zu Fließschnupfen neigen, bei dem wässriges Sekret aus der Nase läuft, ohne dass eine Erkältung vorliegen muss.

Maiswaffel mit Kirschmarmelade
12

• Tyrosin, Kobalt

Zutaten pro Person
• 1-2 runde Maiswaffel(n) (Reformhaus)
• ½ TL Butter
• 1 TL Kirschmarmelade

Zubereitung
Maiswaffel(n) mit Butter und Marmelade bestreichen und genießen.

Gut zu wissen:
Eine Kreislaufschwäche am Morgen kann sich durch morgendliche Übelkeit zeigen, die in einigen Fällen im Laufe des Vormittags zu migräneähnlichen Symptomen führt. In diesen Fällen ist es sinnvoll, die Maiswaffel(n) (ohne Butter oder Marmelade) schon vor dem Aufstehen zu essen. Sie enthält Tyrosin zum Stärken der Nebennierenfunktion.

Toast mit Camembert und Preiselbeermarmelade (nach Tönnies)
- schnell verdauliche Kohlenhydrate, Vitamin B2, Mangan

Zutaten
- 1 Scheibe Toastbrot
- ¼ TL Butter
- 3 Scheiben Camembert oder Brie (aus Rohmilch)
- 1-2 TL Preiselbeermarmelade
- 1-3 Blatt Basilikum

Dazu passt ein wenig rote Betemost.

Zubereitung
Weißbrot rösten und kurz etwas auskühlen lassen. Anschließend mit Butter bestreichen und mit Camembert- oder Briescheiben belegen. Mit der Preiselbeermarmelade und evtl. einem Blatt Basilikum garnieren.

Gut zu wissen:
Diese „Vorweg-Frühstück"-Variation stellt eine gute Versorgung an Nährstoffen bereit, um sich nach einer Nacht mit wenig Schlaf bei völliger Erschöpfung erneut am Vormittag zum Schlafen hinzulegen. Zwischen 7.00 und 11.00 Uhr morgens sind die Nebennieren aktiv genug, sodass ein erholsamer Schlaf meist möglich wird. Dazu passt ein wenig (50-100 ml) rote Betemost (Reformhaus). Zusammen mit Vitamin B2 aus Camembert sorgt Kupfer aus roter Bete für eine gute Sauerstoffverwertung und kann dadurch Kopfschmerzen verringern und für eine bessere Entgiftung sorgen. Preiselbeeren enthalten Mangan, welches Ruhe und Wärme empfinden lässt. Folsäure aus Basilikum sorgt für gedankliche Klarheit.

In der Nacht kann man sich bei Schlaflosigkeit durch völlige Erschöpfung zusätzlich gut mit ein wenig kurz gebrühtem schwarzen Tee nach Tönnies Art mit ein wenig Zucker häufig wieder in den Schlaf bringen, da die Nebennierentätigkeit gestärkt wird und der Kreislauf stabil bleibt.

Brot wird von einigen Personen besser vertragen, wenn es getoastet wird
Gerade für kreislaufschwache und magenschwache Personen ist das Toasten von Brotscheiben zu empfehlen. Eine getoastete Brotscheibe regt aufgrund der Röstaromen den Kreislauf besser an als nicht getoastetes Brot. Zudem werden noch potentiell enthaltene Hefepilze in ihrer Anzahl verringert. Gerade für magenempfindliche Personen sollte daher mit Hefe gebackenes Brot vor dem Verzehr getoastet werden.

Toast mit Parmesan-Käse und Dörrpflaume

- Kohlenhydrate, Kalzium, Vitamin B2

Zutaten pro Person

- 1 Scheibe Toast
- 1 TL Butter
- 30 g frischer Parmesankäse, gehobelt
- 3 Blatt Basilikum
- 2 Dörrpflaumen

Zubereitung

Die Toastscheibe rösten und etwas auskühlen lassen. Dann mit Butter bestreichen und den frisch gehobelten Parmesankäse darauf platzieren. Anschließend mit den Basilikum-Blättern und den Dörrpflaumen garnieren.

Gut zu wissen:

Diese „Vorweg-Frühstückchen"-Variation stellt eine gute Versorgung an Nährstoffen bereit, um sich nach einer Nacht mit wenig Schlaf bei völliger Erschöpfung erneut am Vormittag zum Schlafen hinzulegen. Zwischen 7.00 und 11.00 Uhr morgens sind die Nebennieren aktiv genug, sodass ein erholsamer Schlaf meist möglich wird. Diese Parmesan-Dörrpflaumen-Variation ist besonders wirksam bei stillenden Müttern sowie bei Menschen, die im Liegen das Gefühl haben, sie müssten ihre Beine bewegen oder auch die in der Nacht im Liegen zu Muskelkrämpfen in den Beinen und Füßen neigen. Ebenso geeignet ist die Parmesan-Dörrpflaumen-Kombination (Kalzium und Vitamin B2) als morgendlicher Bett-Snack vor dem Aufstehen gegen morgendliche Schwangerschaftsübelkeit oder auch gegen morgendliche Übelkeit durch Kreislaufschwäche.

In der Nacht kann man sich bei Schlaflosigkeit durch völlige Erschöpfung zusätzlich gut mit ein wenig kurz gebrühten schwarzen Tee nach Tönnies Art mit ein wenig Zucker häufig wieder in den Schlaf finden.

Buttermilch mit Himbeeren
- Lysin, Isoleucin, Vitamin C, Kupfer, Folsäure

Zutaten pro Person
- 150 ml frische Buttermilch
- 50 g frische Himbeeren
- 10 g Zucker

Zubereitung
Buttermilch zusammen mit den Himbeeren und dem Zucker in einen Mixer geben oder mit einem Pürierstab mixen.

Gut zu wissen:
Buttermilch wirkt gut gegen die Symptome bei Heuschupfen und sollte bei Bedarf schon einige Wochen vor der eigenen „Heuschnupfen-Saison" am Morgen getrunken werden. Buttermilch enthält viel **Lysin** und **Isoleucin** sowie auch **Folsäure**. Der Genuss von Buttermilch bringt „frischen Wind" in die Gedanken. Frische Himbeeren enthalten **Vitamin C, Kupfer** und **Folsäure.**

Wasser mit einem Spritzer Zitrone nach Tönnies
- Vitamin C, Natrium

Zutaten für eine Person
- 150 ml Natrium-reiches Mineralwasser (z.B. Fachinger)
- 10 ml frischer Zitronensaft
- Evtl. eine kleine Prise Meersalz

Zubereitung
Eine halbe kleine Zitrone auspressen und den Saft in das Wasser geben. Sofort genießen.

Gut zu wissen:
Zitronenwasser wirkt stark anregend am Morgen. Wenn kein salziges Mineralwasser zur Hand ist, kann man auch mit einer kleinen Prise Meersalz seinen Kreislauf stabilisieren und die Produktion der Magensäure anregen. Wenn die Frucht als zu sauer empfunden wird, kann es an einer Unterversorgung an Pantothensäure liegen. Bewirkt das Zitronenwasser auf nüchternen Magen Magenschmerzen („Nüchternschmerz"), liegt es meist an einer Unterversorgung an Niacin. Mögliche Pantothensäure- und Niacin-Mängel sollten möglichst bald ausgeglichen werden.

Wasser mit Essig

- Essigsäure

Zutaten pro Person

- 150 ml Mineralstoffreiches Mineralwasser (z.B. Fachinger)
- 10 ml hochwertigen Essig
- Evtl. eine kleine Prise Meersalz

Zubereitung

Den Essig in das mineralstoffreiche Mineralwasser geben. Sofort genießen.

Gut zu wissen:

Wenn kein salziges Mineralwasser zur Hand ist, kann man auch mit einer kleinen Prise Meersalz seinen Kreislauf stabilisieren und die Produktion der Magensäure anregen. Bei morgendlichen Kopfschmerzen aufgrund von Regenerationsschwäche oder evtl. nach einer Feier mit Alkoholkonsum benötigt der Körper zusätzlich noch Magnesium. Es eignet sich eine sauer eingelegte Gewürzgurke oder auch das Beimengen von etwas Gurkensaft (Rezept Gurkensaft mit Essig).

Gurkensaft mit Essig

- Essigsäure, Magnesium

Zutaten pro Person

- 200 g frische Salatgurke
- 10 ml hochwertigen Essig
- 1-2 Prisen Zucker
- 1-2 Prisen Meersalz

Zubereitung

Die Salatgurke gut waschen und mithilfe eines Entsafters zu Gurkensaft verarbeiten. Mit Essig, Zucker und Meersalz abschmecken. Den gesäuerten Gurkensaft in kleinen Schlückchen zu sich nehmen.

Gut zu wissen:

Dieser Gurkensaft hilft besonders gut bei morgendlichen Kopfschmerzen aufgrund von zu viel tierischem Eiweiß am Abend oder vorabendlichem Alkoholkonsum, um überschüssiges Ammoniak zu entgiften. Gut geeignet ist der gesäuerte Gurkensaft auch als Abendtrunk, um die Entgiftungsleistung der Leber in der Nacht zu unterstützen und **Magnesium** in die Zellen aufzunehmen.

GENUSSMITTEL KAFFEE UND TEE

Tönnies-Kaffee

Zutaten pro Person:
• 1 Becher Wasser
• 1 TL Zucker
• 1-2 EL Kaffee, grob gemahlen

Zubereitung
Wasser zusammen mit dem Zucker in einem Topf zum Kochen bringen. Kaffeepulver einstreuen und kurz einmal aufschäumen lassen und dabei einmal umrühren. Flüssigkeit schnell in eine Kaffeekanne mit Sieb zum Herunterdrücken gießen und zügig das Sieb herunterdrücken oder durch ein Teesieb gießen. Kaffee in einen Trinkbecher umfüllen. Der Kaffee kann mit oder ohne Milch getrunken werden.

Gut zu wissen:

Der leicht süßliche Kaffee ist besonders bekömmlich, da nur wenige den Leberstoffwechsel belastende Gerbsäuren gelöst werden. Dieser milde Kaffee wirkt dennoch besonders anregend, weil bei dieser Zubereitungsart der Koffeinanteil nicht reduziert wird. Durch die anregende Wirkung wird die Magenfunktion gestärkt und die Eiweißverdauung verbessert. Daher kann ein kleiner Kaffee besonders bei Konsum tierischer Eiweiße die Verdauung unterstützen.

Je länger der Kaffee zieht, umso mehr Gerbsäuren werden gelöst und umso unbekömmlicher wird er. Besonders unbekömmlich ist daher Filterkaffee. Gerbsäuren reizen die Magenschleimhaut und belasten den Leberstoffwechsel. Niacinreiche Kost kann Abhilfe verschaffen.
Kaffeekonsum generell und auch der Tönnies`sche Kaffeegenuss verbrauchen viel Vitamin B6, was z.B. an stärker werdenden Nackenverspannungen zu bemerken sein kann. Der Tönnies`sche Kaffee ist daher ein therapeutisch einzusetzendes Genussmittel und kein Getränk im herkömmlichen Sinne.

Variation 1: Espressokaffee

Zutaten pro Person:
• 1 Tasse Wasser
• 1 TL Zucker
• 2 EL Espresso-Kaffee, mittelfein gemahlen

Zubereitung
Bei der Zubereitung eines Espressos kann man ebenfalls das Tönnies´sche Prinzip anwenden. Hierzu gibt man einen kleinen Teelöffel **Zucker unmittelbar auf das Kaffeemehl in den Siebträger** und bereitet den Espresso dann wie gewöhnlich zu.

Gut zu wissen:

Der auf diese Art und Weise gebrühte Espresso ist besonders bekömmlich und kann ebenfalls mit Milch zu einem Milchkaffee oder Cappuccino zubereitet werden. Durch den Zucker im Siebträger wird das Wasser mit Zuckermolekülen angereicht, so dass auch bei dieser Art der Zubereitung weniger Gerbsäuren im fertigen Espresso enthalten sind.
Diese Möglichkeit der Zubereitung geht bei Espressomaschinen, bei denen man noch selbst den Siebträger mit Kaffee befüllt bzw. Espressomaschinen mit Handbetrieb und frei zugänglicher Brühgruppe sowie italienischen bzw. französischen Espressokannen für den Herd. Kaffeevollautomaten eignen sich nicht.

Variation 2: Kaffee oder Espresso mit echtem Kakao

Zutaten pro Person:
- 1 Tasse Wasser
- 1 TL Zucker
- 2 EL Espresso-Kaffee, mittelfein gemahlen
- ½ - 1 TL echten Kakao
- Evtl. aufgeschäumte Milch

Zubereitung
Pro Tasse Tönnies-Kaffee oder Espresso (jeweils mit oder ohne Milch) wird nach Belieben ½ bis 1 TL echtes Kakaopulver nach der Zubereitung eingerührt. Der Kaffee oder Espresso mit Kakao kann jeweils mit oder ohne Milch getrunken werden.

Gut zu wissen:

Eine **Beimengung von echtem Kakao in den Kaffee** erhöht die leistungssteigernde Wirkung von Kaffee. Neben **Koffein wirken gleichzeitig Theobromin und Mangan in Kakao**, sodass der mit Kakao angereicherte Kaffee sehr anregend wirkt, gleichzeitig aber weniger nervös macht. Zusätzlich verbessert echter Kakao die Durchblutung des Gehirns (s. S. 237).
Kakao wie auch Kaffee binden Eisen, sodass es nicht mehr aufgenommen werden kann. Bei Eisenmangel sollte daher mit Kakao angereicherter Kaffee nicht zusammen mit eisenhaltigen Lebensmitteln konsumiert werden. Diese Kakao-Kaffee-Variation eignet sich daher nach dem Mittagessen, sofern zu dämpfende Speisen gegessen wurden, oder am Nachmittag, um wieder zu Kräften zu kommen.

Variation 3: Kaffee oder Espresso mit Kardamom

Zutaten pro Person
- 1 Tasse oder Becher Wasser
- 1 TL Zucker
- 2 EL (Espresso-)Kaffee
- 1-2 Prisen Kardamom, gemahlen
- Evtl. aufgeschäumte Milch

Zubereitung
Pro Tasse Tönnies-Kaffee oder Espresso werden nach Belieben ein bis zwei Prisen gemahlener Kardamom zum Kaffeemehl gegeben und dann zubereitet.
Der Kaffee oder Espresso mit Kardamom kann jeweils mit oder ohne Milch getrunken werden.

Gut zu wissen:
Eine Beimengung von Kardamom in den Kaffee verbessert die Magenverträglichkeit. Kardamom wirkt wohltuend auf einen empfindlichen Magen, fördert die Verdauung und vermindert Blähungen. Die ätherischen Öle in Kardamom sorgen für ein an Eukalyptus erinnerndes, sehr intensives Aroma und für einen würzigen, süßlich-scharfen Geschmack. Kardamon lindert zudem Erkältungsbeschwerden. In der indischen und asiatischen Küche wird Kardamom sehr viel eingesetzt.

Tönnies-Tee

Zutaten pro Person
- 1 Becher Wasser
- 1 TL Zucker
- 1-2 TL schwarzen Tee, z.B. Darjeeling

Zubereitung
Wasser zusammen mit Zucker in einem Topf zum Kochen bringen.
Schwarzen Tee dazugeben. Nur 15 Sekunden ziehen lassen und dann zügig durch ein Sieb abgießen.

Gut zu wissen:
Der kurz gezogene Tee regt die Nebennierenfunktion an und macht besonders wach. Dieser Tee kann als schnelle Hilfe bei Kreislaufschwäche genutzt werden. Es handelt sich um ein therapeutisch einsetzbares Genussmittel und nicht um ein Getränk im herkömmlichen Sinne.
Lässt man den Tee länger ziehen, werden Stoffe frei, die beruhigend wirken, gleichzeitig werden aber auch Gerbsäuren frei, die den Tee weniger bekömmlich werden lassen.

Bei einer Überversorgung mit Jod, die in Form einer Schilddrüsenüberfunktion zum Beispiel während eines Nordseeurlaubs deutlich wird oder anhand von schmerzempfindlichen Zähnen, innerer Zerrissenheit, Berührungsüberempfindlichkeit oder anhand einer Rötung im Bereich der Schilddrüse zu spüren ist, kann kurz gezogener Tee unbekömmlich sein.

Ein echter, lang gezogener **Friesen-Tee** wird dann besser vertragen. Grund dafür ist Fluor, welches in einem fünf bis sieben oder sogar zehn Minuten lang gezogenen schwarzen Tee gelöst wird und als Gegenspieler zu Jod im Stoffwechsel fungiert. Bei Einschlafstörungen während eines Aufenthaltes am Meer können ein paar Schlückchen langgezogener Tee vor dem Zubettgehen hilfreich sein, um die Schilddrüse in ihrer Funktion zu drosseln. Aus der Chronobiologie ist bekannt, dass die Schilddrüse ihre Hauptaktivitätszeit zwischen 21 und 23 Uhr abends hat. Für einen „Schlaftrunk" bei Jod-Überversorgung kann der erste Aufguss (15 Sekunden) weggeschüttet werden und nur der zweite, lang gezogene und somit fluorreiche Tee konsumiert werden. Das Teewasser wird ebenfalls mit Zucker angereichert, bevor die Teeblätter darin ziehen.

„STARKMACHER"-
FRÜHSTÜCKSVARIATIONEN

Das legendäre Linsenfrühstück mit Ei und Speck (nach Tönnies)

• Mangan, Molybdän, Pantothensäure, Leucin, Arginin, Cystein, Tyrosin, Vitamin D

Zutaten für 4 Personen
Kurz gegarte Linsen
• 200 g Paradina-Linsen oder Tellerlinsen
• 500 ml Wasser
• ½ TL Meersalz oder Gewürzmischung I oder II
• 40 g Butter

Spiegeleier
• 1 TL Butter
• 4 frische Eier
• 1-2 Prisen Meersalz

Bacon
• 8 dünne Scheiben durchwachsenen Bio-Speck

Als Beilage kann noch ein wenig Brot gereicht werden sowie ein wenig frische Kräuter und ein wenig frisches Beerenobst oder ein paar Spelze von einer frischen Zitrusfrucht (Orange, gelbe Grapefruit).

Zubereitung
Linsen kurz in einem Sieb unter fließendem Wasser abspülen und anschließend in einen kleinen Topf geben. Mit Wasser bedecken und über Nacht (mindestens 4 Stunden) quellen lassen. Am nächsten Morgen Salz zu den Linsen geben und zusammen mit dem Einweichwasser einmal aufkochen lassen. Anschließend für 4 bis 5 Minuten bei geringer Hitzezufuhr weitergaren. Butter untermengen und evtl. mit Meersalz oder mit einer Gewürzmischung abschmecken.
Für die Zubereitung der **Spiegeleier** wird Butter in einer Pfanne erhitzt. Eier aufschlagen und in die Pfanne geben. Ca. 4 bis 5 Minuten garen lassen bei mittlerer Temperatur. Anschließend salzen und auf die Teller verteilen.
Für die Zubereitung des **Bacons** werden die Speckscheiben in einer heißen Pfanne nebeneinander hineingelegt und bei mittlerer Temperatur von beiden Seiten kross angebraten. Das austretende Fett darf nicht zu heiß werden. Sobald Fett anfängt zu „rauchen" kann es nicht mehr verwendet werden.

Gut zu wissen:
Linsen am Morgen in Kombination mit tierischem **Eiweiß** aus Ei und Bacon halten den Blutzuckerspiegel für eine lange Zeit konstant, sodass es nicht zu Konzentrationseinbußen durch Unterzuckerung kommt (s. S. 88). Ei ist reich an Eiweiß und insbesondere an der **Aminosäure Cystein,** welche wir gerade bei Erkältungskrankheiten vermehrt brauchen, damit eine Bronchitis nicht zur Lungenentzündung ausufert. **Tyrosin** ist ebenfalls in Eiern enthalten, eine Aminosäure, die die Nebennierenfunktion unterstützt. Zudem erweist sich Ei auch als guter **Vitamin D**- und ein wenig als **Vitamin A**-Lieferant. Vitamin D benötigen wir besonders morgens für die Kalziumaufnahme in Knochen und Zähne. Vitamin A wird in der Leber gespeichert und wird für die Regeneration benötigt.
Bacon, insbesondere der von Bio-Schweinen, die mit Tageslichteinfluss aufgewachsen sind, enthält viel **Vitamin D**.

DIE WIRKUNG VON LINSEN AM MORGEN

Kurz gegarte Linsen am Morgen in Kombination mit tierischem Eiweiß und Butterfett halten den Blutzuckerspiegel für eine lange Zeit konstant, sodass es am Vormittag nicht so schnell wieder zu einem Hungergefühl kommt. Konzentrationseinbußen durch Unterzuckerung bleiben aus.

Linsen enthalten zudem viel **Vitamin B1, Vitamin B6** und **Pantothensäure,** die wichtig für die Wärmeregulation im Körper und am Kohlenhydratstoffwechsel beteiligt sind. Pantothensäure fördert insbesondere die Wärmeverteilung in der Haut, sodass einem wohlig warm wird und Hände und Füße gut durchblutet werden.

Linsen liefern auch **Mangan** und **Molybdän**, zwei Spurenelemente, die gut gegen Nervosität und innere Zerrissenheit helfen. Sie helfen einem, Erlebtes besser zu verarbeiten.

Ebenso wirkungsvoll sind die Aminosäuren **Arginin** und **Leucin** aus Linsen. Es sind lebenswichtige Aminosäuren, die auch in Kichererbsen, roten und schwarzen Bohnen sowie in Buchweizen und Haselnüssen besonders viel vorkommen. Gerade für Kinder und Senioren ist der Konsum von Arginin wichtig. Im Kindesalter fördert **Arginin** das Wachstum, im Seniorenalter verringert es den natürlichen Abbau von Muskelgewebe. Arginin wirkt beruhigend und blutdrucksenkend und es normalisiert den Cholesterinspiegel. Arginin verschafft Abhilfe bei ödematischen Schwellungen im Bereich des Jochbeins und an den Fußfesseln, die häufig durch zu viel Methionin (z.B. aus Milchprodukten) entstehen. Durch regelmäßigen Konsum von argininreichen Lebensmitteln kann sogar das Gewicht reduziert werden, da Arginin dazu beiträgt, die körpereigenen Reserven zu mobilisieren, um den Blutzuckerspiegel konstant zu halten.

Bei akuten Herpes- und Streptokokken-Infektionen sollten argininreiche Lebensmittel allerdings gemieden werden.

Leucin wirkt sich bei Kindern und Jugendlichen positiv auf die Ausschüttung des Wachstumshormons Somatotropin aus und letztlich auch auf die Entwicklung der Organe. Bei Erwachsenen reguliert dieses Hormon den Anteil an körpereigenem Muskel- und Fettgewebe, indem es die Bereitstellung freier Fettsäuren unterstützt.

Zudem fördert die Aminosäure Leucin die Heilung von Leber-, Gelenk- und Muskelgewebekrankheiten.

Bei **magenempfindlichen Personen** kann jedoch ein zu hoher Leucin-Anteil in der Nahrung zu Sodbrennen, Magendruck und Blähungen führen. Verschlimmert wird diese Symptomatik, wenn Vollkornbrot dazu gegessen wird. Getoastetes Weiß- oder Mischbrot mit geringem Leucin-Anteil wird hingegen gut vertragen. Sehr unter Stress leidende Menschen vertragen daher meist auch kein Vollkornbrot mehr, sondern greifen lieber zum Weißbrot. Die gerade bei Stress sehr benötigten B-Vitamine können dann in Form von Linsen oder anderen Hülsenfrüchten aufgenommen werden. Evtl. unterstützt man zusätzlich die Vitamin B1-Aufnahme durch den Konsum von Edelhefe (aus dem Reformhaus).

Personen, die eine **empfindliche Leber** haben, vertragen Linsen meist besser, wenn sie mit Rindfleisch (s. S. 90 und 106) oder Tiefseefisch (Niacin) kombiniert werden und nicht mit Ei. Aufgrund des Leucins in Linsen benötigt die Leber mehr Niacin zur Verstoffwechselung. Ein Kombinieren mit niacinhaltigen Lebensmitteln, wie z.B. frische Champignons und rote Paprikastreifen, ist dann sinnvoll.

Beefsteak-Burger mit gelben Linsen und etwas grünem Salat

- Eisen, Zink, Vitamin B12, Vitamin B6, Folsäure, Pantothensäure, Arginin, Leucin, Mangan, Molybdän,

Zutaten für 2 Personen
Beefsteak-Burger
- 150 g Beefsteakhack, frisch am Morgen besorgt
- 1 Prise Meersalz
- 1 TL Butterschmalz

Kurz gegarte gelbe Linsen
- 100 g gelbe Linsen
- 250 ml Wasser
- 2 Prisen Meersalz oder Gewürzmischung I bis IV
- 20 g Butter
- 50 g frische Blattsalate
  (z.B. Feldsalat, Römersalat, Ruccola)

Als Beilagen passen ein wenig Brot, frisches Beerenobst oder ein paar Spelze von einer frischen Zitrusfrucht (Orange, Pampelmuse).

Zubereitung

Für die Zubereitung der Linsen werden sie kurz in einem Sieb unter fließendem Wasser abgespült und anschließend in einen kleinen Topf gegeben. Mit Wasser bedecken und über Nacht (mindestens 4 Stunden) quellen lassen. Am nächsten Morgen das Salz zu den Linsen geben und die Linsen zusammen mit dem Einweichwasser einmal aufkochen lassen. Anschließend für 4 bis 5 Minuten bei ganz geringer weiterer Hitzezufuhr weitergaren. Butter untermengen und mit Meersalz oder mit einer Gewürzmischung (s. S. 239) abschmecken.

Für die Zubereitung des Beefsteak-Burgers wird Butterschmalz in einer Pfanne erhitzen. Beefsteak-Hack zu zwei flachen Burgern formen und im Butterschmalz von beiden Seiten kurz anbraten. Wenn das Fleisch sehr frisch vom Schlachter geholt wurde, kann man den Kern des Burgers auch noch roh lassen bzw. ihn nur bis „medium" garen lassen – je nach Geschmack und Bedarf (s.u.). Am Ende der Garzeit mit dem Meersalz oder der Gewürzmischung I oder II würzen.

Beefsteak-Burger zusammen mit den gelben Linsen und etwas grünem Blattsalat anrichten. Etwas Brot und frische Vitamin C-reiche Frucht dazu servieren.

Gut zu wissen:

Am Morgen ist die Kombination von Hülsenfruchten und tierischem Eiweiß besonders sinnvoll, damit Hülsenfrüchte nicht zu schnell verdaut werden und es zu einer Unterzuckerung kommt (s. S. 88). Beefsteakhack enthält neben tierischem **Eiweiß** auch viel **Eisen**, welches für unzählige Körperfunktionen benötigt wird und insbesondere am Morgen aufgrund einer starken Magenfunktion aufgenommen werden kann. Die Eisen-Aufnahme wird durch **Vitamin C**-reiche Frucht (Beerenobst oder gelbe Zitrusfrucht) positiv beeinflusst.

Beefsteakhack enthält zudem gute Zinkwerte. **Zink** benötigen wir u.a. für eine gute Immunabwehr, Wundheilung sowie für Haut- und Haarwachstum.

Nicht ganz durchgegartes, rohes Beefsteakhack enthält neben **Vitamin B6** auch **Vitamin B12**, wobei letzteres besonders wichtig für Konzentration, Gedächtnis-Leistung und mentale Kraft sorgt sowie an der Bildung roter Blutkörperchen und am Wachstum von Nervenzellen beteiligt ist. Zusammen mit **Folsäure** aus frischem Blattsalat werden diese Wachstumsprozesse sowie die Erneuerung von Zellen durch Zellteilung und Blutbildung verbessert. Rohes Beefsteakhack ist auch bei Leberbeschwerden besonders bekömmlich. Das Fleisch muss aber sehr frisch sein, sonst darf es nicht roh verzehrt werden!

Gerade leberempfindliche Personen vertragen Linsen zusammen mit Beefsteakhack am Morgen besonders gut. Es sollte dann aber kein Ei dazu gegessen werden.

Der Anteil an Tryptophan (Aminosäure) ist bei nicht ganz durchgegartem frischen Beefsteakhack höher als bei durchgegartem Rindfleisch. Tryptophan gehört zu den Aminosäuren, die wir über unsere Nahrung aufnehmen müssen. Tryptophan spielt eine große Rolle bei der Regeneration, beim Schlaf (Melatonin) und beim Serotonin-Stoffwechsel im Gehirn.

Gut zu wissen:

Rohes Rindfleisch enthält neben **Eisen** und **Zink** sehr viel **Vitamin B6 und Vitamin B12.** Der Magen kann rohes Rindfleisch meist besser verdauen als gegartes, was unter Umständen recht lange im Magen verweilt. **Gerade Menschen mit Darmbeschwerden und Menschen, die aufgrund einer langen bakteriellen oder viralen Erkrankung geschwächt sind, vertragen Rindertartar sehr gut.** Es dürfen allerdings nur ganz frische Zutaten verwendet werden. Darmbeschwerden zeigen sich häufig durch degenerative Prozesse im Lenden- und Kreuzbeinbereich. **Mit der Variation „Rind und Matjes"** nimmt man zusätzlich die schwefelhaltige Aminosäure **Cystein** sowie die Frische bringende Aminosäure **Lysin,** etwas **Vitamin D** und **Jod** auf. Die bei Matjes gut zu spürende Lysin-Wirkung sorgt dafür, dass die Membranen durchlässiger werden. Im kognitiven Bereich spürt man die Wirkung durch klare Gedanken. Gut wirkt Lysin auch gegen Heuschnupfen im Frühjahr. Um die Wirkung nicht zu schmälern, sollte dazu immer nur Weißbrot anstelle von Vollkornbrot gegessen werden, da sonst mit dem vollwertigem Brot der Gegenspieler Leucin aufgenommen wird. Auch Hülsenfrüchte (mit Arginin und Leucin) sollten nicht dazu kombiniert werden, da Lysin dann nicht mehr „den frischen Wind" bringt.

Tartar aus Rindfleisch (und Matjes)

- Eisen, Zink, Jod, Vitamin B12, Vitamin B6
  Mit Matjes zusätzlich: Cystein, Lysin, Omega-3-Fettsäuren, Vitamin D, Jod

Zutaten für 2 Person

- 150 g Beefsteakhack oder Rinderhack, frisch vom Schlachter
- 1 Eigelb, sehr frisch
- 4 EL Kapern
- Meersalz
- Pfeffer
- Toastbrot
- Frische Salatblätter
- Evtl. etwas Senf

Variation „Rind und Matjes"

Einen Teil des Beefsteakhacks durch frisches Matjesfilet ersetzen: z.B. 100 g Beefsteakhack und 50 g frisches Matjesfilet oder beides zu gleichen Teilen. Als Gewürz passt dazu sehr gut frischer Thymian.

Zubereitung

Die Hälfte der Kapern klein schneiden und zusammen mit dem Eigelb zum Rindfleisch geben. Sehr gut miteinander vermengen. Mit feinem Meersalz und evtl. Pfeffer würzen und auf zwei Tellern anrichten. Mit den restlichen Kapern und ein wenig Senf dekorieren.

Für die Variation „Rind und Matjes" wird der Matjes kurz unter klarem Wasser abgespült und gut mit einem Küchenkrepp trocken getupft. Danach das Matjesfilet in sehr feine Würfelchen schneiden und mit Beefsteakhack, Eigelb, Kapern und Gewürzen vermengen.

Rührei mit Linsen (nach Tönnies)

• Tyrosin, Cystein, Vitamin D, Vitamin A, Mangan, Molybdän, Pantothensäure

Zutaten für 2 Personen
• 3 Eier
• 75 ml Milch
• 2 Prisen Meersalz
• 1 TL Butter
• 4 EL kurz gegarte Linsen nach Tönnies Art
  (Linsen-Rezept s. S. 87)

Dazu passen ein wenig frisch geschnittene Paprikastückchen sowie ein paar Cherrytomaten sowie ein wenig Blattgrün in Form von Basilikum, Ruccola oder Feldsalat.

Zubereitung

Eier aufschlagen und zusammen mit der Milch und dem Salz in einem Gefäß verquirlen.

Butter in einer Pfanne erhitzen. Sobald sie geschmolzen ist, die Eimasse hineingeben und bei mittlerer Temperatur stocken lassen und dabei ab und zu umrühren bzw. wenden.

Kurz bevor die Eimasse vollständig gestockt ist, werden die kurz gegarten Linsen untergemengt, sodass sie warm werden. Je nach Appetit, können auch noch rote Paprikastückchen beigemengt werden sowie geviertelte Cherrytomaten. Das Rührei auf zwei Teller verteilen und mit Basilikum oder grünem Salat servieren.

Gut zu wissen:

Durch das eiweißreiche Frühstück wird die Wärmeregulation in der Peripherie verbessert, sodass Hände und Füße weniger schnell erkalten. **Morgendlich aufgenommenes Eiweiß aus Ei und Hülsenfrüchten wird in Wärme umgewandelt.**

Sofern Linsen vom Vortag aus dem Kühlschrank verwendet werden, dürfen sie nicht erneut stark erhitzt werden, sonst können sie zu Verdauungsstörungen und zu Blähungen führen. Ein Rührei, welches schon fast fertig gegart ist, eignet sich besonders gut, um die kalten Linsen für eine kurze Zeit mit zum Rührei zu geben und sie auf diese Art und Weise nur noch einmal kurz zu erwärmen.

Rührei ist reich an Eiweiß und insbesondere an der Aminosäure Cystein, welche wir gerade bei Erkältungskrankheiten vermehrt brauchen, damit eine Bronchitis nicht zur Lungenentzündung ausufert. Tyrosin ist ebenfalls in Eiern enthalten, eine Aminosäure, die die Nebennierenfunktion unterstützt. Zudem erweist sich Ei auch als guter Vitamin D- und ein wenig als Vitamin A-Lieferant. **Vitamin D** benötigen wir besonders morgens für die Kalziumaufnahme in Knochen und Zähne. **Vitamin A** wird in der Leber gespeichert und wird für die Regeneration benötigt.

Personen, die eine empfindliche Leber haben, vertragen Linsen meist besser, wenn sie mit Rindfleisch (s. S. 90) oder Tiefseefisch (Niacin) kombiniert werden und nicht mit Ei. Für die Verstoffwechselung von **Leucin** aus Linsen wird vermehrt **Niacin** benötigt. Das Kombinieren mit roter Paprika ist daher besonders sinnvoll, denn sie enthält Niacin und fördert Ideenreichtum. Cherrytomaten enthalten **Chlor** zum Anregen der Magensäureproduktion sowie **Kobalt**, um gute Laune zu haben. Zudem unterstützt Kobalt den Niacinstoffwechsel. Dunkles Blattgrün in Form von Basilikum, Feldsalat oder Ruccola enthält **Folsäure**, welches das Denken erleichtert und für die Zellerneuerung benötigt wird.

Grützwurst mit Spiegelei

- Molybdän, Eisen, Zink, Cystein, Tyrosin, Vitamin D

Zutaten für 2 Personen

- 1 rote Grützwurst
- 1 TL Butterschmalz
- 2 Eier
- 1 TL Butterschmalz
- 1 Prise Meersalz

Als Beilage eignen sich Brot, ein wenig Basilikum und etwas Vitamin C-reiches frisches Obst, wie z.B. Beerenobst oder gelbe Zitrusfrüchte.

Zubereitung

Grützwurst in 1 cm dicke Scheiben schneiden. Butterschmalz in der Pfanne erhitzen und Grützwurstscheiben darin von beiden Seiten anbraten. In einer zweiten Pfanne das restliche Butterschmalz erhitzen und die aufgeschlagenen Eier darin braten. Mit Meersalz würzen.

Gut zu wissen:

Grützwurst enthält viel **Eisen, Molybdän und Zink**. Molybdän fungiert als Gegenspieler zu **Chrom** im Stoffwechsel, welches „Motor" von Allergien und Neurodermitis sein kann. Auch ein stark geblähter Bauch nach chromreichen Mahlzeiten kann Zeichen dafür sein, dass weniger Chrom bzw. mehr Molybdän zu sich genommen werden sollte. Grützwurst weist zudem auch gute Eisenwerte auf. Eisen benötigen wir für unzählige Körperfunktionen, wie z.B. Aufbau von roten Blutkörperchen für den Sauerstofftransport. Eisenaufnahme findet am besten am Morgen aufgrund einer starken Magenfunktion statt. Die Eisen-Aufnahme wird durch **Vitamin C**-reiche Frucht (Beerenobst oder gelbe Zitrusfrucht) positiv beeinflusst. Die Konzentrationsleistung kann gesteigert werden durch Folsäure aus dunkelgrünem frischen Blattgrün, wie z.B. aus Salat oder Basilikum. Grützwurst enthält aufgrund der Beimengung von Gerstengraupen nennenswerte Zinkmengen. Zink benötigen wir zum Stärken der Nebennieren und für das Immunsystem.
Mit dem Verzehr von Ei nehmen wir neben der Aminosäure Cystein (gut gegen Erkältungen) auch die Aminosäure Tyrosin auf. Tyrosin stärkt die Nebennierenfunktion, sodass wir in anstrengenden Zeiten besser mit Stress umgehen können. Eigelb enthält zusätzlich Vitamin D, welches am Morgen gut für den Kalziumstoffwechsel und zum Stärken der Nebennieren benötigt wird.

DIE WIRKUNG VON EI AM MORGEN

Ei ist reich an Eiweiß und insbesondere an der Amino-säure Cystein, welche wir gerade bei Erkältungskrankhei-ten vermehrt brauchen, **damit eine Bronchitis nicht zur Lungenentzündung ausufert.** Tyrosin ist ebenfalls in Eiern enthalten, eine Aminosäure, die die Nebennierenfunktion unterstützt. Zudem erweist sich Ei auch als guter Vitamin D- und ein wenig als Vitamin A-Lieferant. Vitamin D benö-tigen wir besonders morgens zusammen mit Kalzium aus Hartkäse für die Kalziumaufnahme in Knochen und Zähne. Vitamin A wird in der Leber gespeichert und wird für die Regeneration benötigt.

STAPELBROT-VARIATIONEN (NACH TÖNNIES)

Stapelbrot mit Kochschinken, Spiegelei, Parmesan, Tomate, Basilikum

12

- Niacin, Tyrosin, Cystein, Vitamin D, Kalzium, Folsäure

Zutaten pro Person

- 1 Ei
- 1 TL Butter
- 1 Prise Meersalz oder Gewürzmischung I bis IV
- 1 Brötchen oder 1 Scheibe Brot
- ½ TL Butter
- 1 Scheibe Kochschinken
- 1 Scheibe Parmesan
- 1 kleine Tomate
- 3 Blättchen Basilikum

Zubereitung

In einer Pfanne Butter erhitzen. Sobald das Fett anfängt zu brutzeln, wird das Ei aufgeschlagen und im heißen Fett für ca. 4 bis 5 Minuten bei mittlerer Temperatur gebraten. In der Zwischenzeit das Brötchen aufschneiden und mit Butter bestreichen. Kochschinken, Parmesan darauf legen. Tomaten in Scheiben schneiden und ebenfalls darauf legen. Sobald das Eiweiß gestockt ist, kurz etwas salzen bzw. würzen und anschließend das Spiegelei ebenfalls auf das Stapelbrot legen. Mit Basilikum-Blättern dekorieren und noch warm verspeisen.

Gut zu wissen:

Kochschinken enthält neben tierischem **Eiweiß** auch **Niacin**, ein B-Vitamin, welches Ideenreichtum fördert. Tomaten enthalten **Chlor** zum Anregen der Magensäureproduktion sowie **Kobalt**, um gute Laune zu haben. Dunkles Blattgrün in Form von Basilikum enthält **Folsäure**, welches das Denken erleichtert und für die Zellerneuerung benötigt wird.

Stapelbrot mit Rotwurst, Bergkäse, Spiegelei

12

- Vitamin D, Molybdän, Tyrosin, Cystein, Eisen, Folsäure

Zutaten pro Person

- 1 Ei
- 1 TL Butter
- 1 Prise Meersalz oder Gewürzmischung I oder II
- 1 Brötchen oder 1 Scheibe Brot
- ½ TL Butter
- 1 Scheibe Rotwurst
- 1 Scheibe Bergkäse
- 3 Blättchen Basilikum

Zubereitung

In einer Pfanne Butter erhitzen. Sobald das Fett anfängt zu brutzeln, wird das Ei aufgeschlagen und im heißen Fett für ca. 4 bis 5 Minuten bei mittlerer Temperatur gebraten.
In der Zwischenzeit das Brötchen aufschneiden bzw. die Scheibe Brot zurecht legen und mit Butter bestreichen. Rotwurst und Bergkäse darauf legen. Sobald das Eiweiß gestockt ist, kurz etwas salzen bzw. würzen und anschließend das Spiegelei ebenfalls auf das Stapelbrot legen. Mit Basilikum-Blättern dekorieren und noch warm verspeisen.

Gut zu wissen:

Rotwurst bzw. Schwarzwurst weist gute Molybdän-Werte auf. **Molybdän** fungiert als Gegenspieler zu **Chrom** im Stoffwechsel, welches „Motor" von Allergien und Neurodermitis sein kann. **Auch ein stark geblähter Bauch nach (chromreichen) Mahlzeiten kann Zeichen dafür sein, dass weniger Chrom bzw. mehr Molybdän zu sich genommen werden sollte.** Rotwurst weist zudem auch gute **Eisenwerte** auf. Eisen benötigen wir für unzählige Körperfunktionen, wie z.B. Aufbau von roten Blutkörperchen für den Sauerstofftransport. **Eisenaufnahme findet am besten am Morgen aufgrund einer starken Magenfunktion statt.** Die Eisen-Aufnahme wird durch **Vitamin C**-reiche Frucht (Beerenobst oder gelbe Zitrusfrucht) positiv beeinflusst. Sofern eine Eisenunterversorgung vorliegt, sollte der Hartkäse nicht gleichzeitig gegessen werden, sondern erst als Pausensnack. **Kalzium** aus Käse vermindert die Eisenaufnahme.
Die Konzentrationsleistung kann gesteigert werden durch **Folsäure** aus dunkelgrünem frischen Blattgrün, wie z.B. aus Salat oder Basilikum.
Mit dem Verzehr von Ei nehmen wir neben der Aminosäure **Cystein** (gut gegen Erkältungen) auch die Aminosäure **Tyrosin** auf. Tyrosin stärkt die Nebennierenfunktion, sodass wir in anstrengenden Zeiten mit dem Stress umgehen können.

Stapelbrot mit Lammsalami, Ziegenfrischkäse, Salat und Bergkäse

• Arachidonsäure, Methionin, Tyrosin

Zutaten pro Person

• 1 Brötchen oder 1 Scheibe Brot
• 1 EL Ziegenfrischkäse
• 1-4 Scheiben Lammsalami, je nach Größe
• 1 Scheibe Bergkäse
• 3 Blättchen grünen Salat

Als Beilage eignen sich kurz gegarte Linsen
(nach Tönnies, s. S. 87) sowie etwas frisches Obst.

Zubereitung

Brot bzw. Brötchen mit Ziegenfrischkäse bestreichen.
Darauf die Lammsalami verteilen, den Käse sowie die
Salatblätter.

Gut zu wissen:

Bei aufgedunsenen Hautpartien im Bereich der Jochbeine
ist die Fettsäure **Arachidonsäure** (z.B. Rinder- und Lammsalami) hilfreich. Auch das Kombinieren mit **Arginin**-reichen
Hülsenfrüchten verschafft Entspannung. Der Ziegenfrischkäse enthält **Methionin**, eine Aminosäure, die Schwefel
enthält. Methionin ist in Maßen wichtig für den Kalziumstoffwechsel. **Aufgrund des Schwefelanteils kann es bei
Personen mit Neurodermitis sowie auch mit Schuppenflechte durch den Konsum von Frischkäse zu einer Symp-
tomverschlimmerung kommen. Kalzium** aus Rohmilchhartkäse (Bergkäse) benötigen wir für den Knochenstoffwechsel
und –aufbau. **Folsäure** aus Blattgrün ist dabei notwendig,
um das Knochengerüst aufzubauen, in das dann u.a. Kalzium eingebaut wird.

Stapelbrot mit Corned-Beef, Spiegelei und Linsen

12

- Eisen, Zink, Tyrosin, Cystein, Vitamin D, Folsäure

Zutaten pro Person

- 1 Ei
- 1 TL Butter
- 1 Prise Meersalz oder Gewürzmischung I oder II oder etwas Edelhefe
- 1 Brötchen oder 1 Scheibe Brot
- ½ TL Butter
- 1 Scheibe Corned-Beef
- 1-2 EL kurz gegarte Linsen (s. S. 87)
- 3 Blättchen Basilikum

Zubereitung

In einer Pfanne Butter erhitzen. Sobald das Fett anfängt zu brutzeln, wird das Ei aufgeschlagen und im heißen Fett für ca. 4 bis 5 Minuten bei mittlerer Temperatur gebraten.
In der Zwischenzeit das Brötchen aufschneiden bzw. die Scheibe Brot zurecht legen und mit Butter bestreichen. Corned-Beef darauf legen. Sobald das Eiweiß gestockt ist, kurz etwas salzen bzw. würzen und anschließend das Spiegelei ebenfalls auf das Stapelbrot legen. Mit Basilikum-Blättern dekorieren und noch warm verspeisen. Dazu kurz gegarte Linsen verspeisen.

Gut zu wissen:

Corned-Beef weist neben Zink für die Immunabwehr gute Eisenwerte auf. **Zink** fördert die Aufnahme von Pantothensäure aus Linsen für die Wärmeregulierung. Eisen benötigen wir für unzählige Körperfunktionen, wie z.B. Aufbau von roten Blutkörperchen für den Sauerstofftransport. Eisenaufnahme findet am besten am Morgen aufgrund einer starken Magenfunktion statt. Die Eisen-Aufnahme wird durch Vitamin C-reiche Frucht (Beerenobst oder gelbe Zitrusfrucht) positiv beeinflusst. Die Konzentrationsleistung kann gesteigert werden durch Folsäure aus dunkelgrünem frischen Blattgrün, wie z.B. aus Basilikum.

Mit dem Verzehr von Ei nehmen wir neben der Aminosäure **Cystein** (gut gegen Erkältungen) auch die Aminosäure **Tyrosin** auf. Tyrosin stärkt die Nebennierenfunktion, sodass wir in anstrengenden Zeiten mit Stress besser umgehen können (s. S. 120).

Linsen liefern langkettige Kohlenhydrate, die den Blutzuckerspiegel über längere Zeit konstant halten (s. auch S. 88).

NICHT IMMER IST VOLLKORNBROT 💧 GESÜNDER UND BEKÖMMLICHER ALS MISCH- ODER WEISSBROT

Bei Vollkornbrot wird das gesamte Korn verwendet – also auch die Randschichten, in denen sich Phytinsäure befindet. Phytinsäure bindet im Darm Mineralien und Spurenelemente irreversibel und vermindert deren Aufnahme. Phytinsäure wird durch lange Teigführung abgebaut. Vollkornbrot von (Bio-)Bäckern, die dieses Handwerk noch praktizieren, kann unbedenklich gegessen werden.

Vollkornbrot enthält größere Mengen von der Aminosäure Leucin als Misch- und Weißbrot. In Kombination mit Hülsenfrüchten, die ebenfalls Leucin enthalten, sollte lieber Weiß- oder Mischbrot verzehrt werden, damit der Leucinanteil nicht zu groß wird. Eine Leucin-Überversorgung kann Niacin-Mangel und zu trockenen (Magen-) Schleimhäuten führen, was u.a. Magenbrennen, Sodbrennen und Blähungen zur Folge haben kann. Niacinreiche Gemüse (Avocado, Champignons, Fenchel) eignen sich als Kombination zu Vollkornbrot sehr gut - insbesondere bei leberempfindlichen Personen.

Vollkornbrot enthält im Vergleich zu Weißbrot größere Mengen an Vitamin B1, Vitamin B6 und Pantothensäure. Diese wasserlöslichen Vitamine fördern die Wärmeregulierung im Körper. Vollkornbrot eignet sich daher besonders in der kalt-feuchten Jahreszeit. Im Sommer hingegen kann durch den Konsum von Vollkornbrot zu viel Wärme produziert werden, sodass man zu stark schwitzt. Im Sommer eignen sich daher Weiß- und Mischbrote besser als Vollkornbrote.

Rührei mit Emmentaler und roter Bete

• Tyrosin, Kupfer, Vitamin D, Kalzium

Zutaten für 2 Personen
• 3 Eier
• 40 ml Milch
• 80 g Emmentaler
• 80 g sauer eingelegte rote Bete
• 2 EL Kräuter
• 2 Prisen Meersalz
• 30 g Butter

Zubereitung
Eier mit der Milch locker verquirlen. Emmentaler in kleine Würfel schneiden. Gesäuerte rote Bete aus dem Glas nehmen und in kleine Würfel schneiden. Kräuter säubern und klein hacken. Käse, Kräuter und Salz zur Eimasse geben und verrühren. Butter in einer Pfanne bei mittlerer Temperatur schmelzen lassen. Die Eimasse hineingeben und bei mittlerer Temperatur stocken lassen. Ab und zu umrühren bzw. die schon gestockte Eimasse wenden. Rote Bete-Würfel auf der Eimasse verteilen und schließlich auf zwei Tellern anrichten.

Gut zu wissen:
Eier und Emmentaler weisen recht hohe **Tyrosin**werte auf, sodass dieses Rührei recht anregend wirkt und die Nebennierenfunktion gestärkt wird. Des Weiteren nimmt der Körper durch Eigelb **Vitamin D** auf, welches zusammen mit **Kalzium** aus Hartkäse gut für den Kalziumstoffwechsel ist. **Kupfer** aus roter Bete sorgt für eine gute Sauerstoffverwertung und beugt Kopfschmerzen durch Überarbeitung vor oder auch aufgrund schlecht durchlüfteter Räume. Frische Kräuter liefern **Folsäure** zum Denken.

Dieses Gericht lässt sich auch als Abendessen (s. S. 211) zubereiten, jedoch sollte dann unbedingt Parmesankäse verwendet werden, der aufgrund der langen Reifung nur ca. 1 Stunde im Magen verweilt. Junger Hartkäse, wie z.B. Maigouda oder junger Appenzeller, verweilt z.T. die ganze Nacht über im Magen und stört die Regeneration.

Schwarzbrot mit Rührei und Nordseekrabben

• Tyrosin, Cystein, Vitamin D

Zutaten pro Person

• 1 Scheibe Schwarzbrot
• 1 TL Butter
• 1 Ei
• 4 EL Milch oder Wasser
• 1 Prise Meersalz
• 50 g Nordseekrabben, gepult
• 1 Blatt Römersalat
• Petersilie oder Dill

Zubereitung

In einer Pfanne die Butter zum Schmelzen bringen. In einem Extragefäß Ei mit Milch oder Wasser verschlagen und mit etwas Salz würzen. Wenn das Fett erste Blasen wirft, Eimasse hineingießen und bei mittlerer Temperatur stocken lassen. Ab und zu die Eimasse dabei wenden. Das Rührei sollte noch etwas saftig sein, dann schon kann es auf dem Schwarzbrot platziert werden.

Die gepulten Nordseekrabben in ein Sieb geben und kurz unter heißem Wasser abspülen, kurz abtropfen lassen und ebenfalls zum Rührei geben. Mit einem frischen, dunkelgrünen Salatblatt und mit Petersilie oder Dill garnieren.

Gut zu wissen:

Eier und insbesondere Nordseekrabben weisen sehr hohe Cysteinwerte auf. Aus körpereigenem **Cystein** kann schließlich Cortison hergestellt werden. Gerade bei Erkältungskrankheiten brauchen wir vermehrt Cystein, damit eine Bronchitis nicht zur Lungenentzündung ausufert. **Cortison** dämpft zudem die Empfindlichkeit der Zellen gegenüber Toxinen und Allergenen. Zu viel Cortison mobilisiert allerdings die letzten Reserven im Körper mit der Folge, dass Körperstrukturen, wie z.B. Gelenke, Bandscheiben und Zähne, abgebaut werden. Ei ist zudem reich an der Aminosäure Tyrosin, eine Aminosäure, die die Nebennierenfunktion unterstützt. Desweiteren erweist sich Ei auch als guter Vitamin D- und ein wenig als Vitamin A-Lieferant. **Vitamin D** benötigen wir besonders morgens für die Nebennierenfunktion und für den Kalziumstoffwechsel. **Vitamin A** wird in der Leber gespeichert und wird für die Regeneration benötigt. Das dunkelgrüne Blattgrün enthält Folsäure. **Folsäure** am Morgen verbessert den verbalen Ausdruck und erhöht die kognitive Leistungsbereitschaft.

Schwarzbrot enthält u.a. langkettige Kohlenhydrate.

Hähnchenschenkel mit Ruccola
(nach Tönnies)

- Tryptophan, Folsäure, Magnesium, Kobalt

Zutaten für 2 Portionen
- 2 Hähnchenschenkel (Frischware), nicht zu groß
- 2 EL Butterschmalz
- ¼ TL Meersalz
- etwas Rosmarin
- 100 g Ruccola
- 6 Cherrytomaten
- 2 EL Walnussöl (oder Olivenöl)
- 2 Prisen Meersalz
- ½ Zitrone, Saft
- 2 EL dunkle Balsamicocreme

Als Beilage schmecken geröstetes Brot am Morgen oder zur Mittagszeit gebutterter Reis, Hirse oder Kartoffeln.

Zubereitung
Butterschmalz in einer Pfanne erhitzen. Hähnchenschenkel von allen Seiten ca. 3 Minuten anbraten. Mit Meersalz würzen und jeweils einen Rosmarinzweig unter jeden Schenkel legen. Mit einem Deckel verschließen und bei sehr niedriger Temperatur die Hähnchenschenkel für weitere 30 bis 35 Minuten garen. Möglich ist auch, die Hähnchenschenkel samt hitzebeständiger Pfanne (ohne Deckel) für ca. 30 bis 35 Minuten in den 180°C heißen Backofen zu stellen. Fertig gegart sind sie, wenn sich an der dünnen Schenkelseite die Haut vom Knochen löst. Bei großen Hähnchenschenkeln kann die Garzeit auch bis zu 45 Minuten betragen.

In der Zwischenzeit Ruccola und Cherrytomaten waschen und abtropfen lassen. Cherrytomaten halbieren. Öl, Meersalz, Zitronensaft und Balsamicocreme zu einer Salatsoße verarbeiten. Den Salat mit der Soße beträufeln und zusammen mit den fertig gegarten Hähnchenschenkeln auf Tellern anrichten.

Gut zu wissen:
Hähnchenschenkel haben viel **Tryptophan**, eine Aminosäure, die wir zusammen mit **Vitamin E** aus Öl und **Magnesium** aus Ruccola zur Regeneration benötigen.
Tryptophan gehört zu den essentiellen Aminosäuren und ist insbesondere für Menschen, die im Wachstum sind oder sich von einer Krankheit erholen müssen, besonders wichtig.
Vitamin C aus Zitrone regt den Magen an und unterstütz die Eisenaufnahme aus Hähnchenschenkelfleisch. Frischer Ruccola enthält viel **Folsäure**, welche klare Gedanken macht und die kognitive Leistungsbereitschaft fördert.

Eier Benedikt mit Lachs und Ruccola

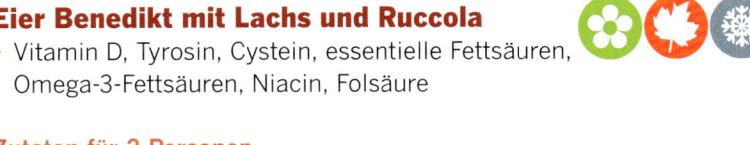

• Vitamin D, Tyrosin, Cystein, essentielle Fettsäuren, Omega-3-Fettsäuren, Niacin, Folsäure

Zutaten für 2 Personen

• 1 Eigelb
• ½ TL Joghurt natur
• 60 g Butter
• Meersalz
• Pfeffer
• ½ TL Zitronensaft
• ½ Prise Zucker
• 2 Scheiben geräucherter Lachs
• 2 Brötchenhälften oder Brotscheiben
• 2 Liter Wasser
• 1 EL Weißweinessig
• 2 Eier (zimmerwarm)
• 60 g Ruccola
• evtl. Kaviar zum Dekorieren

Zubereitung der Hollandaise

Eigelb und Joghurt in einem hohen Gefäß gut verquirlen. In der Zwischenzeit die Butter in einem kleinen Topf erhitzen bis sie anfängt zu brutzeln. Mit einem Schneebesen oder einem Stabmixer die heiße Butter vorsichtig nach und nach mit der Eigelbmasse verquirlen bis eine homogene gelbe Soße entsteht. Wenn die Konsistenz der Hollandaise etwas Festigkeit erlangt hat, kann mit etwas Zucker, Zitronensaft und feinem Meersalz abgeschmeckt werden.

Zubereitung der Eier Benedikt

Wasser und Essig in einem Topf aufkochen. Die Eier einzeln jeweils in eine Tasse aufschlagen. Vorsichtig aber zügig wird nun der Inhalt der einen Tasse in das fast kochende Wasser gekippt und kurz gewartet, bis das Eiweiß etwas gestockt ist. Mit dem zweiten Ei wird ebenso verfahren. Bei schwacher Hitzezufuhr werden nun die beiden Eier ca. 1 Minute in leicht bzw. fast köchelndem Wasser gegart. Den Topf zur Seite stellen und die Eier für weitere 4-5 Minuten ziehen lassen. Das Eigelb soll in den Eiern noch weich bleiben.

In der Zwischenzeit die Brötchenhälften oder die Brotscheiben mit Ruccola belegen und darüber jeweils eine Scheibe Räucherlachs legen.

Eier mit einer Schaumkelle einzeln aus dem Wasser heben, kurz abtropfen lassen und schließlich auf dem Lachs platzieren. Jeweils zwei gute Esslöffel Hollandaise darüber geben und evtl. mit etwas Kaviar dekorieren.

Gut zu wissen:

Lachs, insbesondere fetter Zuchtlachs, gehört zu den sehr fetten, in Kaltwasser lebenden Tiefseefischen, die vermehrt **Omega-3-Fettsäuren** und andere essentielle Fettsäuren enthalten. Auch Fischeier (Kaviar) enthalten die gewünschten Fettsäuren, die wir über unsere Nahrung aufnehmen müssen. Omega-3-Fettsäuren übernehmen eine sehr wichtige Rolle in der Gesundheit von Zellmembranen in allen Geweben, auch in den Membranen der Hirn- und Nervenzellen. Sie sind besonders wichtig für die Leistungsfähigkeit unseres Gehirns, für die Augen und für die Herztätigkeit. Ebenfalls bei Allergien und Neurodermitis spielen essentielle Fettsäuren aus Tiefseefisch eine positive Rolle. Sie weisen eine anti-allergene Wirkung durch Veränderung der Immunaktivität auf. Betroffene Personen sollten ein- bis zweimal pro Woche Mahlzeiten mit Tiefseefisch zu sich nehmen.

Lachs enthält zusätzlich gut bioverfügbares **Niacin**. Die Kombination Ei (**Tyrosin**) mit niacinreicher Kost ist gerade für magen- und leberempfindliche Personen sinnvoll. Wildlachs ist wegen des höheren Chromgehalts weniger gut geeignet bei Allergiebereitschaft und Neurodermitis als Zuchtlachs. Lachs erweist sich zusätzlich als gute Vitamin D-Quelle. Zusammen mit dem **Vitamin D** aus Eiern und aus Butter ist diese Speise geeignet, gerade im Winter ausreichend Vitamin D aufzunehmen. Mit dem Verzehr von Ei nehmen wir neben der Aminosäure Cystein (gut gegen Erkältungen) auch die Aminosäure Tyrosin auf. Tyrosin stärkt die Nebennierenfunktion, sodass wir in anstrengenden Zeiten besser mit Stress umgehen können.

Frischer Ruccola enthält viel **Folsäure**, die einerseits wichtig für die Zellerneuerung ist. Andererseits spürt man die Wirkung von Folsäure durch klare Gedanken und durch kognitive Leistungsbereitschaft. Wortfindungsstörungen lassen sich mit Folsäurekonsum reduzieren.

Gut zu wissen:

Je nachdem, aus welchem Fleisch die Klöpschen zubereitet werden, sind sie unterschiedlich in ihrer Wirkung: Wird fettes Rinderhack oder auch Lammhack als Hauptbestandteil für die Klöpschen verwendet, ist die Fettsäure Arachidonsäure ausreichend vorhanden, welche gerade für Menschen mit Schwellungen im Bereich des Jochbeins dienlich ist. Durch Beimengung von Linsen wird der Anteil der Aminosäure **Arginin** erhöht, die ebenfalls bei Jochbein-Schwellungen und bei zu viel Methionin Abhilfe verschafft. Arginin verbessert zudem die Bioverfügbarkeit von **Vitamin B6**, welches ebenfalls in Linsen vorhanden ist. Bei akuten Herpes- und Streptokokken-Infektionen sollten argininreiche Lebensmittel allerdings gemieden werden (s. S. 88).

Bei Verwendung von fettem Schweinehack ist der Anteil von **Vitamin D** deutlich höher als bei Rindfleisch. Die Vitamin D-Zufuhr über Nahrungsmittel ist ins besondere in kalten Monaten mit weniger Sonneneinstrahlung auf die Haut notwendig, damit u.a. der Kalziumstoffwechsel gefördert wird. Vitamin D stärkt zudem die Nebennierenfunktion und wirkt sich positiv bei Winterdepressionen aus.

Die Beimengung von Linsen zum Fleisch bewirkt eine verbesserte Proteinbiosynthese bzw. eine verbesserte Verstoffwechselung von Proteinen. Das Mangan aus Linsen wirkt zudem ausgleichend und macht einen weniger anfällig für Stress. Gerade wenn Kinder Linsen als Beilage meiden, können auf diese Art und Weise dennoch Hülsenfrüchte gegessen werden.

Die Klöpschen lassen sich auch zum Mittagessen zubereiten, jedoch beziehen sich die Mengenangaben dann nur auf eine Mahlzeit für zwei Personen. Gut zu kombinieren sind sie dann mit Kartoffel und im Sommer mit einem kleinen Beilagensalat oder im Winter mit Gemüse, das nur kurz in der Pfanne in Fett gegart wurde.

Klöpschen mit Linsen und Käse

- Eisen, Mangan,
  tierisches und pflanzliches Eiweiß

Zutaten für 4 Personen

- 300 g Hackfleisch (Schwein, Rind oder Lamm)
- 100 g kurz gegarte Linsen (s. S. 87)
- 1 Ei
- 3 EL Paniermehl
- 2-3 Prisen feines Meersalz
- evtl. 1 TL scharfer Senf
- Thymian
- Petersilie
- Pfeffer
- 2 EL Butterschmalz oder Olivenöl

Zubereitung

Hackfleisch zusammen mit Ei, Paniermehl, kurz gegarten Linsen sowie mit Gewürzen, Meersalz und evtl. mit Senf vermengen. Anschließend das Fett in einer Pfanne erhitzen. Die Hackfleischmenge zu 8 kleinen Klöpschen rollen und in das heiße Fett legen. Unter gelegentlichem Wenden bei mittlerer Hitze garen.

Wiener Würstchen auf Toast

12

• Tierisches Eiweiß, Tryptophan

Zutaten pro Person

• 1 Wiener Würstchen
• 1 Scheibe Toastbrot
• 1 TL Butter
• 3 Blättchen Basilikum
• evtl. etwas Senf

Zubereitung

Toastbrotscheibe toasten. Nachdem sie ein wenig abgekühlt ist, kann sie mit Butter bestrichen werden. Wiener Würsten nach Bedarf kurz für 1 bis 3 Minuten in fast siedendem Wasser erhitzen. Wiener Würstchen aus dem Wasser nehmen, kurz abtropfen lassen und zusammen mit dem gebuttertem Toast und den Basilikumblättern essen. Je nach Geschmack kann auch Senf dazu serviert werden.

Gut zu wissen:

Wiener Würstchen bestehen u.a. aus **tierischem Eiweiß**, welches insbesondere am Morgen gut vom Magen vertragen wird. Sie weisen recht gute **Tryptophanwerte** auf, da sie nicht allzu lange gegart werden. Die Aminosäure Tryptophan benötigen insbesondere Kinder und Personen, deren Regeneration in der Nacht nicht ausreicht. Ohne Tryptophan kann **Magnesium** nur in geringem Umfang in der Zelle gebunden werden, sodass es bei einer Unterversorgung an Tryptophan zu einer mangelnden Regeneration bzw. zu einer zu geringen Erholungswirkung durch Schlaf kommt.

Frische Basilikumblätter sorgen für eine gute **Folsäure**versorgung, welche für kognitive Leistungsbereitschaft und für einen guten Sprachfluss notwendig sind. Bei einer Folsäureunterversorgung kann es zu Wortfindungsstörungen kommen.

Wiener Würsten eignen sich auch gut als Pausenverpflegung am Vormittag für Schulkinder.

DIE WIRKUNG VON GESÄUERTEM HERING AM MORGEN

Sauer eingelegter Hering, wie z.B. Hering in Aspik, Bismarck-Hering oder auch Rollmops, wirkt sehr anregend aufgrund der schwefelhaltigen Aminosäure Cystein, der Aminosäure Lysin, dem Vitamin D und dem Spurenelement Jod. Lysin macht die Membranen durchlässiger. Im kognitiven Bereich hat man das Gefühl, dass Lysin die Sauerstoffversorgung positiv beeinflusst, so dass ein „frischer Wind" durch die Gedanken pustet.

Die Kombination des gesäuerten Herings in Verbindung mit Weißbrot ist sinnvoll, um die Lysin-Wirkung des Herings nicht zu schmälern. Sofern Vollkornbrot dazu gegessen würde, welches die antagonistisch wirkende Aminosäure Leucin enthält, könnte Lysin nicht mehr „den frischen Wind" bringen.

Aufgrund der Essigbehandlung sorgt der gesäuerte Hering zugleich auch für den Abbau von Ammoniak in der Leber. **Gerade nach einer Nacht mit schlechter Regeneration infolge eines Abends, an dem viel tierisches Eiweiß und/ oder Alkohol konsumiert wurden, kann diese Frühstücksmahlzeit die Katerstimmung mit Kopfschmerzen und Antriebslosigkeit mindern.**

Feine Gräten werden durch den Essig weich, sodass der Verzehr von gesäuertem Hering zusätzlich auch für eine schnelle Kalzium- und Magnesiumaufnahme sorgt.

Rollmops

- Cystein, Lysin, Vitamin D, Jod, Kalzium, Magnesium, Folsäure

Zutaten pro Person

- 1 Rollmops (gesäuerter Hering aus dem Kühlregal)
- 1 Scheibe Toastbrot
- 1 TL Butter
- evtl. 1 saure Gurke
- 2-3 Blatt Römersalat

Zubereitung

Toastbrotscheibe rösten und mit Butter bestreichen. Rollmops aus dem Glas holen und zusammen mit der Toastbrotscheibe auf frischen Salatblättern anrichten.

Gut zu wissen

Das frische Blattgrün sorgt neben **Magnesium** zusätzlich für eine **Folsäure**aufnahme, die gegen Wortfindungsstörungen und für kognitive Leistungsbereitschaft nützlich ist. Eine getoastete Brotscheibe regt aufgrund der Röstaromen den Kreislauf besser an als nicht getoastetes Brot. Zudem werden noch potentiell enthaltene Hefepilze in ihrer Anzahl verringert. Gerade für magenempfindliche Personen sollte mit Hefe gebackenes Brot vor dem Verzehr getoastet werden.

Hering in Aspik

- Cystein, Vitamin D, Jod, Kalzium, Magnesium, Folsäure

Zutaten pro Person

- 50 g Hering in Gelee
  (in saurem Gelee eingelegter Hering aus dem Kühlregal)
- 1 Toastscheibe (Weißmehl)
- 1 TL Butter
- evtl. 1 TL Senf
- 2-3 Pflänzchen Feldsalat

Gegen Kopfschmerzen kann zusätzlich ein wenig rote Betemost (Reformhaus) getrunken werden.

Zubereitung

Toastbrotscheibe toasten und mit Butter bestreichen. Hering in Gelee aus der Verpackung holen und zusammen mit der Toastbrotscheibe und den frischen Salatblättern verzehren. Je nach Geschmack kann dazu auch etwas Senf gegessen werden.

Gut zu wissen:

Hering in Gelee wirkt sehr anregend aufgrund der schwefelhaltigen Aminosäure **Cystein** sowie der Frische bringenden Aminosäure **Lysin**, dem Vitamin D und dem Spurenelement **Jod** (s. S. 108).

Im Senf ist **Schwefel** enthalten. Sofern Kopfschmerzen im Stirn- oder oben im Schädelbereich vorliegen sollten, ist es besser, auf Senf zu verzichten. Stattdessen kann **Kupfer** aus rote Betemost (ca. 75 ml) oder sauer eingelegte rote Bete aus dem Glas die Kopfschmerzen durch bessere Sauerstoffverwertung mindern. Gerade in Verbindung mit Lysin aus Hering ist die verbesserte Sauerstoffverwertung schnell zu spüren (s. S. 112).

Das frische Blattgrün sorgt neben **Magnesium** zusätzlich für eine **Folsäure**aufnahme, die gegen Wortfindungsstörungen und für kognitive Leistungsbereitschaft nützlich ist.

Eine getoastete Brotscheibe regt aufgrund der Röstaromen den Kreislauf besser an als nicht getoastetes Brot. Zudem werden noch potentiell enthaltene Hefepilze in ihrer Anzahl verringert. Gerade für magenempfindliche Personen sollte mit Hefe gebackenes Brot getoastet werden.

Lachsbrot mit Meerrettich

12

- Omega-3-Fettsäuren, Schwefel, Methionin, Chrom, Niacin

Zutaten pro Person
- 50 g Zuchtlachs, geräuchert oder gebeizt
- 1 Scheibe Brot
- 1 EL Sahnequark
- 1 TL geriebenen Meerrettich (frisch oder aus dem Glas)
- 1 Prise Meersalz
- etwas frischen Dill

Zubereitung
Brotscheibe kurz toasten und etwas abkühlen lassen. Sahnequark mit geriebenem Meerrettich vermengen und etwas salzen. Anschließend den Meerrettichquark auf das Brot streichen und mit der Lachsscheibe und dem Dill garnieren.

Gut zu wissen:
Lachs enthält die für den Menschen sehr wertvollen **Omega-3-Fettsäuren**, die Allergiebereitschaft reduzieren. Membranen schützen und wichtig für den Gehirnstoffwechsel sind. Lachs enthält auch viel **Niacin,** welches bei kreislaufschwachen Menschen am Morgen zu stark dämpfen kann. Durch die Kombination mit scharfem, schwefelhaltigem Meerrettich sowie mit Quark, der die ebenfalls anregend wirkende Aminosäure **Methionin** enthält, wird Lachs am Morgen gut verträglich. Dill passt nicht nur geschmacklich gut dazu, sondern hilft zusammen mit der Schärfe aus Meerrettich bei der Fettverdauung.

Sofern Kopfschmerzen im Stirn- oder oben im Schädelbereich vorliegen sollte, ist es besser, auf Meerrettich zu verzichten. Stattdessen kann **Kupfer** aus rotem Betemost (ca. 75 ml) oder sauer eingelegte rote Bete aus dem Glas die Kopfschmerzen durch bessere Sauerstoffverwertung mindern. Gerade in Verbindung mit **Lysin** aus Lachs ist die verbesserte Sauerstoffverwertung schnell zu spüren.

Fetter Zuchtlachs enthält deutlich mehr Omega-3-Fettsäuren als Wildlachs. Ebenso ist der **Chromgehalt** bei Wildlachs höher als bei Zuchtlachs, sodass insbesondere allergiegefährdete Personen und Neurodermitiker Zuchtlachs bevorzugen sollten.

Heringssalat mit rote Bete

• Lysin, Cystein, Vitamin D, Jod, Kupfer

Zutaten für 6 Portionen

• 4 Heringfilets
• 2 rote Bete mittelgroß, gegart
• 2 Gewürzgurken
• 100 g Schmand
• 70 g Salatmayonnaise
• ½ TL Meersalz
• 2 Prisen Pfeffer
• 1 EL Zucker
• 2 EL heller Balsamico
• 2 EL Zitronensaft, frisch

Als Beilage eignet sich Weißbrot.

Zubereitung

Schmand und Salatmayonnaise in eine Schüssel geben. Rote Bete , Gewürzgurke und Hering in feine Würfel schneiden und ebenfalls in die Schüssel geben. Anschließend alle Zutaten gut vermengen und mit Meersalz, Pfeffer, Zucker, Balsamico und Zitronensaft abschmecken.

Gut zu wissen:

Den Heringssalat kann man gut schon am Vortag zubereiten. Er hält sich im Kühlschrank einige Tage lang. Dieser Heringssalat eignet sich auch als Katerfrühstück nach feucht fröhlichen Festen mit zu viel guter Nahrung und evtl. Alkoholkonsum. Aufgrund der Lysin-Wirkung aus Hering in Kombination mit Kupfer aus roter Bete und **Vitamin B2** aus Schmand kommt es zu einer deutlich besseren Sauerstoffverwertung in den Zellen – auch im Gehirn.

Hering ist reich an **Vitamin D, Cystein, Lysin** und **Jod**. Stimmungsschwankungen durch Sonnenlichtmangel im Herbst und Winter können durch den Konsum von Hering verringert werden. Lysin fungiert als Gegenspieler zu **Leucin** und **Arginin** aus zu viel Linsen oder Vollkorngetreide. Als Beilage eignet sich Weißbrot, um die Lysin-Wirkung nicht zu schmälern.

Cystein wirkt gut gegen Erkältungen. Tönnies konnte beobachten, dass Patienten, die schnell zu Lungenentzündungen neigen, durch ausreichende Versorgung an Cystein schließlich seltener an einer Lungenentzündung erkrankten.

Der gut zu verwertende Lysin-Anteil bei Hering hilft gegen Heuschnupfen. Wenn man jedoch das Gefühl hat, dass die Haut sehr empfindlich gegenüber Sonneneinstrahlung und Wärme wird und sich trocken anfühlt, kann es ein Zeichen für zu viel Hering bzw. Lysin sein.

Brot mit Meerrettichquark und Thymian (nach Tönnies)

• Methionin, Schwefel

Zutaten pro Person
• 1-2 Scheiben Brot (z.B. Zwiebelbaguette)
• 50 g Sahnequark (20 oder 40% Fett i. Tr.)
• 2 TL geriebenen Meerrettich (frisch oder aus dem Glas)
• 1 Prise Meersalz
• 1 Mini-Prise Zucker
• 1 Zweig frischen Thymian

Zubereitung
Brot oder Baguette aufschneiden. Sahnequark mit geriebenem Meerrettich vermengen. Mit Salz und Zucker würzen und abschmecken. Anschließend den Meerrettichquark auf das Brot streichen und mit Thymian garnieren.

Gut zu wissen:
Meerrettich sowie auch Quark enthalten viel **Schwefel**. In Quark ist Schwefel an die Aminosäure **Methionin** gebunden. **Methionin wirkt anregend und kann im übertragenen Sinne „der Tritt in den eignen Hintern" sein, den man manchmal benötigt, um etwas zu erledigen, was man schon lange vor sich her schiebt.** Bei (hyperaktiven) Kindern kann Methionin am Morgen jedoch dazu führen, dass sie in der Schule nun gar nicht mehr still sitzen können, sondern den Drang verspüren, sich bewegen zu müssen.

Methionin ist am Kalziumstoffwechsel beim Einbau von Kalzium in die Knochen und in die Zähne beteiligt. Zu viel Methionin kann aber auch das Gegenteilige bewirken, sodass Kalzium aus den Knochen herausgeholt wird. Methioninhaltige Lebensmittel, wie z.B. Quark und Frischkäse, sollten daher nicht mehr als ein- bis zweimal pro Woche gegessen werde, damit die Gefahr, Osteoporose zu entwickeln, gebannt wird. Zu viel Methionin kann auch Kupfermangelsymptome entstehen lassen, wie Kopfschmerzen, Haarwurzelschmerzen, trockene Haut etc. **Ein Methionin-Überschuss bewirkt zudem eine Tryptophan-Unterversorgung, sodass Arthrose-Erkrankungen, wie z.B. im Daumengrundgelenk oder in der Schulter, vermehrt entstehen können.** Gleichzeitig ist bei einem anhaltenden Methionin-Überschuss eine mangelnde Regeneration zu beobachten, die nicht selten mit **Wassereinlagerungen um die Fußgelenke** einhergeht.

Thymian wirkt sich positiv aus u.a. bei Erkältungskrankheiten, wie Reizhusten und Heiserkeit, sowie auch bei Schluckauf und Sodbrennen. **Thymian wirkt auch gut gegen Beschwerden während der Wechseljahre.**

Griebenschmalz
• tierische Fettsäuren, Vitamin D

Zutaten
• 500 g Bio-Schweineflomen (Bio-Bauchspeck,
  der vom Metzger schon durchgedreht wurde)
• 1 säuerlicher Apfel (Boskoop)
• 100 g Dörrpflaumen
• 2 Zwiebeln
• 2 TL Meersalz
• ½ TL Majoran, trocken

Zubereitung
Bauchspeck (Flomen) in einer großen Pfanne bei mittlerer Stärke erhitzen. Zwischenzeitlich Apfel und Zwiebeln schälen, würfeln und mit in die Pfanne geben. Dörrpflaumen in kleine Stückchen teilen und ebenfalls hinzugeben. Alles zusammen so lange erhitzen, bis der Bauchspeck durchsichtig geworden ist und die Zwiebelstückchen Farbe annehmen. Am Ende mit Salz und Majoran würzen und den noch flüssigen Schmalz in geeignete Gefäße abgießen und erkalten lassen. Es kann bis zu zwei Tage dauern, bis der Griebenschmalz durch und durch erhärtet ist.

Gut zu wissen:
In sonnenarmen Monaten ist es notwendig, dem Körper über die Nahrung **Vitamin D** zuzuführen. Da Vitamin D für die **Kalzium**-Aufnahme in die Knochen notwendig ist, sollte es zusammen mit Käse, wie z.B. Bauernhandkäse, am Morgen gegessen werden.

Schmalzbrot mit Bauernhandkäse
- Vitamin D, Methionin

Zutaten pro Person
- 1 Scheibe Vollkornbrot oder Schwarzbrot
- 1 TL Griebenschmalz (Rezept s. S. 114)
- evtl. etwas Meersalz
- 4 Scheiben Bauernhandkäse, Harzer Roller
- Petersilie

Zubereitung
Brotscheibe mit Griebenschmalz bestreichen. Eventuelle etwas salzen. Bauernhandkäse in Scheiben schneiden und auf dem Schmalzbrot platzieren. Mit Petersilie dekorieren.

Gut zu wissen:
Bei der Wahl bezüglich des Griebenschmalzes sollte man darauf achten, dass das Fett von Bio-Schweinen stammt, da diese aufgrund des Auslaufs im Draußengehege höhere **Vitamin D**-Werte aufweisen als Tiere, die nur im Stall großgezogen wurden.

In sonnenarmen Monaten ist es notwendig, dem Körper über die Nahrung Vitamin D zuzuführen. Da Vitamin D für die Kalzium-Aufnahme in die Knochen notwendig ist, sollte es zusammen mit Käse, wie z.B. Bauernhandkäse, am Morgen gegessen werden.

Bauernhandkäse ist reich an **Kalzium** sowie auch an der schwefelhaltigen Aminosäure Methionin. Er wirkt daher besonders anregend und ist am Kalziumstoffwechsel beim Einbau von Kalzium in den Knochen und in die Zähne beteiligt. Zu viel Methionin kann aber auch das Gegenteilige bewirken, sodass Kalzium aus den Knochen herausgeholt wird. Bauernhandkäse oder andere stark methioninhaltige Lebensmittel, wie z.B. Quark und Frischkäse, sollten daher nicht mehr als ein- bis zweimal pro Woche gegessen werden. Die Kombination von methioninhaltigem Käse mit Vitamin D-haltigem Schmalz verstärkt den Kalziumeinbau und ist daher besonders zu empfehlen.

Methionin wirkt zudem anregend und kann im übertragenen Sinne „der Tritt in den eignen Hintern" sein, den man manchmal benötigt, um etwas zu erledigen, was man schon lange vor sich her schiebt. Bei hyperaktiven Kindern kann Methionin am Morgen jedoch dazu führen, dass sie in der Schule nicht mehr still sitzen können, sondern den Drang verspüren, sich bewegen zu müssen. Bei Kindern, die eher Tagträumer sind, kann ab und zu ein wenig methioninreicher Käse zu mehr Elan und Antriebskraft führen.

Eierblümchen-Suppe
(nach Tönnies)

• Natrium, Tyrosin, Cystein, Eisen, Zink

Zutaten für die Fleischbrühe
• 250 g Beinscheibe vom Bio-Rind
• 1 ½ l Wasser
• 2 TL Meersalz
• 1 Stange Lauch
• 50 g Sellerieknolle
• 2 Karotten
• 200 g Bio-Rindergulasch
• 2 Tomaten
• 1 TL weißen Balsamico

Zutaten für die Eierblumen
• 3 EL Stärkemehl
• 50 ml Wasser oder Milch
• 3 Eier
• 8 Blätter Basilikum oder glatte Petersilie

Zubereitung

Für die Fleischbrühe wird am Abend vorher in einem großen Kochtopf Wasser zusammen mit der Beinscheibe, dem Rindfleisch (evtl. etwas klein geschnitten) und das gesäuberte und in kleine Stückchen geschnittene Gemüse aufgesetzt und einmal hochgekocht. Anschließend wird auf niedriger Temperatur leicht köchelnd die Fleischbrühe für ca. 60 min weitergegart.

Am Morgen wird die Fleischbrühe durch ein Sieb gegossen. Die Fleischstückchen können je nach Wunsch der Fleischbrühe wieder hinzugefügt werden. Den Balsamico hinzufügen.

Für die Eierblumen werden zuerst die Stärke zusammen mit dem Wasser verrührt und dann mit den Eiern verquirlt.

Fleischbrühe erneut kurz zum Kochen bringen und von der Herdplatte nehmen. Die verquirlten Eier hineinfließen und stocken lassen während man die Fleischbrühe einmal (!) umrührt.

Auf vier Becher aufteilen und mit dem in Streifen geschnittenen Basilikum-Blättern oder mit Petersilie garnieren und sofort genießen.

Gut zu wissen:

Besonders an heißen Tagen im Sommer tut diese kräftigende Suppe sehr gut. Meist wird im Sommer über den Tag hinweg viel Obst und Salat gegessen, sodass dem Körper häufig Natrium fehlt und der Magen nicht ausreichend Magensäure bilden kann. Mit der Eierblumensuppe erhält der Körper ausreichend **Natrium** und auch ausreichend stärkendes **Eiweiß** und ein wenig Eisen und **Zink** aus dem Rindfleisch. Besonders ältere Menschen verspüren die belebende Wirkung dieser Suppe. Bei geschwächten Menschen durch anhaltende Erkältungskrankheiten oder nach Streptokokken-Infektionen gewinnt der Körper mithilfe der Eierblümchen-Suppe wieder Kraft zurück. Das kurz gargezogene Ei enthält die Aminosäuren **Tyrosin** und **Cystein**. Tyrosin benötigen wir zur Stärkung der Nebennieren. Cystein wirkt gut bei Erkältungskrankheiten.

Die Rinderkraftbrühe hält sich im Kühlschrank für ein paar Tage frisch, jedoch dürfen dann noch nicht die Eierblümchen eingerührt worden sein. Um nach langer Krankheit wieder auf die Beine zu kommen, kann man sich gut portionsweise jeden Morgen eine Tasse der Rinderkraftbrühe erhitzen und die entsprechende Menge an Eimasse jeweils frisch zubereiten und einrühren.

Porridge

- Pantothensäure, Leucin, Zink, Kohlenhydrate, Fett

Zutaten für 4 Portionen

- ½ l Wasser
- ½ l Milch (evtl. nicht homogenisierte Milch)
- 250 g Haferflocken (aus luftdichter Packung)
- 2 Prisen Meersalz
- 50 g Butter
- 300 g Kirschgrütze
- evtl. Zimt und Zucker

Zubereitung

Wasser in einem Topf zum Kochen bringen. Milch hinzufügen und bis kurz vor den Siedepunkt weiter erhitzen. Den Topf vom Herd nehmen und Haferflocken und Salz einrühren. Bei geschlossenem Deckel 10 bis 15 Minuten ruhen lassen bis die Haferflocken ausgequollen sind.

Auf Tellern anrichten und jeweils in die Mitte des Haferbreis einen Klecks Butter geben. Dazu passen Kirschgrütze sowie Zimt und Zucker gut.

Gut zu wissen:

Durch das schonende Ausquellen der Haferflocken ohne sie zu kochen, bleibt die Pantothensäure gut erhalten. **Pantothensäure** gehört zu den **B-Vitaminen** und sorgt für eine gute Wärmeregulierung. **Leucin** aus Haferflocken wirkt ebenfalls wärmend. Dieses Porridge ist besonders gut an kalten Tagen zu empfehlen, da es sehr wärmend wirkt. **Besonders wirksam ist dieser Haferbrei auch bei Krankheiten durch Unterkühlung, wie Erkältungen und Harnwegsinfekte. Bei kleinen Kindern, die unter Albträumen, Heimweh oder Verlustängsten leiden, kann durch Pantothensäure Abhilfe verschafft werden. Auch bei Bettnässen sind positive Wirkungen zu verbuchen.** Haferflocken enthalten zudem recht viel **Zink**, welches für die Immunabwehr benötigt wird und bei Erkältungskrankheiten vermehrt am Nachmittag zu sich genommen werden sollte. Aber Vorsicht: Zu viel Zink kann zu Kupfer-Mangelsymptomen führen, die u.a. in Form von Kopfschmerzen, schmerzenden Haarwurzeln und trockener Haut zu spüren sind.

Als Beilage eignet sich Kirschgrütze gut. Kirschen enthalten **Kobalt**, welches u.a. für die Darmflora zur Vitamin B12-Synthese benötigt wird. Kobalt wirkt zudem stimmungsaufhellend. Kobalt ist zusätzlich notwendig für den **Niacin-Stoffwechsel**. Wenn viel **Leucin** (Haferflocken) aufgenommen wird, ist der Niacin-Stoffwechsel zu unterstützen.

Mais-Riebel mit Aprikosenmus

• Tyrosin, Kohlenhydrate, Fett

Zutaten für 4 kleine Portionen

• 150 g grober Maisgrieß
• 100 g Weizengrieß
• 1 Liter Milch
• 2 TL Butter
• ½ TL Meersalz
• 50 g Butterschmalz

Der Mais-Riebel wird noch warm serviert. Besonders lecker schmeckt der Mais-Riebel mit frisch zubereitetem Apfelmus oder auch mit Aprikosen- oder Pflaumenkompott. Wer mag, kann ihn auch mit etwas Puder- oder echtem Vanillezucker bestreuen.

Zubereitung

Milch, Butter und Salz in einer großen Pfanne aufkochen und Mais- und Weizengrieß einrühren. Sobald die Masse andickt, wird die Pfanne mit einem Deckel abgedeckt und vom Herd genommen. Den Grieß bei geschlossenem Deckel ca. 3 Stunden ausquellen und erkalten lassen. Diese Vorbereitung kann man gut auch am Vorabend machen, sodass am Morgen nur noch einmal die Grießmasse zusammen mit dem Butterschmalz angebraten werden muss.

Beim Anbraten stochert man mit einem Kochlöffel wie beim Kaiserschmarren in der Masse herum und zupft sie auseinander, sodass leicht angebratene Grießklümpchen entstehen.

Gut zu wissen:

Mit dem Maisriebel nimmt man recht viel **Tyrosin** (Aminosäure) zu sich, welches gut zur Stärkung des Immunsystems ist. Gerade bei Erschöpfungszuständen sind Maisgrießgerichte (Polenta) den ganzen Tag über in kleinen Mengen hilfreich. Wenn man jedoch zu viel Tyrosin zu sich genommen hat, reagiert meist der Magen mit Schmerzen oder Sodbrennen. Es fühlt sich so an, als ob der Magen steif und rau sei. In diesen Fällen kann man mit niacinreichen Gerichten schnell wieder beschwerdefrei werden. Es eignen sich Speisen mit Avocado, frischen Champignons oder frischem Fenchel.

Äpfel und Aprikosen sind chromreich, sodass sie bei Neurodermitis und Allergiebereitschaft gegen Kirschkompott (**Kobalt**), Blaubeermarmelade (**Mangan, Molybdän**), Pflaumenmus (**Vitamin B2**) oder Dattelsirup (**Molybdän**) ausgetauscht werden sollten.

Polentabrei
• Tyrosin

Zutaten für 4 Portionen
• 900 ml Wasser
• 200 g Mais-Grieß (Polenta)
• 30 g Butter
• 3 EL Zucker (nach Bedarf)
• 3 Prisen Meersalz

Evtl. mit Kirschgrütze oder roter Grütze oder mit einem Klecks frischem Beerenobst-Aufstrich kombinieren.

Zubereitung
Wasser zum Kochen bringen. Mais-Grieß unter schnellem Rühren in das sprudelnde Wasser rieseln lassen. Sobald die Masse andickt, wird der Topf vom Herd genommen. Salz zügig unterrühren. Wenn der Brei gesüßt werden soll, kann ein wenig Zucker untergerührt werden. Bei geschlossenem Deckel muss nun der Brei noch ca. 15 Minuten ausquellen.

Gut zu wissen:
Polenta enthält **Tyrosin**, eine Aminosäure, die die Nebennierenaktivität stärkt. Erschöpfungszustände werden schneller überwunden und durch den regelmäßigen Konsum können Erkältungen abgewendet und Stressphasen als weniger anstrengend empfunden werden. Ein hoher Polentakonsum kann zu einer **Niacin**-Unterversorgung führen, so dass darauf geachtet werden muss, dass ausreichend niacinreiche Lebensmittel, wie z.B. Kartoffeln, Avocados, Fenchel, Bananen und Thunfisch gegessen werden.

Das Kombinieren von Polentabrei mit kobalthaltiger Kirschgrütze ist besonders zu empfehlen, da **Kobalt** den Niacinstoffwechsel unterstützt.

Am Nachmittag oder auch am Abend, wenn man das Gefühl hat, zu müde und erschöpft zu sein, um gut in den Schlaf zu finden, kann Polentabrei gut in Kombination mit Pfirsichen oder mit Aprikosen (Frisch- oder auch kalifornische Dosenware, **Vitamin B2**) gegessen werden.

DIE WIRKUNG VON POLENTA 🔴

Tyrosinhaltige Gerichte, wie beispielsweise Polentabrei, sind für den Körper besonders wertvoll in Phasen, in denen die Nebennieren in ihrer Aktivität gestärkt werden müssen. Das kann einerseits in Phasen mit Erkältungskrankheiten oder Streptokokken-Infektionen sein. Andererseits hilft **Tyrosin** auch, um Stress bewältigen zu können und sich von zu viel Stress und körperlicher und emotionaler Leistung zu erholen.

Zu einem Polentabrei passen gut Kirschgrütze (Kobalt), rote Grütze oder auch frische Fruchtaufstriche aus Beerenobst (Vitamin C).

Tyrosinhaltige Nahrungsmittel verträgt man schlecht, wenn man zu säuerlichem Aufstoßen bzw. Sodbrennen neigt und wenn man nach dem Konsum von Polenta das Gefühl hat, dass der Magen rau, steif und unbeweglich wird. Diese Symptome sind zu beobachten, wenn der Tyrosinanteil in der Nahrung zu hoch ist beziehungsweise der Niacinanteil zu niedrig. Abhilfe bekommt man durch niacinreiche Nahrungsmittel, wie z.B. Avocado, rohe Champignons und Kartoffel, die dann am besten am Abend gegessen werden.

Das Kombinieren von Polentagerichten mit Kirschgrütze oder anderen kobalthaltigen Lebensmitteln (z.B. Tomaten oder grünen Bohnen bei herzhaften Polentagerichten) ist zusätzlich sinnvoll, da **Kobalt** den Niacinstoffwechsel unterstützt.

In Polenta ist ebenfalls die Aminosäure Threonin bioverfügbar enthalten. Bei zu viel Threonin können gerade hyperaktive Kinder sehr auffällig im sozialen Verhalten werden. Aufbrausendes Verhalten und Jähzorn sowie schnelle Gereiztheit können die Folgen von zu viel Threonin sein. Kinder, die eher Tagträumer sind, benötigen und vertragen mehr Polentagerichte als hyperaktive Kinder.

Threonin ist ansonsten noch in Hirsegerichten sehr stark vertreten. Tyrosin ist ebenfalls in Eierspeisen spürbar enthalten.

MITTAGESSEN

Kartoffelsuppe mit Wiener Würstchen

- Niacin, Tryptophan, Schwefel

Zutaten für 3-4 Personen

- 2 Zwiebeln
- 600 g Kartoffeln, mehlig kochend
- 800 ml Hühner- oder Kalbsfond oder Wasser
- 250 ml Schmand
- 4 Wiener Würstchen
- 1-2 Prisen Muskatnuss
- 1-2 Prisen frischer Rosmarin, fein gehacht
- Meersalz oder Gewürzmischung I-IV
- etwas Pfeffer
- frische Petersilie

Als Beilage ist geröstetes Brot zu empfehlen.

Zubereitung

Zwiebeln schälen und in kleine Würfel schneiden. In einem großen Topf Butter erhitzen und Zwiebelstückchen anbraten bis sie glasig-bräunlich sind. Schließlich mit Fond oder Wasser ablöschen.

In der Zwischenzeit die Kartoffeln schälen und in recht kleine Würfel schneiden (höchstens 1 cm Größe). Kartoffelstückchen in einen Topf geben und mit einem Deckel verschließen. Leicht köchelnd für ca. 15 Minuten garen lassen. Petersilie waschen und klein hacken. Würstchen in Scheiben schneiden.

Wenn die Kartoffelstückchen weich sind, Schmand hinzugeben und mit einem Kartoffelstampfer die Stückchen zerdrücken. Anschließend mit Muskatnuss, Pfeffer und Meersalz oder einer Gewürzmischung (s. S. 239) würzen und abschmecken. Würstchenscheiben in die Suppe geben und noch kurz mit erhitzen aber nicht mehr kochen lassen.
Mit Petersilie garnieren.

Gut zu wissen:
Kartoffeln enthalten viel Niacin, welches wasserlöslich ist. Um Niacin nicht mit dem Dampf in die Raumluft entweichen zu lassen, ist es notwendig, die Kochzeit kurz zu halten und schonend zu garen. Durch die kleinen Kartoffelstückchen lässt sich das ganz gut erreichen.
Da Niacin dämpfend wirkt, ist es notwendig, schwefelhaltige Zwiebel und eiweißreiche Wiener Würstchen dazu zu essen. **Wiener enthalten zudem ganz gute Tryptophanwerte, da sie nicht lange gegart werden. Aus Tryptophan werden Serotonin, Hormon, welches glücklich macht, und das Schlafhormon Melatonin, das u.a. die circadiane Rhythmik steuert, hergestellt.**
Als Beilage sollte geröstetes Brot gegessen werden, damit der Blutzuckerspiegel nicht zu rasch absinkt und man am Nachmittag zu müde und schlapp wird.

Gut zu wissen:

Gelbe Erbsen sind sehr mangan- und molybdänreich. Beide Spurenelemente Mangan und Molybdän weisen eine gute Anti-Stress-Wirkung auf. Bei Trauer und bei negativem Stress helfen gelbe Erbsen bei der Verarbeitung des Erlebten.

Schulkindern kann man schon am Abend vor einer Prüfung gelbe Erbsen zu essen geben, damit sie nicht im Vorwege zu aufgeregt sind und nicht schlafen können. Wenn gelbe Erbsen am Abend gegessen werden, sollte man den Bauchspeck weglassen und Weißbrot mit Butter dazu essen (s. S 204). Vollkornbrot enthält – wie gelbe Erbsen auch – Leucin (Aminosäure), sodass es schnell zu einer Unterversorgung an Niacin kommen kann, was zu Phantasielosigkeit und empfindlichem Magen führen kann.

Besonders im Winter sorgt dieses Gericht aufgrund der Pantothensäure, Vitamin B6 und Mangan für innere Wärme. Besonders entsteht die wärmende Wirkung zusammen mit Vitamin D aus Bauchspeck und Schwefel aus Zwiebeln.

In dieser Kombination bewirkt Mangan auch eine **verbesserte Knorpelneubildung und Faszienheilung,** was beim Heilungsprozess nach Verletzungserkrankungen des Bewegungsapparates unterstützend wirken kann. Aufgrund des Argininanteils sollten gelbe Erbsen nicht bei einer Infektion mit Herpesviren gegessen werden.

Gelbe Erbsensuppe

- Mangan, Molybdän, Vitamin B6, Vitamin D, Pantothensäure, Arginin, Leucin, Schwefel

Zutaten für ca. 6-10 Portionen

- 2 Liter Wasser
- 500 g gelbe Schälerbsen
- 1 Lorbeerblatt
- 500 ml Sahne
- 4 Prisen feines Meersalz
- evtl. etwas Tabasco oder Pfeffer
- 2 Prisen Muskatnuss
- 250 g Bauchspeck
- 2 Bund Lauchzwiebeln
- 2 Birnen
- evtl. Petersilie
- etwas Schmand

Als Beilage eignet sich geröstetes Weißbrot gut.

Zubereitung

Gelbe Schälerbsen mithilfe eines Siebes kurz unter fließendem Wasser waschenund in Wasser über Nacht einweichen. Am nächsten Tag kocht man die Erbsen zusammen mit dem Einweichwasser und einem Lorbeerblatt für ca. 30 min bei niedriger Temperatur und mit möglichst wenig Rühren gar. Den zu Beginn auftretenden Schaum sorgfältig mit einem Schaumlöffel entfernen, da die Erbsen sonst sehr schnell überkochen. In der Zwischenzeit den Bauchspeck in kleine Stücke teilen.

Lauchzwiebeln säubern und in keine Ringe schneiden. Bauchspeck und Lauchzwiebelringe in einer Pfanne bei mittlerer Temperatur glasig bis braun braten. Birnen schälen und in kleine Würfel teilen und am Ende der Garzeit mit in die Pfanne geben. Lorbeerblatt aus den gegarten Erbsen entfernen. Erst nach der Garzeit Sahne zu den Erbsen in den Topf geben. Mit einem Pürierstab alles gut pürieren bis die Suppe sämig ist. Schließlich mit Salz, Muskatnuss, evtl. etwas Tabasco und Pfeffer abschmecken. Zum Anrichten jeweils eine Kelle Erbsensuppe auf den Teller geben und anschließend einen guten Esslöffel voll von der Speck-Zwiebel-Birnen-Mischung in der Mitte platzieren. Eventuell noch mit frischer Petersilie und einem Klecks Schmand dekorieren.

Gemischter Salat als Beilagensalat (nach Tönnies)

- Folsäure, Niacin, Magnesium, Kobalt, Chlor

Zutaten für 4 Personen

Für die Vinaigrette

- 6 EL Essig
- 1 Zitrone, Saft
- 8 EL Sonnenblumenöl oder Wallnussöl
- ½ TL Meersalz
- 1 TL Zucker oder Honig
- Pfeffer oder Tabasco

Für den Salat

- 100 g Ruccola oder Feldsalat
- 50 g Radicchio oder Endiviensalat
- 70 g frische Champignons
- 1 reife Avocado
- 8 Cherrytomaten

Zubereitung

Für die Vinaigrette werden in einem hohen Gefäß Essig, Zitronensaft, Öl, Salz, Zucker oder Honig sowie Pfeffer oder Tabasco zu einer sämigen Sauce aufgeschlagen und kurz beiseite gestellt.

Blattsalate, Cherrytomaten und Champignons gut waschen und mit einem Küchenkrepp abtupfen. Blattsalate in mundgerechte Stücke reißen, Cherrytomaten vierteln und Champignons in dünne Scheiben schneiden. Bei der Avocado Schale und Kern entfernen. Das Avocadofleisch ebenfalls in kleine Stücke schneiden. Anschließend werden die Salatzutaten auf 4 Schälchen verteilt und mit der Vinaigrette beträufelt. Sofort servieren.

Gut zu wissen:

Der Beilagensalat enthält aufgrund der Champignons und der Avocado recht viel Niacin, welches zusammen mit Kobalt aus Tomaten gut zur Wirkung kommt. Es ist wichtig, dass die Salatsoße gesäuert ist, da sie sonst aufgrund der Wirkung von Magnesium aus Blattgrün die Magenfunktion schmälern würde – mit der Folge, dass am Nachmittag Blähungen entstehen könnten. Der leicht bitterlich schmeckende Endiviensalat oder Radicchio enthält Bitterstoffe, die den Leberstoffwechsel unterstützen. Der Beilagensalat passt gut zu Gerichten mit Fleisch, Kartoffeln und Eierspeisen.

Spaghetti Bolognese mit Linsen

• Mangan, Molybdän, Vitamin B6,
  Eisen, Provitamin A, Schwefel, Arginin,
  Arachidonsäure, Kobalt, Chlor

Zutaten für 4 Personen
Für die Sauce Bolognese mit Linsen
• 100 g Knollensellerie
• 1-2 Karotten
• 1 Zwiebel
• 1 Knoblauchzehe
• 2 EL Olivenöl
• 500 g Rindfleisch- oder Lammhack
• 4 EL Tomatenmark evtl. angereichert mit Würzgemüse
• 250 ml Wasser
• 6 Flaschentomaten
• ½ TL Thymian
• ½ TL Majoran
• 4 Prisen Meersalz
• 2 Prisen Zucker
• evtl. Pfeffer und Tabasco
• 150 g kurz gegarte Linsen nach H. Tönnies (s. S. 87)
• 1 Zweig Rosmarin

Für die Nudeln
• 500 g Spaghetti
• 3 Liter Wasser
• 1 TL Meersalz

Als Beilage eignet sich ein Beilagensalat (s. S. 125).

Zubereitung

Für die Sauce Bolognese Knollensellerie und Karotte schälen und in kleine Würfel schneiden. Zwiebel und Knoblauch ebenfalls schälen und sehr fein würfeln. Das Olivenöl in einer großen Pfanne erhitzen. Gemüse- und Zwiebelwürfel sowie den fein gehackten Knoblauch darin für ca. 8 Minuten unter gelegentlichem Wenden bei mittlerer Hitze andünsten bis die Zwiebeln glasig sind und etwas Bräune am Pfannenboden entstanden ist.

Das Rinderhack zum Gemüse in die Pfanne geben und mit einem Holzlöffel zerteilen bis das Fleisch gegart ist und keine großen Brocken mehr vorhanden sind. Das Tomatenmark ebenfalls in die Pfanne geben und gut vermengen. Für 3 Minuten bei mittlerer Hitze nun auch das Tomatenmark etwas anbräunen. Schließlich mit Wasser ablöschen und weiter leicht köcheln lassen.

Wasser in einem Topf zum Kochen bringen. Die Tomaten ringsherum etwas einritzen. Mit einem Schaumlöffel die Tomaten nach einander kurz in das kochende Wasser halten und anschließend die nun leicht abzuziehende Schale entfernen. Anschließend werden die Tomaten geviertelt und die Kerne entfernt. Das Fruchtfleisch in keine Stückchen schneiden und zum Hackfleisch in die Pfanne geben.

Alles gut miteinander vermengen, noch einmal kurz aufkochen lassen und mit Meersalz, Thymian, Majoran, evtl. Pfeffer und Tabasco sowie etwas Zucker abschmecken. Ganz am Ende, bevor das Gericht serviert wird, werden die kurz gegarten Linsen in die Soße gegeben und vermengt. Sie sollen nur erwärmt und nicht mehr gekocht werden.

Zwischenzeitlich das gesalzene Nudelwasser in einem großen Kochtopf zum Kochen bringen und Spaghetti darin gar kochen lassen. Die Garzeit ist der Nudelpackung zu entnehmen.

Anschließend Nudeln durch ein Sieb abgießen und auf den Tellern verteilen.

Gut zu wissen:

Die Sauce Bolognese enthält u.a. **Arachidonsäure**, eine **Omega-6-Fettsäure** aus Rind- und Lammfleisch, die besonders gut zusammen mit der Aminosäure Arginin aus Linsen bei Jochbeinschwellungen Abhilfe verschafft. Insbesondere an drückend heißen Sommertagen ist der Bedarf bei Kindern und älteren Menschen erhöht. Arachidonsäure steht aber auch im Verdacht, Gelenksentzündungen voranzutreiben. Ein gutes Verhältnis zwischen Omega-3- zu Omega-6-Fettsäuren sollte durch den Konsum von Tiefseefisch gewährleistet werden. Zusätzlich nimmt man beim Verzehr von Sauce Bolognese **Kobalt, Chlor** und **Provitamin A** aus Tomaten auf, sowie Schwefel aus Zwiebel und Knoblauch. Viele reagieren bei zu häufigem Konsum von Tomaten mit vermehrter Magensäureproduktion bis hin zu Sodbrennen.

Die Kombination mit Rosmarin beruhigt den Magen und verbessert zugleich die Fettverdauung.

Die Beimengung von Linsen in die Sauce Bolognese macht sie bekömmlicher. Einerseits enthält das Gericht nun pflanzliche und tierische Aminosäuren, sodass die Proteinbiosynthese verbessert wird. Andererseits nimmt man nun auch die Aminosäure **Arginin** und die Spurenelemente **Mangan** und **Molybdän** sowie **Vitamin B6** auf. Arginin sorgt dafür, dass Vitamin B6 besser verstoffwechselt wird.

Im Winter sollten Gerichte mit Tomaten nicht allzu häufig gegessen werden, da das Provitamin A Gegenspieler von Vitamin D ist, welches im Winter vermehrt über die Nahrung aufgenommen werden muss.

Gut zu wissen:

Thunfisch enthält viel Niacin, welches im Sommer als **innerer Zellschutz gegenüber Sonnenstrahlen** dient. Kalbfleisch enthält viel Tryptophan, eine Aminosäure, die für die Regeneration und Magnesiumverwertung notwendig ist. Aus Tryptophan werden Serotonin, Hormon, das glücklich macht, und das Schlafhormon Melatonin im Stoffwechsel hergestellt. Die Magenfunktion wird durch das Magnesium aus den Blattsalaten etwas gedämpft, so dass unbedingt Säure dazu gegessen werden sollte. Sauer eingelegte Kapern und Zitronensaft helfen, die Magenfunktion aufrecht zu halten, so dass es nicht zu Blähungen am Nachmittag kommt. **Kichererbsen enthalten neben Vitamin B6 und Mangan auch viel Arginin, eine Aminosäure, die dafür sorgt, dass Schwellungen, die gerade im Hochsommer im Jochbeinbereich auftreten können, verringert werden.**

Salat mit Kalbsbraten, Thunfisch und Kichererbsen

- Tryptophan, Niacin, Folsäure, Arginin

Zutaten für 2 Personen

- 200 g Kalbsbraten in Scheiben, fertig gegart vom Schlachter
- 6 EL Mayonnaise
- 1 Dose Thunfisch in Öl
- 6 EL Zitronensaft, frisch
- 3 Prisen Meersalz
- 2 Prisen Pfeffer
- 30 g Kapern
- 100 g grüne Blattsalate (z.B. Endivien- oder Römersalat)
- 4 Cherrytomaten
- 100 g Kichererbsen, gegart
- etwas Petersilie

Als Beilage eignet sich geröstetes Weißbrot.

Zubereitung

Blattsalat waschen, trocken schleudern und auf zwei Tellern als unterste Schicht garnieren. Mayonnaise, Thunfisch (samt Öl), Zitronensaft, Meersalz und Pfeffer mit einem Mixer zu einer gleichmäßigen Masse verrühren.
Kalbsbratenscheiben auf den ausgebreiteten Blattsalat legen und mit einer Schicht Thunfischmayonnaise bestreichen. Am Ende mit Kichererbsen, Kapern und klein geschnittener Petersilie dekorieren.
Als Beilage im Sommer eignet sich geröstetes Weißbrot.

Polenta-„Pizza"-Auflauf
mit Käse und Tomaten

- Tyrosin, Kalzium, Kobalt, Chlor

Zutaten für 4 Portionen
Für den Polenta-Boden
- 900 ml Wasser
- 200 g Mais-Grieß (Polenta)
- 30 g Butter
- ¼ TL Meersalz

Für den Belag 1
- 2 EL Kapern
- 10 Cherrytomaten
- 200 g Rohmilchhartkäse z.B. Gruyère
- Oregano (getrocknet oder frisch)
- Frische Thymianzweige

Belag 2: 100 g frische Champignons und 100 g Kochschinken in Scheiben bzw. Streifen schneiden und zusammen mit den Tomaten und den Kapern auf dem Grießboden verteilen. Anschließend mit Käse überbacken.

Belag 3: 100 g dünn geschnittenen Parmaschinken am Ende über dem geschmolzenen Käse platzieren. Parmaschinken sollte nicht im Ofen erhitzt werden. Evtl. mit 100 g Ruccola und etwas süßer, dunkler Balsamicocreme dekorieren und würzen.

Zubereitung
Wasser und Salz in einem großen Topf aufkochen und Maisgrieß einrühren. Sobald die Masse andickt, wird Butter hineingegeben und untergerührt. Den Grieß bei geschlossenem Deckel ca. 15 Minuten ohne weitere Hitze quellen lassen. Anschließend auf ein mit Backpapier ausgelegtes Backblech streichen in einer Dicke von ca. 1,5 cm. Tomaten halbieren und zusammen mit den Kapern darauf verteilen. Mit etwas Oregano bestreuen. Käse raspeln und als Abschluss auf die Masse geben. Im Backofen mit Oberhitze den Käse zum Schmelzen bringen für ca. 15 Minuten bei 180°C.Kurz vor dem Servieren werden die frischen Thymianzweige über den Polenta-„Pizza"-Auflauf gegeben.

Gut zu wissen:
Mit dem Polenta-Anteil nimmt man recht viel Tyrosin (Aminosäure) zu sich, welches gut zur Stärkung des Immunsystems und der Nebennieren ist. Gerade bei Erschöpfungszuständen sind Maisgrießgerichte (Polenta) den ganzen Tag über in kleinen Mengen hilfreich. Wenn man jedoch zu viel Tyrosin zu sich genommen hat, reagiert meist der Magen mit Schmerzen oder Sodbrennen. Es fühlt sich so an, als ob der Magen steif und rau sei. In diesen Fällen kann man mit niacinreichen Gerichten schnell wieder beschwerdefrei werden. Bei Neigung zu einem schmerzenden Magen kann daher die Variation mit frischen Champignons und Kochschinken, die beide viel Niacin enthalten, sinnvoll sein. Niacin verbessert zudem den Ideenreichtum und sorgt bei Sonneneinstrahlung dafür, dass man Sonne besser vertragen kann und die Haut nicht so schnell verbrennt.
Im Hochsommer, wenn es besonders heiß ist, ist die Variation mit salzigem Parmaschinken, Ruccola und Balsamicocreme zu empfehlen, um ausreichend Natrium, Magnesium und Essigsäure zum Regenerieren und Entgiften aufzunehmen.

Geflügelleber-Salat

- Eisen, Vitamin A, Niacin, Folsäure,
  Vitamin C, Vitamin E,

Zutaten für 4 Personen
für den Blattsalat

- 200 g frische dunkelgrüne Blattsalate
- 150 ml süße Sahne
- 4 EL Saft einer Zitrone oder etwas hellen Essig
- 1 EL Zucker
- 3 EL Wallnussöl
- 1 EL scharfer Senf
- Meersalz
- Pfeffer

Zutaten für die Leberzubereitung

- 350 g Bio-Geflügelleber
- 2 EL Olivenöl
- Meersalz
- Pfeffer
- 100 g Johannisbeergelee
- 1 sauren Apfel
- 40 ml dunklen Balsamico
- 1 TL frischen oder kandierten Ingwer, fein gehackt
- 1 Orange, Saft
- Meersalz
- Cayennepfeffer
- evtl. Wallnusshälften und rote Johannisbeeren
  zum Garnieren

Als Beilage eignet sich im Sommer frisches Baguette mit gesalzener Fassbutter.

Zubereitung

Den Blattsalat waschen und abtropfen lassen.
Für die Salatsoße Sahne, Zitronensaft oder Essig, Zucker, Öl und Senf verrühren und mit Salz und Pfeffer abschmecken. Geflügelleber waschen und trocken tupfen. Säubern und in mundgerechte Stücke teilen. Apfel schälen, Kerngehäuse entfernen und in schmale Spalten schneiden.
Leberstückchen zusammen mit Öl unter ständigem Wenden 3 Minuten in der Pfanne anbraten. Apfelspalten am Ende hinzugeben.

Johannisbeergelee, Balsamico, Ingwer, Saft einer Orange mit in die Pfanne geben und einmal aufkochen lassen. Vom Herd nehmen und mit Salz und Cayennepfeffer abschmecken. Kurz ruhen lassen bei geschlossenem Deckel.
Den Blattsalat auf 4 Teller verteilen und mit der Sahnesoße anmachen. Die noch warme Leber zusammen mit den Apfelspalten auf dem Salat verteilen und mit der dunklen Soße beträufeln.

Dazu warmes Baguette und gesalzene Fassbutter servieren.

Gut zu wissen:

Geflügelleber enthält sehr viel Vitamin A. Bei Nachtblindheit liegt häufig ein Vitamin A-Mangel vor. **Durch diesen Geflügellebersalat lässt sich das Sehvermögen in Dunkelheit deutlich verbessern.**

Der Geflügellebersalat enthält zudem reichlich Eisen, Niacin, Vitamin B6 und Folsäure. Zusammen mit Zitronensaft (Vitamin C) wird Eisen besonders gut verwertbar, sodass bei Eisenmangel gerne auch Leber zum Frühstück gegessen werden kann. Leber ist auch reich an Niacin, welches die Freisetzung von Energie beim Kohlenhydratstoffwechsel ermöglicht. Es wirkt stabilisierend auf den Kreislauf.

In grünen frischen Blattsalaten ist viel Folsäure enthalten, die gut zum Denken ist und gegen Wortfindungsstörungen hilft. Insbesondere bei einer Chrom-Überversorgung kann Folsäure gegen kognitive Beeinträchtigungen helfen.

Geflügelleber oder auch andere Lebersorten sollten nicht öfter als zweimal pro Monat gegessen werden, da sonst ein Vitamin A-Überschuss entstehen kann. Aufgrund der hohen Niacin-Werte empfindet man bei zu häufigem Leberkonsum die Leber geschmacklich als bitter.

Polentaschnitte mit Sauce Bolognese

- Tyrosin, Kalzium, Kobalt, Chlor, Arachidonsäure, Eisen

Zutaten für 4 Portionen
- 900 ml Wasser
- 200 g Mais-Grieß (Polenta)
- 30 g Butter
- ¼ TL Meersalz
- 100 g Parmesan
- Oregano (getrocknet oder frisch)
- 2 frische Rosmarinzweige

Für die Sauce Bolognese
- 100 g Knollensellerie
- 1-2 Karotten
- 1 Zwiebel
- 1 Knoblauchzehe
- 2 EL Olivenöl
- 500 g Rindfleisch- oder Lammhack
- 4 EL Tomatenmark evtl. angereichert mit Würzgemüse
- 250 ml Wasser
- 6 Flaschentomaten
- ½ TL Thymian
- ½ TL Majoran
- 4 Prisen Meersalz
- 2 Prisen Zucker
- evtl. Pfeffer und Tabasco
- 1 Zweig Rosmarin

Als Beilage eignet sich ein Beilagensalat (s. S. 125).

Zubereitung

Für die Polentaschnitte Wasser und Salz in einem großen Topf aufkochen und den Maisgrieß einrühren. Sobald die Masse andickt, wird die Butter hineingegeben und untergerührt. Anschließend den Topf mit einem Deckel abdecken und vom Herd nehmen. Den Grieß bei geschlossenem Deckel ca. 15 Minuten quellen lassen. Anschließend noch im warmen Zustand auf ein mit Backpapier ausgelegtes Backblech streichen in einer Dicke von ca. 1,5 cm. Parmesankäse reiben und mit Oregano vermengen und dünn auf dem Grießboden verteilen. Die Polentaschnitte wird nun im vorgeheizten Backofen (oder Umluft) für ca. 15 Minuten bei 180°C erhitzt, bis der Käse geschmolzen ist.

Für die Sauce Bolognese Knollensellerie und Karotte schälen und in kleine Würfel schneiden. Zwiebel und Knoblauch ebenfalls schälen und sehr fein würfeln. Das Olivenöl in einer großen Pfanne erhitzen. Gemüse- und Zwiebelwürfel sowie den fein gehackten Knoblauch darin für ca. 8 Minuten unter gelegentlichem Wenden bei mittlerer Hitze andünsten bis die Zwiebeln glasig sind und etwas Bräune am Pfannenboden entstanden ist.

Hackfleisch zum Gemüse in die Pfanne geben und mit einem Holzlöffel zerteilen bis das Fleisch gegart ist und keine großen Brocken mehr vorhanden sind. Tomatenmark ebenfalls in die Pfanne geben und gut vermengen. Für 3 Minuten bei mittlerer Hitze nun auch das Tomatenmark etwas anbräunen. Schließlich mit Wasser ablöschen und weiter leicht köcheln lassen.

Einen Topf mit Wasser zum Kochen bringen. Die Tomaten ringsherum etwas einritzen. Mit einem Schaumlöffel die Tomaten nach einander kurz in das kochende Wasser halten und anschließend die nun leicht abzuziehende Schale entfernen. Anschließend werden die Tomaten geviertelt und die Kerne entfernt. Das Fruchtfleisch in keine Stückchen schneiden und zu dem Hackfleisch in die Pfanne geben.

Alles gut miteinander vermengen, noch einmal kurz aufkochen lassen und mit Meersalz, Thymian, Majoran, evtl. Pfeffer und Tabasco sowie etwas Zucker abschmecken.

Polentaschnitten auf Tellern positionieren und etwas Sauce Bolognese darüber geben. Am Ende frischen Rosmarin fein hacken und je nach Geschmack über das Gericht streuen.

Gut zu wissen:

Mit der Polentaschnitte nimmt man recht viel **Tyrosin** (Aminosäure) zu sich, welches gut zur Stärkung des Immunsystems und der Nebennieren ist. Gerade bei Erschöpfungszuständen sind Maisgrießgerichte (Polenta) den ganzen Tag über in kleinen Mengen hilfreich. Wenn man jedoch zu viel Tyrosin zu sich genommen hat, reagiert meist der Magen mit Schmerzen oder Sodbrennen. Es fühlt sich so an, als ob der Magen steif und rau sei. In diesen Fällen kann man mit niacinreichen Gerichten (Avocado, Champignons, Pellkartoffeln) schnell wieder beschwerdefrei werden (s. hierzu auch S. 120). Die Kombination mit kobalthaltiger Tomatensoße ist besonders günstig, da Kobalt den Niacinstoffwechsel unterstützt.

Parmesankäse liefert **Kalzium** und verstärkt die Magensäureproduktion.

Die Sauce Bolognese enthält u.a. Arachidonsäure, eine **Omega-6 Fettsäure** aus Rind- und Lammfleisch, die bei Jochbeinschwellungen Abhilfe verschafft. Insbesondere an drückend heißen Sommertagen ist der Bedarf bei Kindern und älteren Menschen erhöht. Arachidonsäure steht aber auch im Verdacht, Gelenksentzündungen voranzutreiben. Ein gutes Verhältnis von Omega-3 zu Omega-6-Fettsäuren sollte durch den Konsum von Tiefseefisch gewehrleistet werden. Zusätzlich nimmt man beim Verzehr von Sauce Bolognese **Kobalt** und **Chlor** aus den Tomaten auf, sowie Schwefel aus Zwiebel und Knoblauch. Viele reagieren bei zu häufigen Konsum von Tomaten mit vermehrter Magensäureproduktion bis hin zu Sodbrennen. Die Kombination mit Rosmarin beruhigt den Magen und verbessert die Fettverdauung.

Mais-Riebel mit gereiftem Rohmilchkäse

- Tyrosin, Threonin, Kalzium, Kohlenhydrate, Fett

Zutaten
- 200 g grober Maisgrieß
- 100 g Weizengrieß
- 1 Liter Milch
- 3 TL Butter
- 3/4 TL Meersalz
- 60 g Butterschmalz
- 200 g gereifter Rohmilchkäse (z.B. Gruyère, Appenzeller oder Bergkäse)

Als Beilage eignet sich ein frischer gemischter Salat bestehend aus dunkelgrünen Blattsalaten, Avocado-Stückchen, frischen Champignons und ein paar Cherrytomaten, der mit einer leicht süßlichen Vinaigrette angemacht ist.

Zubereitung
Milch, Butter und Salz in einer großen Pfanne aufkochen und den Mais- und Weizengrieß einrühren und mit einem Deckel abdecken. Pfanne von der Platte nehmen und den Grieß bei geschlossenem Deckel ca. 3 Stunden ausquellen und erkalten lassen.

Zum Anbraten wird der Butterschmalz mit in die Pfanne gegeben. Bei recht hoher Temperatur stochert man mit einem Kochlöffel wie beim Kaiserschmarren in der Grießmasse herum und zupft sie auseinander, sodass leicht angebratene Grießklümpchen entstehen.

Sobald die Grießklümpchen Farbe bekommen, wird der zuvor geriebene Käse untergemengt und für eine kurze Zeit erwärmt. Dabei darf nicht mehr umgerührt werden. Der Mais-Riebel mit geschmolzenem Rohmilchkäse wird heiß serviert.

Gut zu wissen:
Die Kombination von Maisgrieß und Hartkäse (**Kalzium** und Fett) eignet sich besonders gut zum Mittagessen, da die Kombination Getreide und Milchprodukt zusammen gut verdaut wird und ausreichend lange satt macht bzw. den Blutzuckerspiegel konstant hält. Mit dem Maisriebel mit Rohmilchhartkäse nimmt man recht viel **Tyrosin** (Aminosäure) zu sich, welches gut zur Stärkung des Immunsystems ist. Gerade bei Erschöpfungszuständen sind Maisgrießgerichte (Polenta) den ganzen Tag über in kleinen Mengen hilfreich (s. S. 120).

Polentakuchen mit Lardo, Käse und Rosmarin

- Tyrosin, Kalzium, Vitamin D

Zutaten für 4 Portionen
- 900 ml Wasser
- 200 g Mais-Grieß (Polenta)
- 30 g Butter
- 2 Eier
- ¼ TL Meersalz
- 1 Prise Muskatnuss, frisch abgerieben
- 1 Prise Zimt
- 100 g Gruyère
- 100 g Lardo, weißer, italienischer Speck
- 2 Rosmarinzweige oder Gewürzmischung (s. S. 239)

Zubereitung

Für die Polenta Wasser und Salz in einem großen Topf aufkochen und den Maisgrieß einrühren. Sobald die Masse andickt, wird Butter, etwas Muskatnussabrieb sowie ein wenig Zimt hineingegeben und untergerührt. Die beiden Eier aufschlagen und zügig unter die Polentamasse rühren. Noch im heißen Zustand wird die Polentamasse in eine runde Kuchenform umgefüllt. Im vorgeheizten Backofen (oder Umluft) lässt man die Polentamasse weiter ausquellen und stocken für ca. 25 bis 30 Minuten bei 180°C.

Käse in dünne Scheiben schneiden oder zu Käsehobeln verarbeiten. Lardo hauch dünn aufschneiden. Evtl. kann man den italienischen weißen Speck schon im Geschäft hauch dünn aufschneiden lassen. Aufgeschnittener Lardo sollte am besten noch am gleichen Tag verzehrt werden, da dann die feinen Aromen nicht durch Sauerstoffeinwirkung verändert werden.

Polentakuchen aus der Form holen und in Stücke teilen. Jeweils ein Stück zusammen mit Lardo und Gruyère sowie ein wenig Rosmarin warm servieren, sodass der Käse und der Speck sich erwärmen.

Gut zu wissen:
Dieses Polentagericht für den Winter enthält neben der Immunsystem und Nebennieren stärkenden Aminosäure **Tyrosin** auch reichlich **Vitamin D** aus Ei und Speck. Zusammen mit Kalzium aus Hartkäse sorgt dieses Gericht für einen guten Kalziumstoffwechsel und für eine Stärkung der Konstitution. **Rosmarin sorgt für eine bessere Fettverdauung.**

Rotwein-Risotto

- Resveratrol, bei Herzbeschwerden durch Überarbeitung

Zutaten für 2 Personen

- 500 ml Hühnerfond
- 350 ml Rotwein
- 1 kleine Zwiebel
- 40 g Butter
- 150 g Risottoreis (z.B. Carnaroli oder Arborio)
- 50 g Butter, aus dem Kühlschrank
- 50 g frischen Parmesan
- 1-2 Prisen Meersalz
- evtl. etwas Pfeffer

Zubereitung

Hühnerfond zusammen mit Rotwein in einem separaten Topf zum Kochen bringen und 4 Minuten brodeln lassen, sodass der Alkohol verfliegt. Den Raum gut lüften! Der Alkohol in der Luft kann mit der Atemluft über die Lunge aufgenommen werden. Anschließend die Temperatur beim Herd so einstellen, dass die Flüssigkeit in einem fast kochenden Zustand ist.

In der Zwischenzeit die Zwiebel schälen und in sehr feine Stückchen schneiden und mit Butter in einem großen Topf bei mittlerer Temperatur glasig werden lassen.

Die trockenen Reiskörner zu den Zwiebeln geben und gut miteinander vermengen, sodass alle Reiskörner mit Butter benetzt sind. Die Temperatur etwas höher drehen.

Eine halbe Kelle von dem heißen Wein-Fond-Gemisch zum Reis geben und „ablöschen". Bevor die Masse wieder ansetzt, wird nun kellenweise der heiße Wein-Hühnerfond zum Reis gegossen. Unter leichtem Köcheln und gutem Rühren wird der Reis innerhalb der folgenden 17 bis 18 Minuten gegart. Immer, wenn die Flüssigkeit deutlich weniger wird, gießt man eine Kelle Hühnerfond nach. Der Reis darf dabei weder am Boden des Topfes noch am Rand stark ansetzen, sonst verbrennt er oder bleibt hart.

Je nach Reissorte und Gartemperatur kann evtl. ein wenig Wein-Hühnerfont übrig bleiben. Ab der 14. Minute sollte man aufpassen, dass man nicht mehr zu viel Fond nachgießt, damit das Risotto am Ende nicht zu flüssig ist.

Kurz vor dem Ende der Garzeit, kann der Reis von der Herdpatte genommen werden und noch für 2 Minuten ruhen. Anschließend werden unten den Reis die kalten Butterwürfel und der frisch geriebene Parmesan gerührt. Mit Meersalz und evtl. Pfeffer abschmecken. Das fertige Gericht zügig auf die Teller verteilen und gleich servieren.

Gut zu wissen:

Das Risotto enthält ausreichende Mengen an Kohlenhydraten und Fett, um den Nachmittag über satt zu bleiben und nicht zwischendurch aufgrund von Unterzuckerung zu naschen. Der Parmesankäse fügt dem Gericht ein wenig Kalzium hinzu, sodass auch der Kreislauf stabil bleibt.

Rotwein enthält Resveratrol, einen Stoff aus der Schale von roten Trauben, der besonders bekömmlich ist und stärkend auf die Herzfunktion wirkt.

Graupen-„Risotto" mit Speck

- Zink, Pantothensäure, Vitamin B1, Vitamin B6, Vitamin D

Zutaten für 2 Portionen

- 2 EL Maiskeimöl
- 200 g Graupen (Gerste)
- 800 ml Wasser oder Fond
- 30 g Butter
- 1 Prise Meersalz
- 60 g geriebener Parmesan
- 2 Prisen Meersalz
- 80 g Bacon

Zubereitung

Öl in einem Topf erhitzen und die Graupen dazugeben. Unter Rühren die Graupen von allen Seiten kurz anrösten. Wasser bzw. Fond hinzugeben und alles bei halbgeschlossenem Deckel mit wenig Hitzezufuhr für 30 Minuten bei niedriger Temperatur köcheln lassen.

In der Zwischenzeit Bacon in kleine Streifen schneiden und in einer Pfanne bei mittlerer Hitzezufuhr braten.

Wenn die Gerstengraupen weich gegart sind, kalte Butter und geriebenen Parmesankäse unterrühren, mit Meersalz abschmecken und zügig auf die Teller verteilen. Jeweils mit Baconstreifen dekorieren.

Gut zu wissen:

Gerstengraupen sind polierte Gerstenkörner, bei denen die Randschichten entfernt wurden, sodass Gerstengraupen keine nennenswerte Leucinwirkung und auch keine Phytinsäure enthalten. Gerstengraupen haben recht viel bioverfügbares Zink, welches u.a. für die Immunabwehr wichtig ist, sowie Pantothensäure, welche für die Wärmeentwicklung in der Körperperipherie nützlich ist.

Zusammen mit Vitamin D aus Bacon ist dieses Gericht ein gutes Gericht, dem kalten Winterwetter zu trotzen. Mit Parmesankäse und Butterfett wird Getreide gut zu verdauen und hält den Blutzuckerspiegel über einen längeren Zeitraum konstant. Zusätzlich haben Gerstengraupen auch **Vitamin B6**, welches gut gegen Verspannungen hilft, und **Vitamin B1**, welches für die Verstoffwechselung von Kohlenhydraten benötigt wird.

Gut zu wissen:

Das Risotto mit Jakobsmuscheln enthält ausreichende Mengen an Kohlenhydraten, tierisches Eiweiß und Fett, um lange satt zu bleiben und am Nachmittag nicht plötzlich wieder Heißhunger auf etwas Süßes zu bekommen. **Zusammen mit den Jakobsmuscheln nimmt man auch große Mengen an Selen, einem Spurenelement auf, welches für die Herzfunktion sowie für Entgiftungsprozesse notwendig ist. Auch gegen Nackensteifigkeit wirkt Selen gut.** Jakobsmuscheln enthalten zudem viel Eisen, welches für den Sauerstofftransport im Blut notwendig ist.

Jakobsmuscheln liefern auch **Omega-3-Fettsäuren** für den Hirnstoffwechsel und gegen Neurodermitis, **Jod, Vitamin B2** und **Pantothensäure**. Gute Qualität bekommt man in Norwegen und Frankreich.

Der Parmesankäse fügt dem Gericht ein wenig **Kalzium** hinzu, sodass der Kreislauf stabil bleibt. Rote Paprika enthält Niacin. Frische Basilikumblättchen enthalten Folsäure für kognitive Leistungen. Die Zitrone enthält Vitamin C zur verbesserten Aufnahme von Eisen und die Säure verbessert zudem die Fettverdauung.

Risotto mit Jakobsmuscheln

(12)

- Eisen, Selen, Kalzium, Omega-3-Fettsäuren, Jod, Vitamin B2, Niacin, Pantothensäure, Folsäure

Zutaten für 4 bis 5 Portionen

- 300 g Risottoreis (z.B. Carnaroli oder Arborio)
- 1 kleine Zwiebel
- 1 ½ Liter Hühnerfond
- 40 g Butter
- 100 ml Weißwein
- 1 EL Safranfäden (ca. 30 Fäden)
- 50 g Butter, aus dem Kühlschrank
- 50 g frischen Parmesan,
- 3 Prisen Meersalz
- evtl. etwas Pfeffer
- 12 bis 16 Jakobsmuscheln
- 2 EL Butterschmalz
- etwas Meersalz
- 1 rote Paprikaschote
- 1 Zitrone
- 16 frische Basilikumblättchen zum Dekorieren.

Zubereitung

Zwiebel schälen und in sehr feine Stückchen schneiden. Zusammen mit Butter in einem großen Topf bei mittlerer Temperatur glasig werden lassen.

In der Zwischenzeit den Hühnerfond in einem separaten Topf bis kurz vor dem Siedepunkt erhitzen. Er soll jedoch nicht brodelnd kochen. Die Temperatur beim Herd so einstellen, dass der fast kochende Zustand bestehen bleibt.

Die trockenen Reiskörner zu den Zwiebeln geben und gut miteinander vermengen, sodass alle Reiskörner schließlich mit Butter benetzt sind. Die Temperatur etwas höher drehen.

Wein zum Reis geben und „ablöschen". Der Wein soll nun verdampfen. Safranfäden zum Reis geben. Bevor die Masse ansetzt, wird schließlich kellenweise der heiße Hühnerfond zum Reis gegossen. Unter leichtem Köcheln und gutem Rühren wird der Reis innerhalb der folgenden 17 bis 18 Minuten gegart. Immer, wenn die Flüssigkeit deutlich weniger wird, gießt man eine Kelle Hühnerfond nach. Der Reis darf dabei weder am Boden des Topfes noch am Rand stark ansetzen, sonst verbrennt er oder bleibt hart.

Je nach Reissorte und Gartemperatur kann evtl. ein wenig Hühnerfont übrig bleiben. Ab der 14. Minute sollte man aufpassen, dass man nicht mehr zu viel Fond nachgießt, damit das Risotto am Ende nicht zu flüssig ist.

Kurz vor dem Ende der Garzeit, kann der Reis von der Herdpatte genommen werden und noch für 2 Minuten ruhen.

In der Zwischenzeit Butterschmalz in einer Pfanne erhitzen und die frischen Jakobsmuscheln von beiden Seiten jeweils eine Minute anbraten. Kurz salzen und bei geschlossenem Deckel ohne weitere Hitzezufuhr für weitere 8 Minuten gar ziehen lassen.

Paprikaschote waschen und in kleine Würfel schneiden.

In den Reis werden die kalten Butterwürfel und der frisch geriebene Parmesan untergerührt sowie die Paprikastückchen. Mit Meersalz und evtl. Pfeffer abschmecken.

Das fertige Gericht zügig auf die Teller verteilen und jeweils je nach Appetit zwei bis vier Jakobsmuscheln darauf setzen und gleich servieren. Dazu eine Zitrone aufschneiden und jeweils eine Spalte frische Zitrone reichen zum Beträufeln der Jakobsmuscheln.

Gut zu wissen:

Die Kombination Kartoffeln mit Eiern und ein wenig Speck ist besonders zur Mittagszeit sinnvoll. Am Abend würde das Gericht zu lange im Magen liegen. Kartoffeln enthalten viel Niacin, welches müde macht aber auch im Energiestoffwechseln für die Energiebereitstellung sorgt. Zusammen mit den anregend wirkenden Aminosäuren Cystein und Tyrosin aus Eiern, wirkt das essen nicht ermattend. Besonders günstig ist dabei auch die Wirkung von Tomatensalat. Tomaten enthalten **Kobalt**, welches gut gegen Passivität, schlechte Laune und Antriebslosigkeit wirkt. Für die Synthese von **Vitamin B12** benötigt die Darmflora Kobalt. Frische Kräuter, wie z.B. Basilikumblätter enthalten Folsäure, die die Gedanken frei macht und das Denken erleichtert. Auch Wortfindungsstörungen werden gemindert.

Bauernfrühstück mit Tomatensalat

- Tyrosin, Cystein, Niacin, Kobalt, Provitamin A, Kalium, Natrium

Zutaten für 2 Portionen
Für das Bauernfrühstück

- 60 g weißen Speck oder Schinkenspeck, gewürfelt
- 1 Zwiebel
- 4-6 gegarte Kartoffeln (evtl. vom Vortag)
- 3 Eier
- 4 EL Milch
- 2 Prisen feines Meersalz
- etwas Pfeffer oder Tabasco

Für den Tomatensalat

- 250 g Tomaten
- 3 EL weißen Balsamico/ Essig
- 3 EL Olivenöl
- 3 Prisen Meersalz
- 1 TL scharfen Senf
- 2 Prisen Zucker
- frische Kräuter, wie z.B. Dill, Thymian, Basilikum oder ein wenig frischen Oregano

Zubereitung

Für das Bauernfrühstück Zwiebel pellen und in kleine Stückchen schneiden. Speck ebenfalls fein würfeln und zusammen mit den Zwiebeln bei zunächst mittlerer Hitze in einer mittelgroßen Pfanne anbraten. Pellkartoffeln von der Schale befreien und in dünne Scheiben schneiden. Die Kartoffelscheiben in die Pfanne geben und von allen Seiten unter gelegentlichem Wenden ein wenig bräunen.

In der Zwischenzeit Eier, Milch, Meersalz und Pfeffer gut miteinander verquirlen und über die Kartoffeln gießen. Bei sehr niedriger Temperatur mit aufgesetztem Deckel die Eimasse für ca. 12 bis 15 Minuten in der Pfanne stocken lassen. Am Ende der Garzeit mithilfeeines großen Pfannenwenders das Bauernfrühstück einmal wenden, so dass die gebräunte Seite oben liegt.

Für den Tomatensalat Tomaten waschen, halbieren und die grünen Stängelansätze entfernen. In einer Salatschüssel Balsamico-Essig, Öl, Senf, Zucker und Meersalz zusammenrühren und die Tomatenstücke hineingeben und vorsichtig umrühren. Anschließend mit frischen Kräutern würzen und dekorieren.

Gemüse–Omelette

- Niacin, Cystein, Tyrosin

Zutaten für 3 Portionen
- 4 Eier
- 8 EL Milch
- 3 EL Olivenöl
- 1 Zwiebel
- 1 rote Paprika
- 1 grüne Paprika
- 100 g Champignons
- 150 g Gruyère oder anderen Rohmilchhartkäse
- Ein paar frische Kräuter, wie z.B. Petersilie, Thymian, Basilikum, Rosmarin, Oregano oder Bohnenkraut

Als Beilage passt getoastetes Weißbrot gut dazu.

Zubereitung
Zwiebel schälen und in sehr kleine Stückchen schneiden. Paprikaschoten und Champignons waschen und in sehr feine Streifen schneiden. Käse in kleine Würfel schneiden oder reiben. Ei und Milch zusammen mit Salz und Pfeffer verquirlen. Eine mittelgroße Pfanne erhitzen und jeweils immer ein Drittel des Öls, der Zwiebel, der Paprika und der Pilze hineingeben und kurz anbraten. Anschließend mit einem Drittel der Eimasse übergießen. Mit etwas Käse bestreuen. Bei niedriger Temperatur die Eimasse stocken und den Käse schmelzen lassen. Mit frischen Kräutern servieren.

Mit den restlichen Zutaten ebenso verfahren. Vielleicht hat man auch die Möglichkeit, mit zwei Pfannen gleichzeitig zu agieren, damit man nicht zu lange mit der Zubereitung beschäftigt ist.

Gut zu wissen:
Dieses sommerliche Mittagessen eignet sich für heiße Tage mit starker Sonneneinstrahlung. **Der hohe Niacin-Anteil aus Paprika und Champignons wirkt als Sonnenschutz von innen.** Eier enthalten die anregend wirkenden Aminosäuren Cystein und Tyrosin, so dass man nicht zu müde wird. Kalzium aus Hartkäse sorgt dafür, dass der Kreislauf stabil bleibt.
Im Sommer eignet sich Olivenöl als Bratfett gut, da der Schwefelanteil im Sommer ebenfalls anregend wirkt und die fettlöslichen Vitamine E und A als inneren Zellschutz mitliefert.

Eierpfannkuchen mit Kartoffel, Speck und Bohnen

- Vitamin D, Niacin, Tyrosin, Cystein, Arginin, Leucin,

Zutaten für 4 Pfannkuchen

- 4 Eier
- 400 ml Milch
- 1 Prise Meersalz
- 300 g Weizenmehl
- 16 Scheiben Bio-Bacon, sehr dünn
- 4 Pellkartoffeln, mittelgroße, gegart
- 8 EL dicke oder weiße Bohnen, gegart
- etwas Butter oder Schmalz zum Ausbacken der Pfannkuchen
- 3 saure Äpfel (Boskop, Braeburn)
- 1 EL Wasser
- 8 EL Schmand
- 8 Blatt frische Minze

Zubereitung

Eier aufschlagen und zusammen mit Milch, Meersalz und Mehl zu einem glatten Teig vermengen. Der Teig soll dickflüssig sein. Je nach Mehlsorte kann etwas mehr oder weniger Mehl dafür notwendig sein. Für ca. 15 Minuten ruhen lassen.

In der Zwischenzeit werden die fertigen Pellkartoffeln geschält. Und der Bacon und die Bohnen bereit gestellt.

Für das Apfelmus werden die Äpfel geschält, geviertelt und das Kerngehäuse entfernt. Apfelstückchen mit einer Mini-Menge an Wasser bei mittlerer Hitze in einem Topf mit Deckel für ca. 12 bis 15 Minuten köcheln lassen bis sie weich sind und mithilfe einer Gabel zu Mus verarbeitet werden können.

In einer beschichteten Pfanne für den ersten Pfannkuchen 4 Scheiben Bacon für ca. 2 Minuten braten, sodass er sich ein wenig zusammenzieht. Eine Kartoffel in Scheiben schneiden und ebenfalls in die Pfanne geben. Wenn aus dem Bacon wenig Fett heraustritt, kann ein wenig Butter oder Schmalz hinzugegeben werden. Eine Teigkelle Pfannkuchenteig darüber gießen. 2 Esslöffel Bohnen auf dem noch flüssigen Teig verteilen. Bei geringer bis mittlerer Hitze den Teig stocken lassen. Erst wenn der Teig auch von oben nicht

Gut zu wissen:

Dieses Herbst- und Winteressen hat eine hohe Energiedichte aus Kohlenhydraten, Fett und Eiweiß. Durch die Eier und durch den Bacon weist es reichlich Vitamin D auf, welches wir gerade in der Übergangszeit zum Winter und in der kalten Jahreszeit über die Nahrung aufnehmen sollten.

Vitamin D wirkt gut gegen Winterdepressionen. Die dicken oder weißen Bohnen enthalten neben der Aminosäure Arginin auch Vitamin B6 und Zink. Zink wird in der kalten Jahreszeit benötigt für die Immunabwehr.

Äpfel enthalten Chrom, welches bei Allergieempfindlichkeit und Neurodermitis gemieden werden sollte. Gut lässt sich das Apfelmus auch gegen Pflaumenmus austauschen. Pflaumenmus wie auch Schmand enthalten viel Vitamin B2, was ebenfalls vermehrt in der Übergangszeit benötigt wird. Eine Unterversorgung an Vitamin B2 ist beispielsweise an eingerissenen Mundwinkeln oder auch an schnell tränenden Augen durch Kälte oder Wind zu beobachten.

mehr flüssig ist, muss der Pfannkuchen gewendet werden, damit auch die andere Seite schön gebräunt wird. Für die weiteren Pfannkuchen ebenso verfahren. Die schon fertigen Pfannkuchen evtl. im Backofen bei 80°C warm halten.

Zum Anrichten wird jeweils ein Pfannkuchen zusammen mit ein wenig frischem Apfelmus und einem großen Klecks Schmand sowie ein wenig frischer Minze serviert.

WELCHES BRATFETT EIGNET SICH AM BESTEN?

Als Bratfett eignet sich im Sommer Olivenöl gut, welches auch ein wenig Schwefel enthält. Wenn Schwefel schlecht vertragen wird, kann gerne auch Maiskeimöl verwendet werden. Sobald es jahreszeitlich jedoch wieder dunkler wird und Kälte und Regen vorherrschend sind, sollte häufiger Butter (bei niedriger Brattemperatur) sowie Butter-, Schweine- oder Gänse-Schmalz als Bratfett verwendet werden. Der Körper benötigt nun weniger häufig die mehrfach ungesättigten Fettsäuren aus Ölen, sondern auch Fettsäuren und fettlösliche Vitamine, die in tierischen Produkten vorhanden sind, wie z.B. Arachidonsäure, Cholesterin, Omega-3-Fettsäuren und Vitamin D. **Wer jedoch schnell unter Akne leidet, sollte nicht zu häufig Schmalz zu sich nehmen, sondern lieber bei niedriger Temperatur die Speisen zubereiten und dazu Butter und ab und zu Öl verwenden.**

Gut zu wissen:

Als Mittagessen eignen sich Kartoffelgerichte zusammen mit Fleisch und ein wenig Salat besonders gut. Einige reagieren bei zu viel Gurke zum Mittagessen mit Blähungen, da sie reich an Magnesium ist und die Magenfunktion reduziert. Durch die Säure aus dem Essig wird dieses jedoch aufgehoben. Hähnchenschenkel haben viel Tryptophan, eine Aminosäure, die wir zusammen mit Vitamin E aus Öl und Magnesium und Kalium aus Ruccola und Gurke zur Regeneration benötigen.

Tryptophan gehört zu den essentiellen Aminosäuren und ist insbesondere für Menschen, die im Wachstum sind oder sich von einer Krankheit erholen müssen, besonders wichtig. Ruccola enthält sehr viel bioverfügbare Folsäure, die auch nach dem Mittagessen für einen klaren Kopf sorgt.

Hähnchenschenkel mit Salat und Kartoffelstampf

- Tryptophan, Niacin, Magnesium, Kalium, Vitamin E

Zutaten für 4 Personen
- 4 Hähnchenschenkel (Frischware), nicht zu groß
- 4 EL Butterschmalz
- 4 Prisen Meersalz
- etwas Rosmarin

Zutaten für den Kartoffelstampf
- 800 g mehlig kochende Kartoffeln
- 200 ml Milch
- 30 g Butter
- Salz
- Muskatnuss

Für den Salat:
- 1 kleine Salatgurke
- 100 g Ruccola
- 200 g Mais aus der Dose
- 1 kleine Zwiebel
- etwas frischen Dill
- 60 ml Essig
- 30 ml Wallnussöl
- 4 Prisen feines Meersalz,
- evtl. Pfeffer, Chili
- 2 TL Zucker

Zubereitung

Für die Hähnchenschenkel Butterschmalz in einer Pfanne erhitzen. Hähnchenschenkel von allen Seiten ca. 3 Minuten anbraten. Mit Meersalz würzen und jeweils einen Rosmarinzweig unter jeden Schenkel legen. Mit einem Deckel verschließen und bei sehr niedriger Temperatur die Hähnchenschenkel für weitere 30 bis 35 Minuten garen. Möglich ist auch, die Hähnchenschenkel samt hitzebeständiger Pfanne (ohne Deckel) in den 180°C heißen Backofen zu stellen für ca. 30 bis 35 Minuten. Fertig gegart sind sie, wenn sich an der dünnen Schenkelseite die Haut vom Knochen löst. Bei großen Hähnchenschenkeln kann die Garzeit auch bis zu 45 Minuten betragen.

Für den Kartoffelstampf werden die Kartoffeln in der Schale für ca. 25 Minuten in wenig Wasser weich gekocht. Die noch heißen Kartoffeln pellen und in eine große Schüssel legen. Milch und Butter in einem Topf erwärmen und zu den Kartoffeln gießen. Mithilfe eines Kartoffelstampfers alles zu Brei stampfen. Mit Salz und ein wenig Muskatnuss abschmecken.

Für den Salat werden Gurke und Zwiebel geschält und in kleine Würfel geschnitten. Ruccola waschen und zusammen mit dem Dosenmais in eine Schüssel gegeben. Essig, Walnussöl, klein gehackten Dill, Salz, evtl. Pfeffer, Chili und Zucker zu einer Salatsoße vermengen, über den Salat geben und umrühren.

Hirsebratling mit Brokkoli und Gruyère

• Threonin, Leucin, Kalzium, Magnesium, Folsäure

Zutaten für 3 Portionen
- 200 g Hirse
- 500 ml Wasser
- 3 EL Semmelbrösel
- 1 Ei
- 100 g Gruyère (oder anderen Rohmilchhartkäse, wie z.B. Emmentaler, Appenzeller)
- 1 Prise Meersalz
- 1 Prise Pfeffer
- 300 g Brokkoli
- 6 EL Olivenöl zum Braten der Bratlinge
- evtl. frische Petersilie

Als Beilage schmeckt ein Schmand-Joghurtdip mit frischen Kräutern und etwas Meersalz sehr gut.

Zubereitung

Die Hirse zusammen in Wasser für 5 Minuten köcheln lassen und dann bei verschlossenem Deckel noch weitere 5 bis 15 Minuten ausquellen lassen. Die Quellzeit hängt ganz davon ab, wie groß die Hirsekörner sind.

In der Zwischenzeit den Brokkoli waschen und in sehr kleine Stückchen teilen.

Hartkäse reiben und zusammen mit Ei, Brokkolistückchen, Semmelbröseln, Meersalz und Pfeffer zur Hirse geben und alles gut miteinander vermengen.

Sobald die Hirse nicht mehr zu heiß ist, werden flache Bratlinge daraus geformt. In einer Pfanne etwas Olivenöl erhitzen und die Bratlinge von jeder Seite 2 bis 3 Minuten braten.

Gut zu wissen:

Hirse enthält viel Threonin und Leucin – beides sind Aminosäuren, die wach machen. **Threonin verbessert das vernetzte Denken. Zu viel darf man jedoch nicht davon essen, da man sonst schnell garstig und gereizt wird. Tönnies hat empfohlen, nicht häufiger als einmal pro Woche ein Gericht mit Hirse zu sich zu nehmen. Gerade bei hyperaktiven Kindern kann Hirse sich negativ auf das Sozialverhalten auswirken.**

Die Kombination von Getreide und Milchprodukten eignet sich besonders gut und hält den Blutzuckerspiegel lange konstant. Milchprodukte enthalten ausreichende Mengen an Vitamin B2 und Niacin, welche für die Verstoffwechselung von Vollgetreide benötigt werden. Aus dem Rohmilchhartkäse nehmen wir zudem Kalzium auf, welches den Kreislauf stabil hält.

Brokkoli enthält, wenn er noch knall grün und bissfest ist, reichlich Folsäure, die die kognitive Leistungsfähigkeit verbessert. Sie wirkt auch gegen Wortfindungsstörungen bei Chrom-Überschuss.

Gut zu wissen:

Champignons enthalten viel Niacin, welches zusammen mit Vitamin B2 aus Sahne besonders gut zur Wirkung kommt. Niacin setzt beim Kohlenhydratstoffwechsel Energie frei und wirkt stabilisierend auf den Kreislauf. **Es verbessert die Durchblutung von Haut und Gehirn und wirkt Depressionen entgegen.** Der dünne Speckstreifen passt aufgrund seiner Vitamin D-Wirkung ebenfalls dazu.

Gerade in der nass-grauen Jahreszeit sorgt dieses Gericht für wohlige Wärme, Kraft und Ideenreichtum. Damit man nicht zu müde wird nach dem Verzehr der Ravioli ist das Kombinieren mit ein wenig Schwefel aus Olivenöl und Zwiebel sinnvoll.

Ravioli mit Speck-Champignon-Füllung

- Kohlenhydrate, Vitamin D, Niacin, Vitamin B2

Zutaten für 2 Personen

Für den Nudelteig
- 300 g Weizenmehl (550)
- 2 Eier
- 2 TL Öl
- 4 EL Wasser
- 1 Prise Muskatnuss
- 2 Prisen feines Meersalz

Für die Füllung
- 2 EL Olivenöl
- 1 Kleine Zwiebel
- 10 junge, frische Champignons
- 125 ml saure Sahne
- 2 EL Paniermehl
- 2 EL Petersilie, fein gehackt
- 1 EL Thymian – Blättchen, fein gehackt
- Salz und Pfeffer
- 40 g fetten Speck in sehr dünne Scheiben geschnitten

Für die Sauce
- 125 ml Sahne
- 125 ml Milch
- 6 EL Parmesan, frisch gerieben
- frischen Thymian
- 2 Prisen Muskatnuss
- 2 Prisen Meersalz
- etwas schwarzen Pfeffer oder Tabasco

Zubereitung

Für den Nudelteig das Mehl in eine Schüssel geben und zusammen mit Ei, Gewürzen, Öl und Wasser zügig zu einem festen Teig kneten und für ca. 30 Minuten ruhen lassen.

Für die Raviolifüllung werden die Champignons gesäubert und klein geschnitten. Zwiebel schälen und in Stückchen schneiden. In einer Pfanne das Olivenöl erhitzen und die Zwiebeln glasig dünsten. Champignons hinzugeben und für 3 Minuten anbraten und zur Seite stellen. Champignons zusammen mit der sauren Sahne, dem Paniermehl, den Kräutern und Gewürzen in einem Mixer zu einer Paste verarbeiten.

Den Nudelteil ausrollen (am besten mithilfe einer Nudelmaschine oder mit viel Kraft und Nudelholz auf einer bemehlten Arbeitsfläche) und zwei breite Teigstreifen herstellen. Die Füllung teelöffelweise auf den einen Teigstreifen geben, so, dass genügend Platz zwischen den einzelnen Häufchen für den Raviolirand bleibt. Jeweils einen dünn geschnittenen Speckstreifen auf der Füllung platzieren. Nun die zweite Teilplatte darauf legen und die Zwischenräume gut festdrücken. Mit einem Teigrädchen, die Ravioli ausschneiden. In einem großen Topf mit heißem, fast siedendem Wasser für ca. 5 Minuten gar ziehen lassen. Wenn die Ravioli oben schwimmen, sind sie gar und müssen zügig aus dem Wasser genommen werden.

In der Zwischenzeit kurz die Sahne zusammen mit der Milch erhitzen und den Parmesan einrühren. Mit den Gewürzen und dem Meersalz abschmecken.

Hack-Reis-Bällchen
dazu Kartoffelbrei und Feldsalat

- Valin, Eisen, Vitamin D, Niacin, Folsäure, Vitamin E

Zutaten für 4 Personen
Für die Hack-Reis-Bällchen
- 500 g gemischtes Hackfleisch (Schwein und Rind)
- 300 g gegarten Reis
- 1 Ei
- 3 EL Paniermehl
- 4 Prisen feines Meersalz
- 3 TL scharfer Senf
- 1 EL Tomatenmark
- 2 EL frischen Thymian, fein gehackt
- 2 EL frische Petersilie, fein gehackt
- etwas Pfeffer
- 4 EL Butterschmalz oder Olivenöl

Für den Kartoffelbrei
- 800 g mehlig kochende Kartoffeln
- 200 ml Milch
- 30 g Butter
- 4 Prisen Meersalz
- 2 Prisen Muskatnuss

Für den Feldsalat
- 200 g Feldsalat
- 4 EL Essig
- 4 EL Zitronensaft, frisch
- 30 ml Wallnussöl
- 4 Prisen feines Meersalz,
- evtl. Pfeffer
- 2 TL Zucker

Zubereitung

Für die Hack-Reis-Bällchen werden alle Zutaten gut miteinander vermengt. Anschließend das Fett in einer Pfanne erhitzen. Die Hackfleischmenge zu 16 kleinen Bällchen rollen und in das heiße Fett legen. Unter gelegentlichem Wenden bei mittlerer Hitze garen.

Für den Kartoffelbrei werden die Kartoffeln in der Schale mit wenig Wasser für ca. 25 Minuten weich gekocht. Die noch heißen Kartoffeln pellen und in eine große Schüssel legen. Milch und Butter zusammen in einem Topf erwärmen und über die gepellten Kartoffeln gießen. Mithilfe eines Kartoffelstampfers alles zu Brei verarbeiten. Anschließend mit Salz und ein wenig Muskatnuss abschmecken.

Den Feldsalat gut waschen und von den Wurzeln befreien. Essig, etwas Zitronensaft, Walnussöl Salz, evtl. Pfeffer und Zucker zu einer Salatsoße vermengen und über den Salat geben.

Gut zu wissen:

Als Mittagessen eignen sich Kartoffelgerichte zusammen mit Fleisch und ein wenig Salat besonders gut. Die Salatportion sollte nicht zu opulent sein und zur Mittagszeit immer mit einer säuerlichen Vinaigrette angemacht sein, damit die Magensäure durch das Magnesium aus den Salatpflanzen nicht zu stark in ihrer Wirkung gedämpft wird. Es könnten sonst am Nachmittag Blähungen auftreten.

Die gemischten Hackbällchen mit Reis weisen eine Valin-Wirkung auf. **Valin senkt das Stressempfinden. Weiterhin sorgt Valin für eine Reduzierung der Überempfindlichkeitsreaktion z.B. auf Berührungsreiz. Bei einer Degeneration von Muskelzellen wirkt es dem abbauenden Prozess entgegen und Bewegungsstörungen werden verringert. Während der Pubertät fördert Valin bei Mädchen die Entwicklung der Eierstöcke und Brustdrüsen.**

Besonders starke Valin-Wirkung erreicht man, wenn diese Aminosäure nicht nur aus dem Fleisch zur Wirkung kommt, sondern auch aus dem Reis. Dazu muss der Reis vor dem Garen 12 Stunden in Wasser eingeweicht werden. Die Garzeit verändert sich dadurch allerdings nicht.

Kartoffelstampf enthält frisch zubereitet viel bioverfügbares Niacin, welches zwar etwas müde macht, aber zusammen mit säuerlich angemachtem Feldsalat ausgleichend wirkt. Feldsalat enthält neben Vitamin E sehr viel bioverfügbare Folsäure, die nach dem Mittagessen für einen klaren Kopf sorgt.

Bei Verwendung von fettem Schweinehack (Bio-Qualität) ist der Anteil von Vitamin D recht gut. In kalten Monaten mit wenig Sonneneinstrahlung ist es sinnvoll, Vitamin D über die Nahrung aufzunehmen, um den Kalziumstoffwechsel zu unterstützen. Vitamin D stärkt zudem die Nebennierenfunktion und wirkt sich positiv bei Winterdepressionen aus.

Lammkeule mit getrockneten Tomaten und schwarzen Oliven

- Carnitin, Arachidonsäure, Valin, Provitamin A, Chlor, Kobalt, Resveratrol

Im Winter eignet sich als Beilage zum Lamm anstelle der Ofenkartoffel gegarte Hirse besonders gut.

Zutaten für 6 Personen
Für die Lammkeule
- 1,5 kg Lammkeule mit Knochen
- 1,5 Liter kräftigen Rotwein
- 200 g getrocknete Tomaten
- 3 Zehen Knoblauch
- 200 g schwarze, getrocknete Oliven (nicht gefärbt!)
- 1/2 TL Meersalz
- Evtl. etwas Pfeffer und Tabasco
- 6 EL Linsenmehl oder Speisestärke
- zum Abbinden der Soße am Ende der Garzeit 100 ml Sahne

Für die Ofenkartoffeln
- 12-18 kleine bis mittelgroße Kartoffeln, festkochend
- 100 ml Olivenöl
- 1 EL Meersalz
- 2 Zehen Knoblauch
- 3-4 Rosmarinzweige

Für die Winter-Variation: Hirse
- 200 g Hirse
- 450 ml Wasser
- 3 Prisen Meersalz
- 2 EL Butter

Für die Ratatouille
- 6 EL Olivenöl
- 2 Zwiebel
- 1 Knoblauchzehe
- 1 mittelgroße Aubergine
- 2 kleine Zucchini
- 2 rote Bio-Paprikaschoten
- 2 gelbe Bio-Paprikaschoten
- 3 Tomaten
- 1 EL Thymian (frisch, gehackt)
- 1 EL Salbei (frisch, gehackt)
- 1 EL Zucker
- 4 Prisen Meersalz
- evtl. etwas Tabasco
- etwas Pfeffer
- 4 EL Tomatenmark

Zubereitung

Die Lammkeule in einen großen Bräter legen. Getrocknete Tomaten halbieren und vierteln. Schwarze, getrocknete Oliven entsteinen. Knoblauchzehen schälen und halbieren. Tomaten, Oliven und Knoblauch zusammen mit Meersalz und evtl. mit etwas Pfeffer in den Bräter geben und mit Rotwein aufgießen bis kaum noch etwas von der Lammkeule herausguckt. Den Bräter mit einem Deckel verschließen und in den vorgeheißten Ofen bei 190°C für ca. 1 ¾ bis 2 ¼ Stunden garen lassen.

Für die Ofenkartoffeln werden die Kartoffeln sehr gut gewaschen. Wenn die Schale nicht zu dick ist, kann sie bleiben, ansonsten sollte man die Schale mit einem Sparschäler entfernen. Kartoffeln je nach Größe halbieren oder vierteln und in eine Schüssel geben. Olivenöl darüber gießen. Knoblauch schälen und in kleine Stückchen schneiden und ebenfalls zusammen mit den Rosmarinzweigen und dem Meersalz zu den Kartoffeln geben und alles gut durchmischen, damit die Kartoffeln von allen Seiten eingeölt und gewürzt werden. Danach werden die Kartoffeln auf ein mit Backpapier ausgelegtes Backblech gelegt und bei 190°C für ca. 40 Minuten im Ofen gegart. Die Rosmarinzweige am besten unter die Kartoffeln legen, damit das Aroma nicht in die Luft entweichen kann, sondern in die Kartoffeln zieht. Bei einem Umluftofen können die Kartoffeln 40 Minuten vor Ende der Garzeit der Lammkeule mit in den Ofen geschoben werden. Ab und zu werden die Kartoffeln gewendet.

Für die Hirse als Wintervariation wird Wasser in einem Kochtopf zusammen mit Salz zum Kochen gebracht. Hirse hineinrieseln und für 5 Minuten kochen lassen. Bei lang gereifter Hirse kann die Kochzeit länger sein. Kochzeit auf der Packung bitte beachten. Anschließend ohne weitere Hitzezufuhr für weitere 5 Minuten ausquellen lassen. Am Ende die Butter hineingeben und unterrühren.

Für die Ratatouille werden Aubergine, Zucchini, Paprikaschoten und Tomaten gewaschen und anschließend in möglichst kleine, höchstens 1 cm große Stückchen geschnitten. Zwiebel und Knoblauch werden ebenfalls sehr fein geschnitten bzw. gehackt.

Öl in einer großen Pfanne erhitzen. Zwiebel zusammen mit dem Gemüse darin unter Wenden für ca. 7 Minuten bei mittlerer Hitze garen. Nach ca. 3 Minuten den vorbereiteten Knoblauch hinzugeben. Anschließend das Tomatenmark, den fein gehackten Salbei und den Thymian sowie Meersalz, Zucker und evtl. Tabasco und Pfeffer hinzugeben und alles miteinander vermengen und noch einmal kurz für 2 Minuten erhitzen. Danach wird die Pfanne mit einem Deckel verschlossen und beiseite gestellt, damit sich die Aromen gut miteinander vermengen können.

Die Lammkeule ist fertig gegart, wenn sich der Knochen fast schon von selbst aus dem Fleisch herauslöst.

Zur Weiterverarbeitung die Lammkeule aus dem Bräter herausheben und entbeinen. Das Fleisch in mittelgroße Stücke teilen. Die eingekochte Rotweinsoße mit Linsenmehl oder Speisestärke etwas andicken. Hierzu muss die Soße erneut einmal aufgekocht werden. Anschließend mit Salz, Pfeffer und einem Schuss Sahne abschmecken. Fleisch und Soße wieder zusammen geben und anrichten.

Gut zu wissen:

Geschmorte Lammkeule enthält bei schonender Garmethode reichlich Carnitin, eine Verbindung von den Aminosäuren Methionin und Lysin. **Carnitin ist besonders in der Herzmuskulatur beim Menschen vorhanden. Heinrich Tönnies hat insbesondere Herzpatienten den Verzehr von Lammfleisch empfohlen. Auch der aus der Schale von roten Trauben kommende Stoff Resveratrol gilt als besonders bekömmlich und stärkend für die Herzfunktion.** Durch den eingekochten Wein in der Soße nimmt man viel davon auf. Eisen ist ebenfalls viel in Lammfleisch enthalten, welches für den Sauerstofftransport im Blut benötigt wird. Die in Lammfleisch vorkommende Omega-6-Fettsäure Arachidonsäure hilft zusammen mit der Aminosäure Arginin aus Linsen (zum Andicken der Soße), Schwellungen im Bereich des Jochbeins zu lindern. Bei zu hohem Konsum steht Arachidonsäure jedoch im Verdacht, Gelenkentzündungen (Arthritis) zu verstärken.

Aus Paprika und Tomaten nehmen wir neben Kalium u.a. auch Provitamin A auf, aus dem in geringem Umfang Vitamin A synthetisiert wird. Provitamin A und Vitamin A benötigen wir als Zellschutz vor Radikalen. Vitamin A ist zusätzlich auch für die Regeneration notwendig, da ohne Vitamin A Magnesium nicht ausreichend in die Zelle aufgenommen wird.

Auberginen enthalten wie auch Linsen Mangan, ein Spurenelement, das beruhigt und die Wirkung von Chrom mindert. Wenn man Chrom meiden muss, kann rote Paprika in der Ratatouille gegen grüne Paprika ausgetauscht werden. In Zucchini ist Zink gut bioverfügbar.

Ofenkartoffeln sind reich an Niacin, welches für Ideenreichtum sorgt. Niacin wirkt auch dämpfend und schützt den Magen vor zu viel Säure bzw. sorgt bei Sodbrennen für Linderung. Durch die Röstaromen der Backkartoffeln wird die dämpfende Wirkung des Niacins etwas gemindert. Die getrockneten Tomaten und der Rotwein enthalten reichlich Kobalt, welches für die Darmflora zur Synthese von Vitamin B12 notwendig ist und stimmungsaufhellend wirkt. Rosmarin hilft bei der Fettverdauung. Salbei fördert die Verdauung durch Anregung der Verdauungssäfte.

Durch die Verwendung von Linsenmehl zum Andicken der Soße wird das Gericht in Bezug auf die Verwertung der Eiweiße wertvoller, da eine größere Anzahl an Aminosäuren für die Proteinbiosynthese verfügbar ist.

Im Winter eignet sich Hirse als Beilage besser als Kartoffeln, da Hirse viel Threonin (Aminosäure) enthält. Threonin verbessert das rasche, vernetzte Denken, so dass man nach dem Essen von Lammfleisch nicht zu träge im Kopf wird.

Gebratener Ziegenkäse

- Methionin

Zutaten für 4 Personen

- 8 Scheiben Ziegenfrischkäse (z.B. Picandou)
- 2 kleine Eier
- 8 EL Mehl
- 2 Prisen Salbei, gemahlen oder 2 frische Salbeiblätter
- 3 Prisen feines Meersalz
- etwas Pfeffer
- 6 EL Olivenöl

Als Beilagen passen gut Ratatouille und Ofenkartoffeln (s. S. 152) dazu oder auch ein Beilagensalat nach Tönnies (s. S. 125) zusammen mit Weißbrot.

Zubereitung

Eier mit Mehl, Salz, Pfeffer und Salbei verquirlen. In einer großen Pfanne das Öl erhitzen.

Einzeln werden nun die ca 1-2 cm dicken Ziegenfrischkäse-scheiben zügig in der Eimasse gewendet bis sie vollständig mit ihr bedeckt sind und gleich in das heiße Öl gegeben. Von beiden Seiten jeweils 3 bis 4 Minuten bei mittlerer Temperatur braten, bis die Eihülle fest und goldgelb ist.

Gut zu wissen:
Ziegenfrischkäse enthält viel Methionin, eine Aminosäure, die aufgrund ihres Schwefelanteils anregend wirkt. Gerade im Hochsommer bei drückender Hitze lässt sich Methionin gegen die Kreislaufschwäche gut vertragen. Bei Neurodermitis und bei Osteoporose darf jedoch nicht allzu oft methioninreich gegessen werden s. S. 35. **Zu häufiges Essen von methioninreichen Speisen kann auch zu ödematischen Wassereinlagerungen in Händen und Füßen führen.**

Rouladen mit Getreidereis und grünen Bohnen

• Valin, Arginin, Kobalt

Zutaten für 4 Personen

Für die Rouladen
• 4 Bio-Rouladen vom Kalb oder Rind (ca.à 100 g)
• 4 sehr dünne Scheiben durchwachsenen Bio-Speck
• 4 TL Tomatenmark
• 4 TL scharfer Senf
• 1 Zehe Knoblauch
• 4 Prisen Meersalz
• ½ Liter Rotwein
• Butterschmalz zum Anbraten

Für die Soße
• 50 g Teller-Linsen
  (am Vorabend in 150 ml Wasser einweichen)
• 4 EL Linsenmehl
• 2 EL Speisestärke
• 100 ml Sahne
• Pfeffer, Meersalz

Für den Getreidereis
am Vorabend in 1 Liter Wasser einweichen
• 100 g Vollkornreis
• 20 g Dinkel
• 20 g Hafer
• 20 g Gerste
• 20 g Roggen
• 20 g Weizen
• 10 g Wildreis
• 30 g Butter
• 4 Prisen Meersalz

Für die grünen Bohnen
• 400 g grüne Bohnen
• 30 g Butter
• 2 Prisen Meersalz
• 1 TL Bohnenkraut, frisch

Zubereitung

Die frischen Rouladen ausbreiten und jeweils mit ein wenig Tomatenmark und Senf bestreichen. Jeweils einen Speckstreifen darüberlegen. Knoblauch klein schneiden und ein wenig Knoblauch auf jede Roulade geben. Anschließend die Fleischscheiben fest zu Rouladen aufrollen. Butterschmalz in einem kleinen Fleischtopf erhitzen und die Rouladen eng aneinander hineinlegen, sodass sie sich nicht wieder abrollen können. Nach ca. 5 min mit Wein ablöschen und bei sehr geringer Temperatur leicht köchelnd für ca. 1 ½ Stunden garen lassen.

Den Getreidereis zusammen mit dem Einweichwasser für ca. 20 Minuten gar köcheln lassen. Anschließend mit Salz und Butter abschmecken.
Die frischen grünen Bohnen waschen und putzen. Die Butter in einer großen Pfanne erhitzen und die Bohnen zusammen mit dem Salz hineingeben, kurz anbraten. Mit einem Deckel verschließen und 5 Minuten bei geringer Hitzezufuhr weitergaren lassen. Anschließend noch für weitere 5 Minuten ohne weitere Hitzezufuhr bei geschlossenem Deckel ziehen lassen.

Linsen mit dem Einweichwasser und etwas Meersalz für 4 Minuten kochen und dann beiseite stellen.

Zum Andicken der Soße die fertigen Rouladen aus dem Sud heben und beiseite legen. Das Linsenmehl, die Speisestärke und die Sahne mithilfe eines Pürierstabs im Sud unterrühren und einmal aufkochen lassen. Mit Salz und Pfeffer abschmecken. Fertig gegarte Linsen in die Soße geben oder separat dazu reichen.

Gut zu wissen:

Rindfleisch, das bei niedriger Temperatur geschmort wurde, enthält neben **Eisen** und **Zink** auch eine gute Valin-Wirkung. Valin ist eine Aminosäure, die bei Überempfindlichkeit auf Berührungsreize und bei schmerzhaften Krämpfen die Symptome verringern kann. Grüne Bohnen enthalten geringe Mengen an Tryptophan, eine Aminosäure, die für die Regeneration notwendig ist. Kinder und Personen, die sich von einer schweren Krankheit erholen müssen, benötigen mehr Tryptophan als andere.

Grüne Bohnen enthalten des weiteren auch Kobalt, ein Spurenelement, welches für die Vitamin B12-Synthese notwendig ist. Zudem macht es heitere Stimmung.
Aufgrund der Kombination von Hülsenfrüchten, Getreide und Fleisch enthält dieses Gericht sehr viele verschiedene Aminosäuren, die gut für die Proteinbiosynthese sind.

Züricher Kalbs-Geschnetzeltes mit Reibekuchen

- Tryptophan, Niacin

Zutaten für 4 Personen

- 600 g Kalbfleisch, frisch nicht TK
- 250 g Champignons, frisch
- 1 Zwiebel
- 3 EL Butter
- 125 ml Weißwein
- 200 g Sahne
- 3 Prisen Zitronenschale, abgerieben
- 4 TL Petersilie, gehackt
- feines Meersalz und Pfeffer
- 4 Rispen rote Johannisbeeren

Als Beilage passen Kartoffelreibekuchen (s. S. 161) und ein Beilagensalat nach Tönnies (s. S. 125).

Zubereitung

Zwiebel schälen und in kleine Würfel schneiden. Die Champignons putzen und in feine Scheiben schneiden. Das Kalbfleisch in dünne Streifen schneiden. In einer Pfanne die Butter erhitzen und die Zwiebelwürfel glasig dünsten bei mittlerer Temperatur. Anschließen werden die Kalbfleischstreifen und Champignons zu den Zwiebeln gegeben und kurz von allen Seiten für ca. 4 Minuten angebraten und dann aus der Pfanne genommen. Weißwein in die Pfanne geben und unter Hitze den Alkohol (evtl. bei offenem Fenster) verfliegen und etwas einreduzieren lassen. Schließlich die Sahne hinzugeben und mit dem Meersalz, dem Pfeffer und der Zitronenschale abschmecken. Das Fleisch und die Champignons wieder in die Pfanne geben und bei mittlerer Hitze noch einmal erwärmen. Kurz vor dem Servieren mit Petersilie dekorieren.

Gut zu wissen:

Die Kombination von Kalbfleisch (Tryptophan) und Champignons (Niacin) sorgt für innere Zufriedenheit und Ruhe. Tryptophan wird für die Regeneration benötigt. Aus Tryptophan wird im Stoffwechsel das glücklich machende Hormon Serotonin und das müde machende Melatonin synthetisiert. Ohne ausreichende Mengen an Tryptophan kann die innere Uhr nicht so gut gestellt werden bzw. Störungen im Schlaf-Wach-Wechsel können die Folge sein. Damit Niacin besser verstoffwechselt wird, ist das Kombinieren mit einer Sahnesoße (Vitamin B2) besonders sinnvoll.

Ein wenig Säure aus Johannisbeeren oder aus einem Beilagensalat mit säuerlicher Vinaigrette hilft bei magenschwachen Personen gegen Völlegefühl. Erwachsene können auch einen kleinen Schluck Tönniesschnaps (s. S. 240) als Verdauungshilfe trinken.

Kartoffelreibekuchen
mit Lachs und Blattsalat

• Niacin, Omega-3-Fettsäuren, Vitamin B2

Zutaten für 4 Personen
Für die Kartoffelreibekuchen

• 800 g Kartoffeln
• 4 EL Mehl
• 6 Prisen feines Meersalz
• 2 Prisen Muskatnuss
• 2 Prisen Pfeffer
• 8 EL Olivenöl (Sommer) oder Butterschmalz (Winter)

• 250 ml Schmand
• 300 g geräucherter Lachs oder gebeizten, graved Lachs

Grüner Salate, Petersilie und Radieschen oder ein Beilagensalat nach Tönnies (s. S. 125) passen gut als frische Beilage dazu.

Zubereitung

Kartoffeln schälen und mithilfe einer Küchenmaschine in feine Streifen schneiden. Mehl, Salz, Muskaltnuss und Pfeffer zügig unterrühren.

In einer Pfanne einen Teil des Öls oder des Butterschmalzes erhitzen und jeweils ca. 2-3 Esslöffel zusammen von der Kartoffelmasse zu einem Reibekuchen formen. Nach ca. 3 bis 4 Minuten bei mittlerer Hitze mit einem Pfannenwender wenden und die andere Seite gold-gelb braten. Nach dem Herausheben werden die fertigen Kartoffelreibekuchen kurz auf einem Küchenkrepp zwischengelagert, damit das überschüssige Öl bzw. Fett nicht auf dem Teller landet.

Zusammen mit einem Klecks Schmand und geräuchertem oder graved Lachs servieren. Zusätzlich können ein Beilagensalat nach Tönnies oder auch nur ein paar frische Salatblätter dazu gegessen werden.

Gut zu wissen:

Kartoffeln enthalten viel **Niacin,** welches aber häufig aufgrund der Garmethode in Wasser zu großen Teilen verloren geht. Wenn Kartoffeln kurz in Fett gegart werden, enthalten sie meist bessere Niacinwerte. Die Niacinverwertung gelingt besonders gut, wenn **Vitamin B2** (Schmand) zur Verstoffwechselung zur Verfügung steht. Lachs enthält neben Niacin reichlich **Omega-3-Fettsäuren**, die gut tun bei Neurodermitis und Allergiebereitschaft. Zuchtlachs enthält deutlich mehr essentielle Fettsäuren als Wildlachs. Zudem ist Zuchtlachs weniger stark mit Chrom belastet als Wildlachs.

Dieses Gericht kann auch am Abend gegessen werden.

Ziegenfilet auf Ruccolasalat mit gelbem Erbsmus

- Tryptophan, Folsäure, Magnesium, Mangan, Molybdän

Zutaten für 4 Personen

Für das gelbe Erbspüree
- 150 g gelbe Schälerbsen (Trockenware), für 12 Stunden in Wasser einweichen
- 500 ml Wasser
- 3 EL Butter
- 3 Prisen Meersalz
- 1 TL Thymian oder Bohnenkraut, fein gehackt

Für das Ziegenfilet
- 400 - 500 g Ziegenfilet
- 3 EL Olivenöl
- 3 Prisen Meersalz

Für den Ruccolasalat
- 200 g frischen Ruccola
- 4 Prisen Meersalz
- 6 EL süße Balsamicocreme

Zubereitung

Gelbe Schälerbsen mithilfe eines Siebes kurz unter fließendem Wasser abspülen und in einem großen Kochtopf zusammen mit Wasser über Nacht einweichen. Am nächsten Tag kocht man die Erbsen zusammen mit dem Einweichwasser für ca. 30 Minuten bei niedriger Temperatur und mit möglichst wenig Rühren gar. Den zu Beginn auftretenden Schaum sorgfältig mit einem Schaumlöffel entfernen, da die Erbsen sonst sehr schnell überkochen – große Sauerei! Anschließend etwas salzen und zusammen mit Butter zerdrücken oder pürieren. Fein geschnittene Kräuter untermischen.

Zwischenzeitlich in einer Pfanne Olivenöl erhitzen und die Ziegenfiletstreifen kurz von allen Seiten einmal scharf anbraten. Mit etwas Salz und Pfeffer würzen und mit einem Deckel verschließen. Nun zur Seite stellen und noch für ca. 8 Minuten weitergaren und ruhen lassen ohne zusätzliche Hitzezufuhr.

Ruccola sorgfältig waschen und auf den Teller garnieren. Mit etwas Salz und ein paar Tropfen süßer Balsamicocreme beträufeln. Ziegenfilet portionieren und zusammen mit dem gelben Erbsmus servieren.

Gut zu wissen:

Gelbes Erbsmus ist sehr mangan- und molybdänreich. Beide Spurenelemente Mangan und Molybdän weisen eine gute Anti-Stress-Wirkung auf. Bei Trauer und bei negativem Stress helfen gelbe Erbsen bei der Verarbeitung des Erlebten. Molybdän wirkt zudem gegen Chrom, welches neben Neurodermitis und Allergien auch Wortfindungsstörungen verursachen kann.

Das rosa gegarte Ziegenfilet enthält viel Tryptophan, welches für eine gute Regeneration sorgt. **Zusammen mit Magnesium aus leicht gesäuertem Ruccolasalat kann Tryptophan besonders gut wirken und die Leber entlasten.** Folsäure aus frischem Blattgrün sorgt für gute kognitive Leistungsfähigkeit und vermindert Wortfindungsstörungen. Das Gericht sorgt für innere Ruhe und klare Gedanken.

Halb gegartes Thunfischsteak mit Sesam und Orangenstreifen

- Cystein, Niacin, Selen,
  Omega-3-Fettsäuren, Folsäure

Zutaten für 4 Personen

- 4 Thunfischsteaks à 150 g, Frischware
- 2 EL Butterschmalz
- ½ Orange, Saft
- 2 EL Sojasoße
- 16 Streifen Orangenschale, nicht gespritzt
- 4 EL Sesam oder Haselnussscheiben
- 4 Prisen Meersalz
- etwas Pfeffer

- 150 g Ruccolasalat
- 6 EL süße Balsamicocreme
- 2 Prisen Meersalz

Zubereitung

Ruccolasalat waschen, trocken schleudern und auf die Teller verteilen. Mit etwas Meersalz bestreuen und mit ein paar Kleksen süßer Balsamicocreme garnieren.

Butter in einer großen Pfanne erhitzen und die Thunfischsteaks darin von beiden Seiten für jeweils gut eine Minute scharf anbraten. Mit dem Saft der Orange und der Sojasoße ablöschen. Sesam oder Haselnussscheiben, Orangenschalenstreifen, Meersalz und Pfeffer auf die Steaks geben und etwas andrücken. Thunfischsteaks nicht in der Pfanne lassen, sondern sofort auf die Ruccolasalat-Nester setzen.

Gut zu wissen:

Thunfisch enthält neben der Aminosäure Cystein sehr viel Niacin, welches bei kreislaufschwachen Personen zu starker Müdigkeit führen kann. Sinnvoll ist daher, Thunfisch mit anregenden Lebensmitteln zu kombinieren. Sesam, Haselnüsse und auch Orangenschalenstreifen stärken den Kreislauf. **Anstelle des Sesams lassen sich gut Haselnussscheiben verwenden, sofern auf Chrom geachtet werden muss. Haselnuss enthält deutlich weniger Chrom als Sesam und regt durch die Aminosäure Threonin sowie durch Schwefel und Phosphor den Kreislauf an.** Ruccola sorgt für die Aufnahme von Folsäure, welche ebenfalls für (kognitive) Frische sorgt. Thunfisch weist zudem gute Selenwerte auf. **Selen ist für die Herzaktivität wichtig und löst Verspannungen im Halsbereich und Schultergürtel.**

Kabeljau mit Kapern und Brotcroutons

• Lysin, Jod, Magnesium

Zutaten für 4 Portionen
• 600 g Kabeljaufilet (Dorschfilet), Frischware
• 6 EL Butterschmalz
• 6 Prisen Meersalz
• 8 Scheiben Weißbrot
• evtl. etwas Butter
• 6 EL Kapern

Als Beilage ist ein Beilagensalat (s. S. 125) oder rote Bete aus dem Glas und etwas Reis zu empfehlen.

Zubereitung
Butterschmalz in einer Pfanne erhitzen. Trocken getupfte Fischfilets in das heiße Fett legen und salzen. Mit einem Deckel die Pfanne verschließen, für ca. eine Minute bei mittlerer Hitze weitergaren lassen und schließlich vom Herd nehmen. Fischfilets für ca. 10 bis 15 Minuten gar ziehen lassen, ohne dabei den Deckel zu öffnen.

In der Zwischenzeit Weißbrot in kleine Stückchen teilen. Wenn das Fischfilet gar gezogen ist, auf zwei Teller verteilen. Pfanne wieder auf den Herd stellen und erhitzen bis das aus dem Fisch gezogene Wasser verdunstet ist. Evtl. noch ein wenig Butter hinzufügen und Weißbrotstückchen unter wenden bräunen. Kapern hinzugeben und ein wenig erwärmen. Nun die Brotcroutons, die Kapern und die flüssige Butter über den Fischfilets verteilen.

Gut zu wissen:
Kabeljau enthält viel Lysin, eine Aminosäure, die gut gegen Heuschnupfen, Neurodermitis sowie gegen Allergien wirkt. Wenn man sehr viel kurz gegarten Fisch isst, kann man durch ein Übermaß an Lysin und Jod zu Berührungsempfindlichkeit neigen. Die Haut scheint auch weniger Schutz vor Sonneneinstrahlung zu bieten. Schnell hat man das Gefühl, dass die Sonne z.B. auf der Kopfhaut brennt. Abhilfe erlangt man durch den Konsum von Mangan- und Arginin-reichen Nahrungsmitteln (s. Rezepte mit Buchweizen, Linsen, Kichererbsen und Haselnüssen).

Schellfisch im Ei-Parmesan-Mantel

• Lysin, Isoleucin, Jod, Magnesium, Kalzium, Thyrosin

Zutaten für 4 Personen

• 500 g Schellfischfilet
• 4 EL Mehl
• 2 Eier
• 8 EL Parmesan, frisch gerieben
• evtl. 4 EL geriebene Haselnüsse
• 1 Prise Meersalz
• etwas Pfeffer
• 50 g Butter
• etwas frische Zitrone zum Säuern

Als Beilagen eignen sich Getreide-, Hülsenfrüchte- und Reisgerichte sowie ein Beilagensalat nach Tönnies (s. S. 125).

Zubereitung

Schellfischfilets kurz unter fließendem Wasser abspülen und mit einem Küchenkrepp trocken tupfen. Auf einem separaten Teller das Mehl geben. Auf einem weiteren Teller Ei, frisch geriebenen Parmesankäse, evtl. geriebene Haselnüsse sowie Salz und Pfeffer mit einander vermengen.
In einer großen Pfanne Butter erhitzen.

Nun werden die Fischfilets zuerst in Mehl gewendet und gleich danach in der Ei-Parmesan-(Haselnuss-)Masse. Anschließend sofort in das heiße Butterfett geben. Mit den anderen Fischfilets ebenso verfahren. Die panierten Fischfilets werden ohne Deckel bei mittlerer Hitzezufuhr für ca. 10 Minuten von beiden Seiten gegart bis die Kruste gold-gelb ist. Mit frischer Zitrone servieren.

Gut zu wissen:

Der Ei-Parmesan-Mantel eignet sich insbesondere bei Kindern und Senioren, die Fisch ansonsten als zu belastend bzw. dämpfend empfinden und einen weiten Bogen drum herum machen würden. Durch den Ei-Parmesan-Mantel mit Tyrosin, ein wenig Methionin und Kalzium wird dem Fisch die dämpfende Wirkung von Lysin und Niacin abgemildert. Dennoch bleibt die gute Sauerstoffverwertung nach der Fischmahlzeit bestehen und das Gefühl der Tiefenatmung ist vorhanden.

Wenn zu beobachten ist, dass lysinhaltige Lebensmittel zu Ödemen (Wassereinlagerungen) führen, ist es ein Zeichen, dass die Aminosäure Arginin vermehrt zu sich genommen werden sollte. Dann ist das Beimengen von Haselnüssen in die Eihülle sinnvoll. Als Beilage ist zudem ein gesäuerter Linsensalat (s. S. 191) zu bevorzugen.

Gut zu wissen:

Zander enthält viel **Lysin**, eine Aminosäure, die gut gegen Heuschnupfen wirkt und „frischen Wind in die Gedanken" bringt. Wenn man sehr viel schonend gegarten Zander isst, kann man durch ein Übermaß an Lysin und **Jod** zu Berührungsempfindlichkeit neigen. Die Haut wirkt trocken und empfindlich. Sie scheint weniger Schutz vor Sonneneinstrahlung zu bieten. Schnell hat man das Gefühl, dass die Sonne z.B. auf der Kopfhaut brennt. Auch das Verstärken von Ödemen bei Senioren ist gelegentlich zu beobachten. Abhilfe erlangt man durch den Konsum von Mangan- und Arginin-reichen Nahrungsmitteln (s. Rezepte mit Buchweizen, Linsen, Kichererbsen und Haselnüssen).

Als weiteres Gemüse passen zusätzlich kurz gegarter Blumenkohl (Zink) und grüne Bohnen (Kobalt und Kupfer).

Zander mit Reis und Tomaten-Sahne

• Lysin, Jod, (Valin) Kobalt

Zutaten für 2 Personen
• 300 g Zanderfilets
• 1 ½ l Wasser
• 1 Lorbeerblatt
• 1 Zwiebel
• ½ TL Meersalz

• 125 g Reis, (Vollkornreis evtl. 12 Stunden vorher in Wasser einweichen)
• Wasser
• 2 EL Butter
• ¼ TL Meersalz

Zubereitung

Wasser für den Fisch in einen großen Topf zum Kochen bringen. Zwiebel schälen und vierteln. Salz, Zwiebelstücke und Lorbeerblatt in das Wasser geben. Zanderfilets hineinlegen. Topf mit Deckel verschließen und kurz warten, bis das Wasser wieder kocht. Topf vom Herd nehmen und Fischfilets für ca. 10 bis 15 Minuten bei geschlossenem Deckel gar ziehen lassen, nicht mehr weiter erhitzen.

In der Zwischenzeit den zuvor in Wasser eingelegten Vollkornreis in dem Einweichwasser oder weißen Reis mit Wasser und etwas Meersalz garen. Die Garzeiten variieren stark nach Sorte. Bitte die Zeiten auf der Verpackung beachten. Das Einweichen verändert die Garzeit nicht.

Tomaten je nach Größe halbieren oder vierteln und die grünen Stängelansätze entfernen. In einer Pfanne Butter oder Öl erhitzen und die Tomaten darin für 3 Minuten anbraten, etwas salzen und schließlich mit Sahne ablöschen. Tomaten-Sahne mit Pfeffer abschmecken und zur Seite stellen. Den Reis nach dem Garen mit etwas Butter verfeinern und auf die Teller verteilen. Gegarten Fisch mit einem Pfannenwender aus dem Wasser heben, kurz abtropfen lassen und auf dem Reis platzieren. Anschließend mit der Tomaten-Sahne übergießen.

DIE WIRKUNG VON VORBEHANDELTEM VOLLKORNREIS ZU FISCHGERICHTEN

Wenn man die Möglichkeit hat, den Vollkornreis vor dem Garen 12 Stunden in Wasser einzuweichen, entwickelt er eine Valin-Wirkung. Valin ist eine Aminosäure, die das Stressempfinden senkt. Weiterhin sorgt Valin für eine Reduzierung der Überempfindlichkeitsreaktion z.B. auf Berührungsreiz. Der vorbehandelte Reis ist daher ideal in Kombination mit lysinreichen Fischgerichten (Kabeljau, Zander, Schellfisch, Makrele).

Im Seniorenalter wirkt Valin dem abbauenden Prozess bzw. der Degeneration von Muskelzellen entgegen und Bewegungsstörungen werden verringert. Während der Pubertät fördert Valin bei Mädchen die Entwicklung der Eierstöcke und Brustdrüsen. **Tönnies empfahl einem Kleinkind, welches sprachentwicklungsverzögert war, den „Valin-Reis" zur besseren Entwicklung des Sprachzentrums.**

Kabeljau im Ofen gegart
mit Cherry-Tomaten, Fenchel und Zwiebeln

- Lysin, (Valin), Jod, Magnesium, Niacin, Kobalt

Zutaten für 4 Personen
- 600 g Kabeljaufilets (Dorschfilets), Frischware
- 4 EL Olivenöl
- 1 Knoblauchzehe
- 2 Zweige Rosmarin
- 1 Zweig Thymian
- 4 Prisen Meersalz
- 50 ml Weißwein
- 16 Cherrytomaten
- 2 Fenchel
- 2 Zwiebeln

- 250 g Reis, (evtl. Vollkornreis, der 12 h vorher in Wasser eingeweicht wurde)
- Wasser
- 4 EL Butter
- ¼ TL Meersalz

Zubereitung
Ofen vorheizen auf 70°C.

Für den Fisch und das Ofengemüse den Boden einer hitzestabilen Backform mit etwas Olivenöl beträufeln. Knoblauch schälen, in mittelgroße Stückchen schneiden und in die Form geben. Fischfilets hineinlegen und mit dem restlichen Olivenöl beträufeln. Salz und Pfeffer darüber streuen. Rosmarin- und Thymianzweige etwas klein schneiden und unter den Fischfilets platzieren.

Tomaten waschen und halbieren. Fenchel säubern und in mundgerechte Stückchen schneiden. Zwiebeln schälen und achteln. Gemüse um die Fischfilets legen. Und mit ein wenig Olivenöl beträufeln und salzen. Vorsichtig etwas Weißwein in die Zwischenräume gießen.

In den vorgeheizten Backofen schieben. Je nachdem, wie dick die Fischfilets ausfallen, bleiben sie bis zu 50 Minuten im Ofen. Bei sehr dicken Filets kann die Temperatur auch etwas höher (bis zu 180°C) gestellt werden, so dass sich die Garzeit reduziert. Im Inneren werden die Fischfilets dann meist nicht heißer als 70°C.

In der Zwischenzeit den evtl. zuvor in Wasser eingelegten Vollkornreis mit dem Einweichwasser oder weißen Reis mit Leitungswasser und etwas Meersalz garen. Die Garzeiten variieren stark nach Sorte. Bitte die Zeiten auf der Verpackung beachten. Das Einweichen verändert die Garzeit nicht.

Gut zu wissen:

Kabeljau enthält viel Lysin, eine Aminosäure, die gut gegen Heuschnupfen hilft. Gleichzeitig führt Lysin zu einer verbesserten Zellmembrandurchlässigkeit.

Wenn man häufig Kabeljau isst, und evtl. dazu noch Buttermilch konsumiert, kann man durch ein Übermaß an Lysin und Jod zu trockener Haut und entsprechender Berührungsempfindlichkeit neigen. Auch Ödembildung kann beobachtet werden. Abhilfe erlangt man durch Mangan- und Arginin-reiche Nahrungsmittel (s. Rezepte mit Buchweizen,

Linsen, Kichererbsen, Haselnüsse und Cashewkerne) und auch durch vorbehandelten Vollkornreis (s. S. 167).

Kabeljau enthält zudem auch viel Niacin und Magnesium. Zusammen mit Kobalt aus Tomaten und dem niacinreichen Fenchelgemüse entsteht eine starke Niacinwirkung, da Niacin durch Kobalt in seiner Wirkung unterstützt wird. Zwiebeln sind schwefelhaltig, so dass die müde machende Wirkung von Niacin etwas gemindert wird.

Heilbutt vom Grill auf Linsen-Risotto mit Orangencreme

• Lysin, Arginin, Leucin, Vitamin D, Niacin, Vitamin B12

Zutaten für 4 Personen
Für den Fisch
• 600 g Heilbutt, Frischware
• 4 EL Olivenöl
• 3 Zweige Thymian
• 6 Prisen Meersalz

Für das Risotto
• 200 g Risottoreis (z.B. Carnaroli oder Arborio)
• 1 kleine Zwiebel
• 1 Liter Hühnerfond
• 30 g Butter
• 70 ml Weißwein
• 40 g Butter, aus dem Kühlschrank
• 40 g frischen Parmesan
• 100 g kurz gegarte Linsen (s. S. 87)
• 3 Prisen Meersalz und evtl. etwas Pfeffer

Für die Orangencreme
• 2 Eigelb
• 1 TL Joghurt natur
• 120 Gramm Butter
• 2 Prisen Meersalz
• 4 Prisen Bio-Orangenschale, frisch
• Pfeffer
• 1 TL Zitronensaft
• 1 Prise Zucker

Als Beilage eignen sich Grillgemüse (s. S. 188) und Weißbrot sehr gut.

Zubereitung

Als Vorbereitung sollte der Grill einsatzbereit sein. Gut geeignet sind Grills, die einen Deckel haben. Ansonsten kann das Grillgut zwischenzeitlich auch mit einem stark gewölbten Kochtopfdeckel oder mit Grillfolie abgedeckt werden.

Für das Linsen-Risotto wird die Zwiebel geschält und in sehr feine Stückchen geschnitten. Zwiebel zusammen mit Butter in einem großen Topf auf dem Herd bei mittlerer Temperatur glasig werden lassen.

In der Zwischenzeit den Hühnerfond in einem separaten Topf bis kurz vor dem Siedepunkt erhitzen. Er soll jedoch nicht brodelnd kochen. Die Temperatur beim Herd so einstellen, dass der fast kochende Zustand bestehen bleibt.

Die trockenen Reiskörner zu den Zwiebeln geben und gut miteinander vermengen, sodass alle Reiskörner mit Butter benetzt sind. Die Temperatur etwas höher drehen.

Den Wein zum Reis geben und „ablöschen". Bevor die Masse ansetzt, wird schließlich kellenweise der heiße Hühnerfond zum Reis gegossen. Unter leichtem Köcheln und gu-

tem Rühren wird der Reis innerhalb der folgenden 17 bis 18 Minuten gegart. Immer, wenn die Flüssigkeit deutlich weniger wird, gießt man eine Kelle Hühnerfond nach. Der Reis darf dabei weder am Boden des Topfes noch am Rand stark ansetzen, sonst verbrennt er oder bleibt hart.

Je nach Reissorte und Gartemperatur kann evtl. ein wenig Hühnerfond übrig bleiben. Ab der 14. Minute sollte man aufpassen, dass man nicht mehr zu viel Fond nachgießt, damit das Risotto nicht zu flüssig ist. Kurz vor Ende der Garzeit, kann der Reis von der Herdpatte genommen werden und noch für 2 Minuten ruhen.

Schließlich werden in den Reis noch die kalten Butterwürfel und der frisch geriebene Parmesan untergerührt sowie die fertig gegarten Linsen. Mit Meersalz und evtl. Pfeffer abschmecken.

Für die Zubereitung der Orangencreme das Eigelb und den Joghurt in einem hohen Gefäß gut verquirlen. In der Zwischenzeit die Butter in einem kleinen Topf erhitzen bis sie

anfängt zu brutzeln. Mit einem Schneebesen oder einem Stabmixer die heiße Butter langsam und vorsichtig nach und nach mit der Eigelbmasse verquirlen bis eine homogene gelbe Soße entsteht. Wenn die Creme etwas Festigkeit erlangt hat, werden Zucker, Zitronensaft, abgeriebene Orangenschale untergerührt und mit feinem Meersalz und Pfeffer abgeschmeckt. Die übrig gebliebene Orange pellen und in dünne Scheiben schneiden.

Heilbutt portionieren und mit etwas Öl beträufeln. Je nach Dicke soll der Fisch nun für ca. 4 bis 6 Minuten auf dem Grill gar ziehen, dabei mit einem Deckel oder mit Grillfolie abdecken. Anschließend kurz etwas salzen und mit Pfeffer würzen.

Beim Anrichten zunächst ein Bett aus Linsen-Risotto auf dem Teller platzieren. Dann das gegrillte Heilbuttsteak darauf geben und drum herum mit ein wenig Orangencreme, Orangenscheibe (evtl. fertig getrocknete Orangenscheiben verwenden) und Thymian dekorieren.

Gut zu wissen:

Heilbutt ist ein mittelfetter Fisch, der sich besonders gut als Grill-Fisch eignet. Im Hochsommer kann dieses Gericht auch am Abend gegessen werden, wenn man danach nicht direkt ins Bett geht.

Heilbutt enthält viel Lysin, Vitamin D, Niacin und Vitamin B12. Vitamin B12 ist besonders wichtig für Konzentration, Gedächtnis-Leistung und mentale Kraft. Es ist zusätzlich an der Bildung roter Blutkörperchen und am Wachstum von Nervenzellen beteiligt.

Vitamin B12 kommt nur in tierischen Lebensmitteln vor, so dass gerade Personen, die kein Fleisch essen mögen, Heilbutt regelmäßig zu sich nehmen sollten.

Das Linsen-Risotto stellt die optimale Mischung an Aminosäuren (Arginin und Leucin) und Kohlenhydraten als Beilage zu Fischgerichte dar, die viel Lysin und Niacin enthalten, wie z.B. Heilbutt, Kabeljau und Zander. Der Parmesankäse fügt dem Gericht ein wenig Kalzium hinzu, sodass auch der Kreislauf stabil bleibt.

Brot mit Pferdebohnen, Paprika und Tomate
• Kupfer, Kobalt

Zutaten für eine Portion
- 100 g Pferdebohnen
  (frisch vom Markt oder aus dem Garten)
- 1 EL Butter
- 1 Prise Salz
- 1 Prise Zucker
- 1-2 Scheiben Brot
- 2 EL Schmand
- 1 kleiner Zweig frischer Thymian
- 2 Prisen Meersalz
- 1 Tomate
- 1 EL frisch gehobelten Parmesankäse

Zubereitung
Frische Pferdebohnen aus den Hülsen auslösen. In einer Pfanne Butter erhitzen und die Bohnen zusammen mit Salz und Zucker für 4 Minuten unter ständigem Wenden anbraten. Deckel aufsetzen und ohne weitere Hitzezufuhr für ca. 10 Minuten weitergaren lassen.

In der Zwischenzeit wird das Brot getoastet.

In einem kleinen Schälchen werden Schmand, ein paar Blättchen Thymian, Meersalz und Pfeffer miteinander vermengt.

Tomate waschen und in kleine Stückchen teilen. Evtl. die Kerne je nach Geschmack entfernen.

Die Schmandcreme auf die Brotscheibe streichen und mit den fertig gegarten Pferdebohnen und den Tomatenstückchen belegen.

Wenn Kinder mitessen, sollten die einzelnen Zutaten in separaten Schälchen gereicht werden, damit die Kinder ihre eigene Brotscheibe selbständig belegen können.

Gut zu wissen:
Pferdebohnen sind Hülsenfrüchte, die reich an pflanzlichen Eiweißen und an Kupfer sind. **Zusammen mit Kobalt aus den Tomaten hebt dieses Abendessen die Stimmung und macht zufrieden und die Gedanken frei.** Gerade nach einem Tag, an dem man viel denken musste oder für einen Deutschaufsatz am nächsten Tag die letzten Kapitel einer Pflichtlektüre lesen musste, eignet sich diese Nahrungsmittelkombination, da Kupfer innerliche Blockaden und festgefahrene Gedanken löst und sprachlich elegantes Formulieren erleichtert.

Gegen starke Nervosität vor einer Klassenarbeit hilft Mangan, welches man beispielsweise aus gelben Erbsen aufnehmen kann (s. S. 204).

Makrele auf Brot

- Lysin, Omega-3-Fettsäuren, Niacin, Vitamin B12, Jod

Zutaten pro Portion

- 75 g geräucherte oder gebeizte Makrele (vom Fischhändler)
- evtl. Salz, Pfeffer, Chili
- etwas Dill
- 1 Scheibe Graubrot

Zubereitung

Graubrot toasten. Makrelenfilet auslösen und die evtl. noch vorhandenen Gräten entfernen und auf dem noch warmen Brot platzieren. Evtl. mit Meersalz, Pfeffer oder Chili würzen und mit gewaschenen Dill dekorieren.

MAKRELE

Makrele ist ein fettreicher Salzwasserfisch, der viel Lysin, Jod, essentielle Fettsäuren, wie z.B. Omega-3-Fettsäuren, Vitamin B12 und Niacin enthält. **Makrele enthält insbesondere die lebensnotwendigen Omega-3-Fettsäuren Eicosapentaensäure (EPA) und Docosahexaensäure (DHA). EPA hilft Entzündungen, Stimmung, Depression, Blutgerinnung und das Immunsystem zu kontrollieren und ist daher gerade für Menschen mit Neurodermitis und Allergiebereitschaft sehr wichtig.**

DHA ist für die Bildung von Nervengewebe verantwortlich. Ein Großteil des menschlichen Gehirns sowie der Netzhaut besteht aus der Omega-3-Fettsäure DHA.

Dem Zusammenwirken von EPA und DHA in Makrele wird auch eine positive Wirkung bei Demenzerkrankungen, Rheuma, Arthritis, Insulinresistenz und Diabetes sowie bei Gelenksentzündungen zugeschrieben.

Makrelen-Creme

- Lysin, Omega-3-Fettsäuren, Niacin, Vitamin B12, Jod

Zutaten für 4 Personen
- 1 geräuchertes Makrelenfilet (ca. 200 g)
- 4 EL Schmand
- 2-3 TL Kapern
- 1 TL Zitronensaft
- 1-2 Prise Zucker
- evtl. etwas Meersalz
- etwas schwarzer Pfeffer
- 50 g Petersilie

Als Beilage eignen sich besonders gut rustikale Mischbrote, Kräcker oder Weißbrot.

Zubereitung

Das geräucherte Makrelenfilet auslösen und die evtl. noch vorhandenen Gräten entfernen. Makrelenfilet zusammen mit Schmand in eine Schüssel geben und mit einer Gabel miteinander vermengen. Dabei dürfen gerne noch die einzelnen Zutaten zu sehen sein. Wenn Kinder mitessen, kann ein Pürieren der Masse sinnvoll sein.

Kapern klein schneiden und unterrühren. Die Makrelencreme mit einem Spritzer Zitrone, etwas Zucker und Pfeffer und evtl. mit etwas Meersalz abschmecken. Geräucherte Makrele ist meist schon beim Kauf recht salzig, sodass nicht immer zusätzlich gesalzen werden muss.

Zum Schluss wird die Petersilie fein gehackt und ebenfalls untergehoben. Für Kinder ist es oft schöner, wenn sie sich die gehackte Petersilie selbst auf die Makrelencreme streuen dürfen.

Gut zu wissen:

Fetter Zuchtlachs enthält reichlich essentielle Omega-3-Fettsäuren – deutlich mehr als Wildlachs. **Omega 3-Fettsäuren gelten als wahre Helfer gegen Demenz und Alzheimer sowie bei entzündlichen Prozessen, wie z.B. Arthritis und Rheuma. Schon während der Schwangerschaft kann die Mutter ihr ungeborenes Kind vor Allergien und Neurodermitis schützen, indem sie ausreichend fetten Fisch, wie z.B. Zuchtlachs oder Makrele und Hering zu sich nimmt.**

Zudem weist Lachs große Mengen an Niacin auf, welches kreislaufschwache Menschen zu müde machen kann. Die Kombination mit schwefelreichem Schnittlauch bekommt diesen Menschen besonders gut, da Schwefel anregend wirkt. Auch das von Natur aus vorkommende Vitamin D in Lachs sorgt für etwas Stärke. Am Abend ist das Kombinieren von Lachs mit Salatgurke (Magnesium) sinnvoll, um besser zu regenerieren.

Brot mit Schmand, Gurke, Lachs, Schnittlauch

12

- Kohlenhydrate, Omega-3-Fettsäuren, Vitamin D, Schwefel, Magnesium

Zutaten für eine Person
- 75 g geräucherter oder gebeizter Zuchtlachs
- 1-2 Scheiben Brot
- 2-3 EL Schmand
- 60 g Salatgurke
- 20 g Schnittlauch

Zubereitung

Gurke und Schnittlauch gut waschen und in Scheiben bzw. Röllchen schneiden. Brotscheibe(n) etwas anrösten. Schmand auf das Brot streichen und mit den Schnittlauchröllchen, den Gurkenscheiben und einer Scheibe geräucherten oder gebeizten Zuchtlachs belegen.

Brot mit Erdnussmus und Banane

- Essentielle Fettsäuren, Kalium,

Zutaten pro Portion
- 1-2 Scheiben Brot
- evtl. etwas Butter
- 1-2 EL Erdnussmus (keine Erdnussbutter!)
- 1 Prise Salz
- 1 kleine Banane

Als Beilage evtl. noch ein Stück Gurke oder Sellerie dazu essen.

Zubereitung
Brotscheibe(n) mit Erdnussmus bestreichen und leicht mit feinem Meersalz salzen. Wenn Kinder beim Essen bemängeln, dass das Brot mit Erdnussmus zu stark am Gaumen klebt, hilft eine dünne Butterschicht unter dem Erdnussmus. Banane schälen und in Scheiben auf das Erdnussmus legen.

Gut zu wissen:
Erdnussmus enthält viele essentielle Fettsäuren sowie das fettlösliche Vitamin E, welches der Körper zusammen mit Kalium und Magnesium aus Banane und den Kohlenhydraten aus Brot für eine gute Regeneration benötigt. Erdnussmus enthält auch sehr viel Niacin, welches das Mus auch je nach Anbieter bitter im Geschmack werden lässt. Aus Erdnussmus gelingt es unserem Körper jedoch nur schwer, das Niacin zu verwerten. Banane enthält zusätzlich in geringen Mengen Tryptophan und reichlich Serotonin. Zusammen sorgen beide Stoffe dafür, dass man zufrieden in den Schlaf findet. Serotoninneurone kommen im Mittelhirn vor und sind am Schlaf-Wachrhythmus und an der Steuerung der Stimmungslage beteiligt.
Erdnussmus sollte aus Bio-Läden oder aus dem Reformhaus gekauft werden, da es sich dann meist um eine reine Erdnusspaste handelt, die nicht mit Zusätzen von Zucker, Dickungsmitteln, anderen Fetten oder Ergänzungsstoffen vermengt wurde.

AVOCADO

Avocado enthält viel Niacin, welches wichtig ist für Ideenreichtum und für die Bereitstellung von Energie. Niacin wirkt besonders gut zusammen mit Vitamin B2 aus saurer Sahne oder Blauschimmelkäse. Niacin wird u.a. benötigt, um Polenta (Mais-Grieß mit Tyrosin) und Vollkornprodukte (Leucin) gut verträglich zu machen. Bei einer Niacin-Unterversorgung kann es zu Sodbrennen kommen nachdem tyrosin- und leucinhaltige Lebensmittel gegessen wurden.

Da Niacin bei empfindlichen Personen den Kreislauf zu stark dämpfen kann, ist die Beimengung von Olivenöl oder auch Haselnüssen sinnvoll. Beide enthälten Schwefel, der den Kreislauf stabil hält. Zusätzlich enthält Olivenöl essentielle Fettsäuren und Vitamin E, die zusammen mit dem Magnesium aus der Avocado die Regeneration fördern. Haselnüsse enthalten die Aminosäuren Arginin und Threonin, die den Kreislauf ebenfalls stabil halten.

Avocado auf Brot

• Niacin

Zutaten für 2 Personen
• 2-4 Scheiben Brot
• 1 Avocado
• 2 Prise Meersalz
• evtl. etwas Pfeffer

Zubereitung
Die Avocado halbieren und Schale und Kern entfernen. Anschließend jeweils eine Scheibe Brot mit etwas Avocadofruchtfleisch belegen und mit einer Gabel zerdrücken. Mit Meersalz und evtl. Pfeffer würzen.

Gut zu wissen:
Kinder mögen häufig Speisen, bei denen die einzelnen Lebensmittel möglichst wenig verändert wurden und wiederzuerkennen sind. Das Avocadobrot lässt sich unmittelbar beim Abendbrottisch im Beisein des Kindes zubereiten, sodass es die Nahrungsmittel zuordnen kann.
Avocado enthält viel Niacin, welches wichtig ist für Ideenreichtum und zur Bereitstellung von Energie. Durch den Verzehr von tyrosin- und leucinhaltigen Lebensmitteln, wie. z.B. Polenta, Ei, Vollgetreide sowie Hülsenfrüchte, ist der Bedarf an Niacin erhöht.

Avocado-Creme mit Roquefort

• Niacin, Vitamin B2, Arginin, Threonin

Zutaten für ca. 3-4 Scheiben Brot
• 1 große Avocado
• 25 g Roquefortkäse
• 2 EL Zitronensaft
• 1 EL Haselnüsse, fein gerieben
• etwas Tabasco
• 1 Prise feines Meersalz

Zubereitung
Avocado halbieren und Kern und Schale entfernen. Avocadofruchtfleisch und Blauschimmelkäse mit einer Gabel zerdrücken. Zitronensaft, Haselnüsse, Tabasco und Meersalz hinzufügen und so lange vermengen bis eine cremige Masse entsteht.
Da die Avocadocreme schnell dunkel wird, sollte sie bald gegessen werden.

Avocado-Creme

• Niacin, Magnesium, Vitamin E, essentielle Fettsäuren, Vitamin B2, Schwefel

Zutaten für ca. 2-4 Portionen
• 1 große Avocado
• 3 EL saure Sahne
• 2 EL Zitronensaft
• 2 EL Olivenöl
• evtl. etwas Knoblauch
• etwas Tabasco
• 2 Prisen feines Meersalz
• evtl. etwas Weizenkeime

Als Beilagen eignen sich Brot, Gemüsesticks und Tortilla-Chips.

Zubereitung
Avocado halbieren und Kern und Schale entfernen. Avocadofruchtfleisch mit einer Gabel zerdrücken. Saure Sahne, Olivenöl, Zitronensaft, evtl. etwas fein gehackten Knoblauch, Tabasco und Meersalz hinzufügen und so lange vermengen bis eine cremige Masse entsteht.
Da die Avocado-Creme schnell dunkel wird, sollte sie bald gegessen werden.

Gut zu wissen:
Als Beilage eignet sich Brot – im Sommer Weißmehlbrotsorten und an kühleren Tagen Vollkornbrot. Zusätzlich können auch Gemüsesticks (Magnesium, Kalium) geschnitten werden und in die Avocado-Creme gedippt werden.
Mit dem Hineindippen von Tortilla-Chips (Tyrosin) in die Avocado-Creme lassen sich meist auch Kinder dazu bewegen, die Creme zu essen. Wenn der Anteil von Vitamin E erhöht werden soll, um sich besser zu regenerieren, können ein wenig Weizenkeime (Reformhaus) untergerührt werden.

Weiße Bohnen-Creme

- Zink, Schwefel, essentielle Fettsäuren

Zutaten für 6 Portionen
- 250 g gegarte weiße Bohnen
- 50 g Sesampaste oder Erdnussmus
- 4 EL Wasser, kalt
- 6 EL Zitronensaft
- 3 EL Olivenöl oder Walnussöl
- ½ EL Meersalz
- evtl. Pfeffer
- etwas frische Zitronenmelisse
- etwas Weizenkeime

Im Sommer mit geröstetem Weißbrot und Butter essen.

Zubereitung

Gegarte weiße Bohnen in einen Mixbecher füllen. Öl, das sich auf der Sesampaste bzw. auf dem Erdnussmus abgesetzt hat, gut verrühren. Sesampaste bzw. Erdnussmus zusammen mit etwas Wasser zu den weißen Bohnen geben und mit einem Zauberstab mixen, bis die Paste geschmeidig wird. Das geht am besten mit einem kleinen elektrischen Quirl. Sesampaste oder Erdnussmus zu den Bohnen in den Mixbecher geben. Olivenöl oder Walnussöl und frisch gepressten Zitronensaft zufügen. Alles gut pürieren, bis ein weicher, cremiger Brei entsteht. Die Paste mit Meersalz, evtl. Pfeffer sowie Zitronenmelisse würzen und mit Weizenkeimen anreichern.

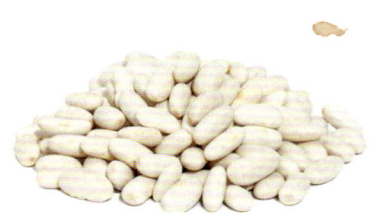

Gut zu wissen:

Weiße Bohnen enthalten viel Zink und auch Schwefel. **Zink regt die Nebenniere an, ist wichtig für das Immunsystem und wirkt positiv auf die Wundheilung. Bei Schulkindern, die am nächsten Tag eine Mathematikarbeit schreiben müssen, sind weiße Bohnen am Abend vorher besonders sinnvoll, da sie das rationale Denken fördern.**

Sofern eine Chrom-Überempfindlichkeit vorliegt, ist es sinnvoll, auf die Sesampaste zu verzichten. Stattdessen schmeckt auch Erdnussmus (häufig geeignet bei Menschen mit Neurodermitisstellen in den Ellbeugen). Walnussöl sowie Weizenkeime weisen hohe Vitamin E-Werte auf, welches für die Regeneration wichtig ist. Bei allgemeiner Kreislaufschwäche kann durch zu viel Vitamin E jedoch der Kreislauf zu stark abgesenkt werden, sodass die betroffene Person sich in der Nacht schlecht regenerieren kann. Olivenöl enthält u.a. Schwefel, welches den Kreislauf besser stabil hält. Bei starker Ekzembildung sollte anstelle von Öl lieber Butterfett in Form von Sahne Verwendung finden. Ein Zuviel an essentiellen pflanzlichen Fettsäuren kann einen Neurodermitisschub verursachen.

Hummus - Kichererbsen-Creme

* Vitamin B6, Mangan, Arginin, Schwefel

Zutaten für 8 kleine Portionen
* 250 g gegarte Kichererbsen
* 50 g Sesampaste oder Erdnussmus
* 4 EL Wasser, kalt
* 6 EL Zitronensaft
* 3 EL Olivenöl oder Walnussöl
* ½ EL Meersalz
* evtl. Pfeffer
* Paprikapulver
* Petersilie

Im Sommer mit geröstetem Weißbrot und Butter essen.

Zubereitung
Kichererbsen in einen Mixbecher füllen. Öl, das sich auf der Sesampaste oder auf dem Erdnussmus abgesetzt hat, gut verrühren. Etwas Sesampaste oder Erdnussmus zusammen mit etwas Wasser zu den Kichererbsen geben und mit einem Zauberstab mixen, bis die Paste geschmeidig wird. Olivenöl oder Walnussöl und frisch gepressten Zitronensaft untermengen. Die Paste mit Meersalz und evtl. Pfeffer, Paprikapulver, Petersilie würzen.

Sofern eine Chrom-Überempfindlichkeit vorliegt, ist es sinnvoll, auf Sesampaste gänzlich zu verzichten. Stattdessen schmeckt auch Erdnussmus (häufig geeignet bei Menschen mit Neurodermitisstellen in den Ellbeugen). Walnussöl weist hohe Vitamin E-Werte auf und kann bei allgemeiner Kreislaufschwäche den Kreislauf zu stark absenken, sodass die betroffene Person sich in der Nacht schlecht regenerieren kann. Olivenöl enthält u.a. Schwefel, welches den Kreislauf besser stabil hält. Bei starker Ekzembildung sollte anstelle von Öl lieber Butterfett in Form von Sahne Verwendung finden. Ein „Zuviel" an essentiellen pflanzlichen Fettsäuren kann einen Neurodermitisschub verursachen.

Gut zu wissen:
Kichererbsen enthalten viel Mangan und Vitamin B6 sowie auch Schwefel. Mangan zusammen mit Vitamin B6 löst Verspannungen und verringert Berührungsempfindlichkeiten, die z.B. durch zu hohen Lysinkonsum (Fisch, Buttermilch) verursacht wurden.

Kichererbsen-Erdnuss-Aufstrich
- Mangan, Vitamin B6, Arginin, essentielle Fettsäuren

Zutaten für ein Glas
- 60 g getrocknete Kichererbsen
- 200 ml Wasser
- 30 g Butter
- 50 g Zwiebeln, fein gewürfelt
- ½ Orange, Saft
- 1 EL Zitronensaft
- 4 EL Erdnussmus
- 4 EL Erdnüsse, klein gehackt
- 1 EL Edelhefe
- ½ TL Meersalz
- Tabasco
- evtl. etwas Honig

Als Beilage eignet sich dünnes Fladenbrot. Wenn man es etwas fruchtig-frischer mag, kann gut warmes Brioche mit Schmand und etwas Aprikosenmarmelade oder mit Pflaumenmus gegessen werden.

Zubereitung
Getrocknete Kichererbsen in einer Kaffeemühle mahlen und mit Wasser über Nacht einweichen. Am nächsten Tag Zwiebel in kleine Stückchen schneiden und mit etwas Butter in einem flachen Topf leicht bräunen lassen. Eingeweichte Kichererbsen-Masse zu den gebräunten Zwiebeln geben und unter ständigem Rühren für ca. 5 min köcheln lassen. Den Topf vom Herd nehmen und den Orangesaft unterrühren. Die Masse muss für gut 10 min ruhen bei geschlossenem Deckel.

Mit Zitronensaft, Erdnussmus, klein gehackten Erdnüssen, Edelhefeflocken, Meersalz, Tabasco und eventuell etwas Honig abschmecken.

Gut zu wissen:
Kichererbsen sind reich an Mangan, Vitamin B6 und Arginin. Sie haben beruhigende Wirkung. **Zusammen mit Erdnüssen, die essentielle Fettsäuren enthalten, ist dieser Brotaufstrich bei Kindern mit trockener, empfindlicher Haut hilfreich.** Kreislaufschwache Personen können aufgrund der Molybdän-Wirkung von getrockneten Aprikosen schnell unter kalten Händen und Füßen leiden.

Dieser vegetarische Brotaufstrich schmeckt im Sommer besonders gut zusammen mit Schmand und etwas Aprikosenmarmelade auf noch warmem Brioche oder auch auf getoastetem Rosinenbrot. Im Winter kann er mit getoastetem Vollkornbrot kombiniert werden. Wer auch zur kalten Jahreszeit die süße Kombination bevorzugt, kann Dörrpflaumen oder getrocknete Aprikosen ergänzen, die reich an Vitamin B2 sind.

Dattel-Mohn-Aufstrich

• Molybdän

Zutaten für ein Glas

• 70 g Datteln
• 60 g Mohn
• 150 ml Milch
• 100 g Quark (40% Fett) oder Schmand
• ½ EL Waldhonig
• ¼ TL Zimt
• 1 Prise Meersalz
• ½ TL Zitronen- oder Orangenschale
• 1 Vanilleschote
• 2 TL Zitronensaft
• 2 EL Weizenkeime

Zubereitung

Den Mohn in eine elektrische Kaffeemühle geben und für ein paar Minuten mahlen. Datteln entkernen und sehr fein schneiden und ebenfalls in die Milch geben. Mohn und Datteln zusammen mit der Milch in einem Topf für 3 Minuten köcheln und anschließend erkalten lassen. In einem separatem Gefäß Quark oder Schmand, Honig, Zimt, Salz, Zitronen- oder Orangenschale mit einander vermengen. Die Vanilleschote auskratzen und das Mark ebenfalls in die Quarkmasse geben. Die erkaltete Mohn-Dattelmasse hinzugeben und mit dem Zitronensaft abschmecken. Weizenkeime unterrühren.

Gut zu wissen:

Diese Paste passt gut in die winterliche Zeit als Brotaufstrich zum Abendessen. Aufgrund der recht hohen Molybdän-Werte kann der Brotaufstrich ausgleichend wirken zu chromreichen Früchten, wie z.B. Mandarinen und Äpfeln. Da Datteln sowie auch Mohn recht dämpfend wirken, ist die Kombination mit Quark sinnvoll. Quark enthält Methionin, eine schwefelhaltige Aminosäure, die anregend wirkt. Dennoch reagieren kreislaufschwache Personen z.T. mit kalten Händen und Füßen nach Konsum dieser Dattel-Mohn-Creme.

Wer aufgrund von Neurodermitis lieber weniger Methionin zu sich nehmen möchte, kann auch Schmand verwenden, der weniger Methionin enthält als Quark.

Gegen Neurodermitis in den Ellbeugen hilft häufig Vitamin E, welches in Weizenkeimen vorhanden ist.

Der Aufstrich hält sich im Kühlschrank in einem verschlossenen Gefäß für ca. eine Woche.

Kartoffel-Lauch-Aufstrich mit Kräutern

- Niacin, Vitamin B2, Vitamin E, Schwefel

Zutaten für 10-12 Scheiben Brot

- 400 g Kartoffeln
- 100 g Lauchzwiebeln
- 50 g Butter
- 100 g Schmand
- 4 EL Olivenöl oder Walnussöl
- 2-3 EL frischer Schnittlauch, geschnitten
- 1 EL frische Petersilie, gehackt
- 1/2 EL Basilikum, gehackt
- 1 PriseMuskatnuss (frisch gerieben)
- 1 Prise Majoran (evtl. trocken)
- 1 Prise Pfeffer
- 3 Prisen feines Meersalz

Als Beilage eignen sich Knäcke- und Roggenbrot sowie ein wenig rote Bete-Salat (s. S. 198).

Zubereitung

Kartoffeln waschen und mit der Schale in einem Topf mit etwas Wasser kochen.

In der Zwischenzeit Lauchzwiebeln waschen und in feine Scheiben schneiden. Zusammen mit etwas Butter werden nun die Lauchzwiebeln in einer Pfanne für ca. 5 Minuten gebraten bis sie leichte Röstaromen entwickelt haben. Anschließend zur Seite stellen.

Schnittlauch und Kräuter waschen und fein schneiden.

Wenn die Kartoffeln gar sind, werden sie noch heiß gepellt und gleich mithilfe einer Kartoffelpresse oder mit einem Stampfer oder einer Gabel zerdrücken. Danach zusammen mit Schmand zu Püree verarbeiten.

Abgekühlte Lauchzwiebeln, Öl, Schnittlauch und gehackte Kräuter zum Kartoffelpüree geben. Mit Majoran, Pfeffer, Muskatnuss und Meersalz abschmecken und auskühlen lassen.

Der Kartoffel-Brotaufstrich schmeckt im Sommer besonders gut, wenn er einige Stunden im Kühlschrank durchziehen kann und kühl serviert wird.

Der Aufstrich ist im Kühlschrank 2 bis 3 Tage haltbar.

Gut zu wissen:

Kartoffel ist reich an Niacin. Zusammen mit Vitamin B2 aus Schmand kann Niacin besonders gut wirken. Im Sommer wird Niacin als innerer Zellschutz bei UV-Bestrahlung benötigt.

Der Verzehr von niacinreichen Speisen macht auch sehr müde. Das Kombinieren mit schwefelhaltigen Zutaten, wie z.B. Lauch, Schnittlauch und Olivenöl schützt vor zu stark dämpfender Wirkung. An sehr heißen Tagen mit hohen Ozonwerten kann die Wirkung von Schwefel zu Kopfschmerzen führen aufgrund einer zu geringen Sauerstoffverwertung im Gehirn. Dann ist es sinnvoll, kupferreichen rote Bete-Salat oder in Essig eingelegte rote Bete aus dem Glas dazu zu essen.

Als weitere Beilage ist Brot sinnvoll, damit der Blutzuckerspiegel nicht während der Nacht zu stark absinkt und man zwischen 2 und 3 Uhr davon aufwacht. Kartoffel enthält zu wenig Kohlenhydrate, um für die nächtliche Regeneration auszureichen und zusammen mit Vitamin E aus dem Öl ausreichend Glykogen in Leber und Muskulatur zu speichern.

Mais-Wraps

Zutaten für 4 Personen
für den Mais-Wrap-Teig

- 200 g Maismehl
- 200 g Weizenmehl
- 3 Prise Zucker
- 3 Prise Salz
- 1 Liter Milch
- 4 Eier
- Oliven- oder Maiskeimöl zum Backen der Pfannkuchen

Zubereitung der verschiedenen Wraps

Gemüse sorgfältig waschen und in kleine Stückchen schneiden. Den Wrap-Pfannkuchen flach auf eine Unterlage legen und auf der Oberseite je nach Rezept mit Mayonnaise oder Schmand bestreichen. Anschließend die einzelnen Zutaten auf eine Hälfte des Wrap-Pfannkuchens legen. Die andere Hälfte des Pfannkuchens darüberschlagen und den Wrap von der Seite her aufrollen.

Gut zu wissen

Wraps eignen sich besonders gut, verschiedene Salate und Gemüse sowie Hülsenfrüchte zu kombinieren und sie für Kinder zugänglich zu machen.
Blattsalate enthalten Magnesium und Folsäure, Champignons und Avocado Niacin, Hülsenfrüchte Arginin und Leucin sowie Vitamin B1 und B6. Mais enthält Vitamin B2, rote Bete Kupfer, Tomaten Kobalt und Chlor und Parmesankäse Kalzium.

Thunfisch-Kichererbsen-Wrap
- Niacin, Arginin, Mangan, Vitamin B2, Kupfer, Magnesium

Zutaten für die Füllung
- 1 Dose Thunfisch in Öl
- 150 g Kichererbsen, gegart
- 150 g Gemüsemais, gegart
- 100 g rote Bete, sauer eingelegt
- ½ Salatgurke
- 4 EL Mayonnaise

Wrap Mediterran
• Kobalt, Folsäure, Vitamin E, Schwefel, Kalzium

Zutaten für die Füllung
• 200 g Cherry-Tomaten oder z.T. in Öl eingelegte, getrocknete Tomaten
• 4 EL schwarze, gereifte Oliven
• 50 g Ruccola
• 4 EL Mayonnaise
• 100 g Parmesankäse, frisch gehobelt
• 2 EL Pinienkerne
• 2 EL Pesto

Wrap mit Kidney-Bohnen
• Niacin, Vitamin B2, Kobalt, Kupfer, Folsäure, Kalzium

Zutaten für die Füllung
• 1 reife Avocado
• 100 g Kidney-Bohnen, gegart
• 100 g Cherry-Tomaten
• 50 g frische Champignons
• 50 g sauer eingelegte rote Bete
• 4 EL Mais
• 50 g Feldsalat
• 4 EL Mayonnaise
• etwas Parmesankäse, frisch gehobelt

Avocado-Kichererbsen-Wrap
• Niacin, Arginin, Kobalt, Kalzium

Zutaten für die Füllung
• 1 reife Avocado
• 100 g Kichererbsen, gegart
• 150 g Tomaten
• 100 g frische Champignons
• 4 EL Mais
• 50 g Feldsalat
• 4 EL Mayonnaise
• etwas Parmesankäse, frisch gehobelt

Grillgemüse

- Niacin, Kalium, Magnesium, Vitamin A, Vitamin E

Zutaten für 4 Personen

- 2 kleine Zucchini
- 2 Auberginen
- 2 rote Paprika
- 2 gelbe Paprika
- 1 grüne Paprika
- 1 Zwiebel
- 100 ml Olivenöl
- 2 Knoblauchzehen
- Meersalz
- Rosmarin

Als Beilagen eignen sich verschiedene Dips, wie z.B. ein Avocadodip (s. S. 180), sowie auch Backkartoffeln und gegrilltes Weißbrot.

Zubereitung

Das Gemüse waschen und der Länge nach aufschneiden. Stängel und Kerne entfernen. Olivenöl mit klein gehacktem Knoblauch, etwas Meersalz, Pfeffer oder Chili und frischem Rosmarin vermengen und über das Gemüse geben. Für einen halbe Stunde darin marinieren lassen.

Anschließend kann das Gemüse auf einem Grill für ca. 5 bis 8 Minuten je nach Hitze gegart werden. Dabei sollte man in der Nähe bleiben, damit es nicht zu schwarz wird.

Gut zu wissen:

Sommerliches Grillen findet häufig am Abend statt und meistens werden Fleisch und Würstchen zubereitet. Um einen Grillabend vegetarisch zu gestalten, eignet sich besonders gut dieses Grillgemüse. Je nach Sorte werden Mangan (Aubergine), Zink (Zucchini), Niacin (rote und gelbe Paprika), Magnesium (grüne Paprika und Zucchini) aufgenommen. Das Olivenöl enthält neben den fettlöslichen Vitaminen A und E für eine gute Regeneration auch etwas Schwefel, damit der Kreislauf stabil bleibt.

Zur nötigen Energieversorgung sind Kohlenhydrate aus Brot notwendig, damit man nicht mitten in der Nacht zwischen 2 und 3 Uhr morgens aufwacht durch Unterzuckerung.

Salat mit weißen Bohnen

• Zink, Schwefel, Kobalt

Zutaten für 4-6 Personen

• 250 g kleine weiße Bohnen, Trockenware
• 2 Zwiebeln
• ½ Bund Petersilie
• 3 EL hellen Balsamico
• 2 EL Zitronensaft, frisch gepresst
• 3 EL Olivenöl
• 1 Päckchen echten Vanillezucker
• feines Meersalz
• etwas Pfeffer oder Tabasco

Zubereitung

Weißen Bohnen in ein Sieb geben und kurz unter fließendem Wasser abspülen. Je nach Größe und Lagerungszeit in dreifacher Menge Wasser für ca. 12-24 Stunden einweichen. Am nächsten Tag die gequollenen weißen Bohnen mit doppelter Menge Wasser bei niedriger Temperatur garen lassen. Die Zwiebeln schälen und in sehr feine Stückchen schneiden. Petersilie waschen und klein hacken.

Abgekühlte Bohnen zusammen mit den Zwiebeln und der Petersilie in einer Schüssel vermengen. Für die Vinaigrette Balsamico, Öl, Vanillezucker, Zitronensaft, Salz und Pfeffer oder Tabasco zusammen mixen, alles über den Salat geben und kurz durchziehen lassen.

Gut zu wissen:

Weiße Bohnen enthalten viel bioverfügbares Zink. Zink brauchen wir u.a. für eine gute Immunabwehr.

Tönnies empfahl Kindern, am Abend vor einer Mathearbeit zwei Esslöffel voll weiße Bohnen zu essen, da diese das rationale Denken fördern.

Dieser gesäuerte Bohnensalat enthält nur noch sehr wenig wärmende Pantothensäure, so dass er gut im Sommer gegessen werden kann.

Gut zu wissen:

Wenn im Hochsommer am Abend die Fußgelenke geschwollen sind aufgrund der Sommerhitze, können dem Salat noch ein paar Esslöffel kurz gebrühter (15 Sek.) echter Tee beigemengt oder in geringen Mengen dazu getrunken werden, damit die Nebennieren besser arbeiten können.

Der recht hohe Anteil an Niacin aus Avocados oder aus Thunfisch kann ansonsten zu stark dämpfend wirken, sodass der Körper sich nicht ausreichend regenerieren kann.

Bunter Reissalat

• Niacin, Vitamin B2, Vitamin A, Vitamin C, Kupfer, Cystein, Kohlenhydrate

Zutaten für 3-4 Portionen

• 125 g Reis (trocken)
• 100 g Erbsen (evtl. tiefgekühlt)
• 1 rote Paprikaschote
• 1 Dose Gemüsemais
• 1 Dose Thunfisch (in Öl) oder
• 2 Avocados
• 1 Becher Sahne
• 4 EL Olivenöl oder Sonnenblumenöl
• 1-2 EL Zucker
• 1 TL Meersalz, Tabasco
• 1 Zitrone (Saft)
• 1 Bund frische Petersilie

Zubereitung

Reis kochen und abkühlen lassen. Erbsen aus der Schote holen und einmal kurz in Butter erhitzen. Sofern tiefgekühlte Erbsen verwendet werden, diese für 2 Minuten aufkochen und ebenfalls abkühlen lassen. Paprikaschote in kleine Würfelchen schneiden. Das Wasser beim Mais aus der Dose abgießen. Den Thunfisch aus dem Öl holen und in kleine Stückchen teilen. Wenn anstelle des Thunfischs Avocado verwendet wird, diese halbieren, Schale und Kern entfernen und in Stückchen schneiden. Reis, Erbsen, Paprika, Mais und Thunfisch oder Avocado in eine große Schüssel geben und vermengen. Für das Dressing Sahne, Öl, Zucker, Salz und Tabasco zusammen verrühren und über den Reis geben und alles gut durchmischen. Zum Schluss noch Zitronensaft unterrühren und schließlich mit fein gehackter Petersilie garnieren.

Linsensalat herzhaft

- Arginin, Leucin, Mangan, Molybdän, Kobalt, Schwefel, Folsäure

Zutaten für 4-6 Personen

- 200 g braune Linsen, Trockenware
- 500 ml Wasser
- 1 Zwiebel
- 4 Tomaten
- ½ Bund Petersilie oder Basilikum
- 3 EL hellen Balsamico
- 2 EL Zitronensaft, frisch gepresst
- 3 EL Olivenöl
- feines Meersalz
- etwas Pfeffer oder Tabasco

Zubereitung

Die Linsen in ein Sieb geben und kurz unter fließendem Wasser abspülen. Je nach Größe und Lagerungszeit in einem halben Liter Wasser für ca. 4 bis 6 Stunden einweichen Später oder am nächsten Tag die gequollenen Linsen bei mittlerer Hitze für 4 bis 5 Minuten garen lassen.

Zwiebel schälen und in sehr feine Stückchen schneiden. Tomaten waschen, halbieren und die Stielansätze entfernen. Danach ebenfalls in feine Würfel schneiden. Petersilie oder Basilikum waschen und klein hacken.

Abgekühlte Linsen zusammen mit den Zwiebeln, Tomaten und Kräutern in einer Schüssel vermengen. Für die Vinaigrette Balsamico, Öl, Zitronensaft, Salz und Pfeffer oder Tabasco zusammen mixen, über den Salat geben und kurz durchziehen lassen.

Gut zu wissen:

Aufgrund der Säure aus dem Essig und dem Zitronensaft ist die Pantothensäure nicht mehr biowirksam. Daher eignet sich dieses Salat besonders gut im Sommer, wenn man zwar Arginin zu sich nehmen möchte, aber nicht die wärmende Pantothensäure.

Süßer Linsen-Bananensalat mit Sahne

- Pantothensäure, Mangan, Vitamin B6, Vitamin B2, Arginin Serotonin

Zutaten für 3-4 Portionen

- 200 g Paradina-Linsen oder Tellerlinsen
- 500 ml Wasser
- 1 Prise Meersalz
- 200 ml süße Sahne
- 1 Orange, Saft
- 3 Bananen
- ½ TL Zimt
- 100 g kalifornische Rosinen

Zubereitung der Linsen

Linsen kurz in einem Sieb unter fließendem Wasser abspülen und anschließend in einen kleinen Topf geben. Mit Wasser bedecken und über Nacht (mindestens 4 Stunden) quellen lassen. Anschließend Meersalz zu den Linsen geben und diese zusammen mit dem Einweichwasser einmal aufkochen lassen. Anschließend für 4 bis 5 Minuten bei ganz geringer weiterer Hitzezufuhr weitergaren.

Anschließend in eine kalte Schüssel umfüllen. Banane schälen und in mundgerechte Stückchen schneiden. Den Saft der Orange auspressen. Sahne, Orangensaft, Zimt sowie Bananenstückchen und Rosinen zu den Linsen geben und alles miteinander vermengen.

Gut zu wissen:

Linsen enthalten in diesem Salat recht viel Pantothensäure, die den Wärmehaushalt reguliert. Pantothensäure wirkt auch gut bei Kindern mit Verlassensängsten, Heimweh und gegen Einnässen, da sie die Blasenfunktion unterstützt. Unter Berücksichtigung der Organuhr ist die Aufnahme von Pantothensäure am besten am Nachmittag, sodass sich dieser Linsensalat gut als Zwischenmahlzeit eignet. Aufgrund der beruhigenden Wirkung kann er auch als Abendessen gereicht werden. Zusätzlich enthalten Linsen Mangan, Vitamin B6 und Arginin. Der Linsensalt wirkt daher beruhigend und ausgleichend. Die Sahne enthält Vitamin B2, welches ebenfalls beruhigend wirkt. Banane enthält Serotonin, ein Hormon, dass stimmungsaufhellenden Wirkung zeigt und den Schlaf-Wach-Wechsel steuert.

Fruchtsalat
(nach Tönnies)

- Kalium, Vitamin C, Folsäure, Vitamin A,
  Vitamin E, Vitamin B2, Silicium

Zutaten für 6 Portionen

- 200 g Römer-, Endivien- oder Feldsalat oder Chicorée
- 1 gelbe Grapefruit
- 2 Orangen
- 200 g Sauerkirschen
- 1 Banane
- 2-3 Pfirsiche
- 100 g Erdbeeren oder Himbeeren
- 50 g kandierter Ingwer
- ½ Tasse eiskalter, schwarzer Tee, 15 Sekunden gebrüht
- 2 EL Honig
- 300 ml Schlagsahne
- 3-6 Wallnüsse zum Dekorieren
- 2 Prisen Meersalz

Zubereitung

Salatblätter kurz waschen und in kleine Stücke zupfen. Die Früchte in mundgerechte Stückchen schneiden. Ingwer sehr fein schneiden. Alles zusammen in eine Schüssel geben und mit dem mit Honig gesüßten Tee übergießen. Schlagsahne cremig schlagen und zum Obstsalat servieren. Evtl. mit Wallnüssen dekorieren.

Gut zu wissen:

Tönnies hat diesen Fruchtsalat für heiße Sommerabende zusammen gestellt. Die Kombination von Blattsalat und Frucht mit schwarzem Tee wirkt besonders erfrischend.

Ingwer sorgt für eine bessere Verdauung von Blattsalaten und regt die Magensäureproduktion an. Gerade bei Menschen mit der Tendenz zu Blähungen nach dem Genuss von Blattsalaten am Abend, kann Ingwer sehr hilfreich sein. Ebenfalls sollte darauf geachtet werden, dass das Meersalz nicht vergessen wird. Sofern keine gelbe Grapefruit zu bekommen ist, kann sie auch durch den Saft einer Zitrone ersetzt werden. Auch dieser wirkt aufgrund des Vitamin C-Gehalts Blähungen nach dem Genuss von Blattsalaten entgegen. Himbeeren sind in diesem Fall auch günstiger als Erdbeeren, da Erdbeeren Chrom enthalten, welches bei vielen zu einem aufgedunsenen Bauch nach der Mahlzeit führt.

Kartoffelsalat mit frischen Kräutern

• Niacin, Folsäure

Zutaten für 4 Personen
• 1200 g lauwarme Pellkartoffeln
• je 1 Bund Petersilie, Basilikum, Dill, Schnittlauch, Kresse, Schnittlauch, Ruccola (je nach Geschmack)
• 6 EL Maiskeimöl oder Olivenöl
• 100 ml lauwarme Brühe
• 1-2 Zitronen (Saft)
• 4 EL hellen Balsamico
• 1 EL Zucker
• Meersalz
• Tabasco

Als Beilage eignen sich Brot mit Butter.

Zubereitung
Pellkartoffeln pellen und in dicke Scheiben oder Stückchen schneiden. Kräuter fein schneiden und mit Öl, Brühe, Zitronensaft, Balsamico und Gewürzen im Mixer vermengen und anschließend über die Kartoffeln geben.

Gut zu wissen:
Da dieser Kartoffelsalat recht wenig Kohlenhydrate aufweist, sollte man ihn immer zusammen mit kohenhydratreichem Brot essen, damit man nicht mitten in der Nacht wegen Unterzuckerung und Kreislaufschwäche aufwacht.
Kartoffel enthält viel Niacin, welches schnell müde aber auch zufrieden macht. Niacin sorgt zudem für Ideenreichtum. Bei starker Sonneneinstrahlung sorgt Niacin auch als Zellschutz von innen. Des Weiteren verringert Niacin Sodbrennen und Magensteifigkeit. Die frischen Kräuter sind reich an Vitamin C und an Folsäure. Folsäure sorgt für verbesserte Denkleistung und kann Wortfindungsstörungen entgegen wirken.

„Sauerstoff-Salat" (nach Tönnies)

* Vitamin E, Vitamin B2, Kupfer

Zutaten pro Person
* 1 frisches Eigelb
* 2 EL frisches Maiskeimöl aus einer lichtdichten Flasche
* 1 TL Zitronensaft
* Meersalz
* etwas Zucker
* 50 g gekochte rote Bete
* 2 EL Mais aus der Dose
* 6 Blätter Endiviensalat oder Feldsalat

Zubereitung
Aus Eigelb, Öl, Zitronensaft sowie Salz und Zucker eine Soße (Mayonnaise) herstellen, indem alle Soßen-Zutaten mit einem Mixer gut miteinander vermengt werden. Das Ei und das Öl müssen dabei gleich temperiert sein.

Rote Bete fein würfeln, Salatblätter waschen und klein schneiden und zusammen mit dem Mais und der Soße vermengen. Nicht lange stehen lassen, sondern zügig essen.

Gut zu wissen:
Dieser Salat erleichtert das Atmen bei hoher Ozon-Belastung an heißen Sommertagen. Insbesondere Kupfer aus roter Bete und Vitamin B2 aus Mais sorgen für eine verbesserte Sauerstoffverwertung im Nervensystem.
Bei Neigung zu Kopfschmerzen durch zu viel Sonne und durch verbrauchte Luft, kann dieser Salat sehr hilfreich sein und migräneartige Kopfschmerzen sowie Symptome wie bei einem Sonnenstich verhindern bzw. mindern.
Magnesium aus Feldsalat, Bitterstoffe aus Endiviensalat und Vitamin E aus Maiskeimöl sorgen für eine gute nächtliche Regeneration.
Nur sehr frische Eier mit sauberer Schale verwenden, damit es nicht zu einer Salmonellenvergiftung kommen kann! Der Salat muss frisch zubereitet gegessen werden und darf nicht gelagert werden.

Fenchelsalat
• Niacin, essentielle Fettsäuren, Folsäure

Zutaten für 4 Personen
• 500 g frischer Fenchel
• 150 ml süße Sahne
• 2 Orange, Saft und Stückchen
• ½ Zitrone, Saft
• 1 EL Waldhonig
• 3 EL Wallnussöl
• ½ TL Meersalz
• Pfeffer aus der Mühle oder Tabasco
• 80 g gehackte Wallnüsse oder Haselnüsse
• 8 Blatt frische Minze

Zubereitung
Fenchel gut waschen und die harten Stängel entfernen. Fenchel-„Blätter" in sehr feine Streifen schneiden. Die eine Orange schälen, filetieren und in kleine Stückchen schneiden. Die andere Orange sowie die Zitrone auspressen. Den Saft mit Sahne, Honig, ÖL, Salz und Pfeffer oder Tabasco vermengen und abschmecken.

Die fertige Soße über den Fenchel und die Orangenstückchen gießen und mit Wallnüssen oder Haselnüssen sowie mit Minzblättchen garnieren.

Gut zu wissen:
Wenn man bei Niacin-reichen Nahrungsmitteln dazu neigt, sehr müde zu werden, dann sollte man Haselnüsse anstelle der Wallnüsse verwenden. Haselnüsse sind reich an Threonin, eine Aminosäure, die munter macht. Als Beilage empfiehlt sich ein Brot mit Butter und Blauschimmelkäse (Vitamin B2).

Champignonsalat

- Niacin, Folsäure, Kalium, Natrium, Magnesium, Vitamin E, Vitamin A

Zutaten für 2-4 Portionen

- 40 g Bacon
- 30 g Haselnüsse
- ½ EL Knoblauch
- 6 EL dunklen Balsamico-Essig
- ½ Zitrone, Saft
- ¾ TL Meersalz
- Pfeffer aus der Mühle
- ¾ TL Zucker oder Honig
- 8 EL Weizenkeimöl oder Kürbiskernöl
- 200 g frische Champignons
- 50 g Lollo rosso
- 50 g Römersalat
- 50 g Radicchio-Salat
- 50 g Feldsalat

Als Beilage eignen sich geröstetes Baguette oder lauwarmes Kürbiskern-Brötchen.

Zubereitung

Frühstücksspeck (Bacon) klein würfeln und in einer beschichteten kleinen Pfanne bei mittlerer Hitze ausbraten. Die Haselnüsse fein hobeln und zum Speck in die Pfanne geben. Den Knoblauch schälen, pressen und unter die Haselnuss-Speckmischung rühren. Alles aus der Pfanne nehmen und beiseite stellen. Die Pfanne etwas abkühlen lassen, dann den Balsamico-Essig hineingießen und den Bratensatz lösen. In eine kleine Schüssel umfüllen, mit Salz, Pfeffer und Zucker oder Honig würzen. Weizenkeim- oder Kürbiskernöl gut mit Essig und dem Saft der halben Zitrone verschlagen, bis eine sämige Soße entsteht. Blattsalate waschen, trocknen und in kleine Stücke zupfen. Rohe Champignons putzen, in dünne Scheiben schneiden und auf dem Salat verteilen. Die Speck-Nuss-Mischung darüber streuen und das Dressing aufträufeln. Sofort servieren.

Gut zu wissen:

Der salzige Bacon zusammen mit den Haselnüssen wirkt aktivierend, sodass die recht große Menge an müde machendem Niacin aus Champignons sowie das Magnesium und Kalium aus grünen Blattsalaten abgepuffert wird.

Wenn man durch den Verzehr von grünen Blattsalaten dazu neigt, müde zu werden, oder sogar das Gefühl hat, eine Erkältung bzw. Halsschmerzen oder Herpes zu bekommen, sollte man Kürbiskernöl oder auch Kürbiskerne z.B. in Form eines Kürbiskernbrötchens dazu essen. Das Zink aus den Kürbiskernen sorgt für eine bessere Immunaktivität.

Rote Betesalat
mit Avocado und Hering

Zutaten für 4 Personen

- 2 gegarte rote Betekugel (Durchmesser ca. 5-6 cm)
- 1 reife Avocado
- 2 kleine Matjes Heringe
- 1 Zitrone, Saft
- 1 EL Zucker
- 200 ml Schmand
- 1 TL scharfer Senf
- 3 Prisen Meersalz
- evtl. Tabasco
- 2 Zweige Dill

Als Beilage eignet sich im Sommer getoastetes Weißbrot und im Winter Vollkornbrot oder auch Schwarzbrot mit etwas Butter.

Zubereitung

Rote Betekugeln in kleine Würfel schneiden. Avocado halbieren und den Kern sowie die Schale entfernen. Avocadofleisch in kleine Würfel schneiden. Heringfilets (Matjeshering) ebenfalls in keine Würfel schneiden. Zitrone auspressen. Zitronensaft mit Zucker verrühren. Ein Viertel des gesüßten Saftes zur Seite stellen. Er wird für die Soße benötigt. Den Rest des gesüßten Zitronensafts auf die rote Bete-, Avocado- und Heringsstückchen träufeln. Anschließend werden zuerst die rote Bete-, dann die Avocado- und schließlich die Heringsstückchen auf 4 halbgroße Gläser verteilt. Besonders schön sieht es aus, wenn sie in Schichten übereinander platziert werden.

Für die Soße werden Schmand, Senf, Salz, gesüßter Zitronensaft, evtl. Tabasco mit einander vermengt und jeweils als oberste Schicht auf den Hering gegeben. Jedes Glas mit etwas Dill dekorieren.

Gut zu wissen:

Rote Bete enthält viel Kupfer, welches zusammen mit Vitamin B2 aus Schmand für eine gute Sauerstoffversorgung im Gehirn sorgt. **Nach langen Aufenthalten in schlecht belüfteten Räumen oder am Ende eines heißen Sommertages hilft dieser Salat, sich schnell wieder zu erholen und sich etwas zu kühlen.** Kupfer wirkt sich positiv aus auf die Fähigkeit, kreativ zu denken. Besonders hilfreich beim Erholen nach einem heißen Sommertag wirkt zusätzlich auch Niacin aus Avocado, welches dafür sorgt, dass Energie freigesetzt wird. Bei starker Sonneneinstrahlung sorgt Niacin für inneren Zellschutz, sodass man nicht so schnell in der Sonne „verbrennt".
Kupfer sowie ein Zuviel an Niacin können bei kreislaufschwachen Personen sehr dämpfend wirken, sodass der salzige Matjeshering gut zu kombinieren ist. Hering enthält zudem reichlich Omega-3-Fettsäuren, die dafür sorgen, dass Entzündungen reduziert werden und dass der Gehirnstoffwechsel, die Herzaktivität und die Augenfunktion verbessert werden.

Avocadosuppe
Niacin, Vitamin B2

Zutaten für 4 kleinen Portionen
- 750 ml Hühnerfond
- 3 große reife Avocados
- ½ Zitrone oder Limone, Saft
- 125 ml Sahne
- 1 Prise Zucker
- Pfeffer, Meersalz
- Tabasco

Zur Dekoration können fein gehackte Kräuter, Gurke und Pinienkerne verwendet werden.
Als Beilage eignen sich Baguette oder getoastetes Weißbrot sehr gut.

Zubereitung
Hühnerfond zum Kochen bringen, vom Herd nehmen und etwas abkühlen lassen. Avocados schälen und das Fruchtfleisch mit dem Saft einer halben Limone oder Zitrone fein pürieren. Sahne steif schlagen. Avocadopüree und Sahne in die Hühnerfond rühren. Die Suppe darf nun nicht mehr zum Kochen gebracht werden, da sie sonst bitter wird. Mit Pfeffer, Salz, Zucker und Tabasco würzen.

Avocadosuppe mit frischem Baguette oder getoastetem Weißbrot servieren. Man kann die Avocadosuppe lauwarm oder kalt servieren.

Gut zu wissen:
Avocado enthält viel gut bioverfügbares Niacin. Niacin benötigen wir im Sommer besonders viel für inneren Zellschutz gegen UV-Strahlen. Durch den Konsum von Vollkornbrot und anderes Vollgetreide sowie durch Hülsenfrüchte nehmen wir recht viel Leucin (Aminosäure) auf. Zur Verstoffwechselung der Aminosäure benötigt der Körper ausreichende Mengen an Niacin. **Bei einer Unterversorgung an Niacin kommt es zu trockenen Schleimhäuten, da Vitamin A nicht mehr ausreichend verstoffwechselt wird. Die Folge können ein empfindlicher Magen mit Sodbrennen, Magenkneifen und Nüchternheitsschmerz sein.** Auch durch den Verzehr von Polentagerichten ist der Bedarf an Niacin erhöht. Diese Avocadosuppe kann ausreichend Niacin liefern als Ausgleich. Zusammen mit Vitamin B2 aus der Sahne wird Niacin besonders gut verstoffwechselt.
Bei einer Überversorgung an Niacin kann es jedoch zu Kieferschmerzen kommen, die dann zusammen mit dem Bedarf an Kalzium und Vitamin D zu beheben sind.

Rote Betesuppe

• Kupfer, Vitamin B2

Zutaten für 4 kleine Portionen
• 500 ml Wasser oder Hühnerfont
• 500 g vorgekochte rote Bete
• 4 - 6 EL weißen Balsamico
• 125 ml Sahne
• Pfeffer
• Meersalz
• Zucker
• Tabasco
• 100 g Schmand

Als Beilage Baguette mit Butter und evtl. etwas Weichkäse servieren.

Zubereitung
Rote Bete klein schneiden und zusammen mit Hühnerfont oder Wasser in einem Topf zum Kochen bringen. Mit einem Pürierstab alles gut pürieren, sodass es sämig wird. Sahne hinzufügen. Die Suppe darf nun nicht mehr zum Kochen gebracht werden. Mit weißem Balsamico, Pfeffer, Salz, Zucker und Tabasco würzen. Rote Betesuppe mit einem Klecks Schmand garnieren und mit frischem Baguette mit Butter und evtl. etwas Weichkäse servieren.

Gut zu wissen:
Rote Betesuppe eignet sich aufgrund der starken Kupferwirkung besonders gut bei Erschöpfungszuständen nach dem Aufenthalt in schlecht durchlüfteten Räumen (Zugfahrt, Theater, Konferenzen etc.). Kupfer aus roter Bete zusammen mit Essig und Vitamin B2 aus Sahne, Schmand und Weichkäse verbessert innerhalb von 20 bis 30 Minuten spürbar die Sauerstoffverwertung in den Zellen. **Die rote Betesuppe eignet sich immer, wenn der Sauerstoffgehalt der Luft zu gering war und man das Gefühl hat, man müsse tiefer durchatmen oder dringend an die frische Luft kom**men. Im Hochsommer hilft diese Suppe bei einem Anflug von **Sonnenstich** mit Überempfindlichkeit bezüglich Licht, Wind und Lärm sowie bei leichter Übelkeit nach starker Sonneneinwirkung evtl. einhergehend mit Kopfschmerzen im Bereich der Stirn und des Schädeldachs (bis hin zum Migräneanfall). Gut schmeckt dazu ein getoastetes Weißbrot mit Butter und etwas Blauschimmelkäse (Cambozola, St. Aygur, Gorgonzola, etc.) oder Brie.

Rote Betesuppe eignet sich zudem, wenn man sich bei schwierigen Aufgaben „gedanklich festgefahren" hat und man das Gefühl hat, keine Lösung mehr zu sehen. Kupfer sorgt für Kreativität und „weiche, offene Gedanken".
Bei Menschen, die bei einem Überschuss an Kupfer schnell in eine Zink-Unterversorgung geraten, was u.a. an dem Entstehen von Lippen-Herpesbläschen zu beobachten sein kann, sollten zu der roten Betesuppe Kürbiskerne (Zink als Gegenspieler zu Kupfer) oder ein Kürbiskernbrot essen. Herzlichen Dank an Lars Jürgensen für diesen Tipp.

Die Suppe darf nicht lange warm gehalten werden oder auf Vorrat gekocht werden, da rote Bete von Natur aus hohe Nitratwerte aufweist. Bakterien können mit der Zeit aus Nitrat das krebserregende Nitrit produzieren, sodass die Suppe dann nicht mehr konsumiert werden sollte.
Nach dem Verzehr von roter Bete kann sich der Urin rötlich verfärben. Stillende Mütter werden bemerken, dass ihre Milch kurzfristig leicht rosa gefärbt ist.

Frische Erbsensuppe
- Kupfer, Vitamin B2

Zutaten für 4 Personen:
- 1 Zwiebel
- 1 EL Butter
- 600 g TK-Erbsen
- 500 ml Hühnerfond
- 200 ml Schlagsahne
- feines Meersalz und evtl. Tabasco
- 1 TL Zucker
- 1 TL Zitronensaft
- evtl. etwas frischen Thymian, Minze oder Liebstöckel

Als Beilage getoastetes Weißbrot mit Butter im Sommer und Vollkornbrot im Winter essen.

Zubereitung

Zwiebel schälen und in kleine Würfel schneiden. Butter in einem großen Topf erhitzen und Zwiebeln darin glasig braten. Tiefkühlerbsen hinzugeben und bei geschlossenem Deckel und wenig zugeführter Hitze für ca. 3 - 5 Minuten auftauen lassen.

Hühnerfond zusammen mit der Sahne zu den Erbsen geben und pürieren. Dabei einmal sehr kurz aufkochen lassen und den Topf sofort vom Herd nehmen.

Mit Meersalz, Tabasco, Zucker und sehr wenig Zitronensaft abschmecken. Wer mag, kann die Suppe auch mit frischem Thymian, Minze oder Liebstöckel würzen.

Gut zu wissen:
Tiefkühlerbsen sind reich an Kupfer und gut bekömmlich, wenn sie nicht zu lange gekocht werden. Tiefkühlerbsen lassen sich auch verzehren, wenn sie nur aufgetaut sind. Lange Kochzeiten verringern die Verdaubarkeit und somit auch die Kupferwirkung.
Kupfer benötigen wir zusammen Vitamin B2 aus der Sahne für die Sauerstoffverwertung in allen Zellen. Kupfer macht zudem die Haut weich. Gerade Kinder und Erwachsene mit Neurodermitis und Schuppenflechte sollten auf eine ausreichende Kupferzufuhr achten. Kupfer löst zudem emotionale Blockaden auf.

Brokkolicremesuppe

- Magnesium, Folsäure, Kalium, Vitamin B2, Kalzium

Zutaten für 4 Personen

- 1 Zwiebel
- 800 g frischen Broccoli
- 3 EL Butter
- 3 Prisen Meersalz
- 200 ml Hühnerfond oder Wasser
- 100 ml Sahne
- evtl. etwas weißen Pfeffer
- 1 Prise Muskatnuss
- 80 g Parmesan in dünnen Scheiben
- 4 TL Pinienkerne
- evtl. etwas Olivenöl

Als Beilage eignet sich warmes Brot mit Butter.

Zubereitung

Zwiebel schälen und in feine Würfel schneiden. Brokkoli putzen und in mundgerechte Stückchen teilen. Butter in einem großen Topf erhitzen. Zwiebelstückchen und Brokkoli zusammen mit Salz darin kurz anbraten, mit einem Deckel verschließen und ohne weitere Hitzezufuhr für weitere 5 Minuten ziehen lassen. Die Brokkoliröschen sollen nach der Garzeit leuchtend grün und nicht moosgrün sein.

In der Zwischenzeit eine weitere Pfanne erhitzen und die Pinienkerne ohne Fettzugabe leicht von allen Seiten bräunen bzw. rösten.

Parmesan in hauchdünne Scheiben hobeln.

Ein paar Brokkoliröschen für die Dekoration der einzelnen Suppenteller zur Seite legen.

Hühnerfond oder Wasser zusammen mit der Sahne zum restlichen Brokkoli gießen und mit einem Pürierstab alles gut pürieren und dabei etwas erhitzen. Die Suppe darf aber nicht mehr zum Kochen gebracht werden.

Mit Meersalz, Pfeffer und Muskatnuss abschmecken. Die fertige Suppe in die Suppenschälchen füllen und mit den entnommenen Brokkoliröschen , dem Parmesanhobeln und den Pinienkernen dekorieren. Im Sommer kann zusätzlich noch ein wenig hochwertiges Olivenöl dazu gegeben werden.

Gut zu wissen:

Brokkoli enthält besonders viel Folsäure, wenn er nicht zu weich gegart wurde bzw. noch leuchtend grün aussieht. Sobald er tiefgekühlt oder moosgrün wird, ist er nicht mehr gut bekömmlich. Die Darmflora reagiert dann häufig mit Blähungen und unverdauten Stühlen. **Brokkoli enthält zudem Magnesium und Kalium, welche zusammen mit dem Fett aus Butter und Sahne (Vitamin B2) besonders gut verstoffwechselt werden und für eine gute Regeneration sorgen.** Da Magnesium auch sehr dämpfend wirken kann, ist die Beimengung von etwas schwefelhaltiger Zwiebel sowie von etwas kalziumhaltigem Parmesan sehr sinnvoll, um den Kreislauf nicht zu stark absacken zu lassen. **Wenn der Parmesan weggelassen wird, kann es passieren, dass man am Abend im Bett liegt und den Drang verspürt, die Beine bewegen zu müssen, obwohl man schon sehr müde ist.**

Gelbe Erbsencremesuppe

- Mangan, Molybdän, Vitamin B6,
  Pantothensäure, Arginin, Leucin,

Zutaten für ca. 4 Portionen
- 1 Liter Wasser
- 250 g gelbe Schälerbsen
- 1 Lorbeerblatt
- 250 ml Sahne
- 2 Prisen feines Meersalz
- evtl. etwas Tabasco oder Pfeffer
- 1 Prise Muskatnuss
- evtl. Petersilie
- etwas Schmand

Als Beilage eignet sich geröstetes Weißbrot mit Butter sehr gut.

Zubereitung
Gelbe Schälerbsen mithilfe eines Siebes kurz unter fließendem Wasser waschen.
In einem großen Kochtopf 1 Liter Wasser einfüllen und die Erbsen darin über Nacht einweichen.
Am nächsten Tag kocht man die Erbsen zusammen mit dem Einweichwasser und einem Lorbeerblatt für ca. 30 min bei niedriger Temperatur und mit möglichst wenig Rühren gar. Den zu Beginn auftretenden Schaum sorgfältig mit einem Schaumlöffel entfernen, da die Erbsen sonst sehr schnell überkochen.

Lorbeerblatt aus den gegarten Erbsen entfernen.
Sahne zu den Erbsen in den Topf geben. Mit einem Pürierstab alles gut pürieren bis die Suppe sämig ist. Schließlich mit Salz, Muskatnuss, evtl. etwas Tabasco und Pfeffer abschmecken.

Zum Anrichten jeweils eine Kelle Erbsensuppe auf den Teller geben und eventuell noch mit frischer Petersilie und einem Klecks Schmand dekorieren.

Gut zu wissen:

Gelbe Erbsen sind sehr mangan- und molybdänreich. Beide Spurenelemente weisen eine gute Anti-Stress-Wirkung auf. Bei Trauer und bei negativem Stress hilft besonders Mangan bei der Verarbeitung des Erlebten.

Schulkindern kann man schon am Abend vor einer Prüfung gelbe Erbsen zu essen geben, damit sie nicht im Vorwege zu aufgeregt sind und nicht schlafen können. Zu gelben Erbsen sollte man Weißbrot mit Butter essen. Vollkornbrot enthält zusätzliches Leucin (Aminosäure), aufgrund welcher es schnell zu einer Unterversorgung an Niacin kommen kann und schließlich zu Phantasielosigkeit und zu einem empfindlichen Magen.

Gegenspieler von Leucin sind die Aminosäuren Tryptophan und Lysin. Am Morgen vor der Prüfung eignen sich dann etwas frische Buttermilch mit ein wenig frischer Orange (Lysin und Folsäure), um ausreichend Ideen zu haben und offen gegenüber der Prüfung zu sein. Die Kombination aus Mangan am Abend sowie Lysin und Folsäure am Morgen lässt Erlerntes besser abrufen. Wenn es um eine Prüfung geht, die rationales Denken erfordert, wie z.B. bei Mathematik, kann auch Zinkhaltiges zusätzlich gegessen werden, wie z.B. Haferflocken mit Milch. Bei einer literarischen Prüfung hingegen ist ein wenig zusätzliches Kupfer, z.B. aus etwas rote Betemost, hilfreich, um ausreichend phantasievoll denken und sprachlich elegant formulieren zu können.

Besonders im Winter sorgt dieses Gericht aufgrund der Pantothensäure, des Vitamin B6 und des Mangans für innere Wärme. Mangan bewirkt zudem eine verbesserte Knorpelneubildung und Faszienheilung.

Aufgrund des Argininanteils sollten gelbe Erbsen nicht bei einer Infektion mit Herpesviren gegessen werden.

Pastinakencremesuppe mit Birne

- Kalium, Kalzium, Phosphor, Natrium, Magnesium, Vitamin B2, Niacin

Zutaten für 4 Portionen
- 1 große Kartoffel
- 400 g Pastinaken
- 1 Zwiebel
- 3 EL Butter
- 500 ml Hühnerfond oder Wasser
- 100 ml Schlagsahne
- Meersalz
- Pfeffer
- 1 Zitronensaft
- 2 Birnen
- 3 EL Butter
- 2 EL Rohrzucker
- Basilikumbättchen zum Dekorieren

Als Beilage schmeckt besonders gut warmes Zwiebelbrot.

Zubereitung

Kartoffel, Pastinaken und Zwiebel schälen. Zwiebel in sehr kleine Stückchen teilen. Pastinake und Kartoffel mithilfe einer Küchenmaschine klein raspeln. Zwiebel, Gemüse- und Kartoffelraspel zusammen mit Meersalz und Butter in einen großen Topf für 3 bis 4 Minuten unter Wenden bei mittlerer Temperatur anschwitzen. Topf mit einem Deckel abdecken und die Gemüse- Kartoffelraspel für weitere 5 Minuten ohne zusätzliche Hitzezufuhr gar ziehen lassen.

In der Zwischenzeit Birnen schälen und in Scheiben schneiden. Rohrzucker in einer Pfanne karamellisieren, restliche Butter hinzugeben und die Birnenscheiben darin für ca. 2 Minuten etwas bräunen lassen.

Hühnerfond bzw. Wasser und Sahne zu den Gemüse-Kartoffelraspeln hinzugeben und alles gut mit einem Pürierstab fein pürieren und dabei noch einmal kurz erwärmen, aber nicht mehr zum Kochen bringen. Evtl. mit etwas Meersalz, Pfeffer und Zitronensaft abschmecken.

Suppe auf die Suppenteller verteilen und jeweils vorsichtig eine Birnenscheibe in der Mitte der Suppe flach auflegen, damit sie nicht abtaucht. Mit Basilikumblättchen dekorieren und gleich servieren.

Gut zu wissen:

Die Pastinake ist geschmacklich so ähnlich wie eine Mischung aus Karotte und ein wenig Sellerie, sodass gerade Kinder Pastinake sehr mögen.

Im Gegensatz zu Karotte hat Pastinake weniger Chrom, sodass diese Suppe auch Kinder und Erwachsene mit Neurodermitis und Allergiebereitschaft essen können.

Pastinake ist zudem reich an Kalium, Kalzium, Phosphor, Natrium und Magnesium, sodass dieses Abendgericht optimal für eine gute Regeneration sorgt.

Durch das schonende Garen der Kartoffel (Niacin) und der Pastinake, wirkt die Zellulose nicht negativ auf die Darmflora. Zusammen mit Vitamin B2 aus der Birne und aus Sahne, wirkt dieses Gericht besonders gut gegen die Begleiterscheinungen des herbstlichen Wetterumschwung, wie z.B. aufgerissene Mundwinkel und windempfindliche Augen.

Champignoncremesuppe mit getrockneten Tomaten

Zutaten für 4 kleine Portionen
- 400 g frische Champignons mit geschlossenen Köpfchen
- 700 ml Hühnerfond oder 600 ml Wasser mit 100 ml Weißwein
- 2 EL Maisstärke
- 200 ml Sahne
- Meersalz, Pfeffer, Sojasoße
- 100 g getrocknete Tomaten, in Öl eingelegt
- 100 ml süße Sahne zum Dekorieren
- Petersilie oder Basilikum

Als Beilage Weißbrot mit Blauschimmelkäse oder Brie servieren.

Zubereitung
Champignon säubern und bräunlich gewordene Schnittstellen entfernen. Mithilfe einer Küchenmaschine die Champignons in sehr kleine Stückchen teilen. In einem Topf Hühnerfond oder Wasser mit etwas Weißwein zum Kochen bringen. Wenn Kinder mitessen, sollte auf den Wein verzichtet werden, da die Garzeit nicht ausreicht, um den Alkohol gänzlich heraus zu kochen.

Die feinen Champignonstückchen in die Flüssigkeit geben und einmal kurz aufschäumen lassen. Maisstärke mit etwas kaltem Wasser anrühren und zu den Champignons geben. Mit einem Pürierstab nun alles sehr sämig pürieren. Mit 200 ml Sahne, Salz, Pfeffer und Sojasoße abschmecken. Restliche Sahne in einem Extragefäß steif schlagen. Petersilie oder Basilikum waschen und klein schneiden. Getrocknete Tomaten aus dem Öl nehmen und in mundgerechte Stückchen teilen. Für jede Person einen kleinen Suppenteller mit Champignoncremesuppe füllen und mit ein wenig Sahne, Kräutern und getrockneten Tomaten dekorieren. Als Beilage schmecken getoastetes Weißbrot mit etwas Butter und Blauschimmelkäse oder Brie.

Gut zu wissen:
Champignons enthalten sehr viel bioverfügbares Niacin, welches durch das Pürieren sehr schnell aufgenommen wird. **Daher darf man von dieser Suppe nicht zu viel auf einmal essen, sonst hat man das Gefühl, als würde man Fieber bekommen.**
Einige reagieren auf zu viel Niacin auch mit Kreislaufschwäche. Die Kombination mit getrockneten Tomaten (Chlor) mildert die dämpfende Wirkung etwas ab. Tomaten enthalten auch Kobalt, welches den Niacinstoffwechsel unterstützt.

Radicchio-Risotto

• Kohlenhydrate, Fett, Bitterstoffe, Kalzium

Zutaten für 4 Portionen

• 300 g Radicchio
• 2 EL Olivenöl
• 300 g Risottoreis (z.B. Carnaroli oder Arborio)
• 1 kleine Zwiebel
• 1 ½ Liter Hühnerfond
• 40 g Butter
• 100 ml Weißwein
• 50 g Butter, aus dem Kühlschrank
• 50 g frischen Parmesan,
• 3 Prisen Meersalz
• evtl. etwas Pfeffer

Gut zu wissen:

Das Risotto enthält ausreichende Mengen an Kohlenhydraten und Fett, um sich während der Nacht zu erholen und nicht zwischendurch aufgrund von Unterzuckerung aufzuwachen. **Der Radicchio enthält Bitterstoffe, die den Leberstoffwechsel bei der Regeneration unterstützen.** Der Parmesankäse fügt dem Gericht ein wenig Kalzium hinzu, sodass auch der Kreislauf stabil bleibt.

Zubereitung

Radicchio säubern und die Salatblätter in Streifen schneiden und in einer Pfanne zusammen mit 2 Esslöffel Olivenöl zur Seite stellen. Noch nicht erhitzen!

Zwiebel schälen und in sehr feine Stückchen schneiden. Zusammen mit Butter in einem großen Topf bei mittlerer Temperatur glasig werden lassen.

In der Zwischenzeit Hühnerfond in einem separaten Topf bis kurz vor dem Siedepunkt erhitzen. Er soll jedoch nicht brodelnd kochen. Die Temperatur beim Herd so einstellen, dass der fast kochende Zustand bestehen bleibt.

Die trockenen Reiskörner zu den Zwiebeln geben und gut miteinander vermengen, sodass alle Reiskörner mit Butter benetzt sind. Die Temperatur etwas höher drehen.

Wein zum Reis geben und „ablöschen". Bevor die Masse ansetzt, wird schließlich kellenweise der heiße Hühnerfond zum Reis gegossen. Unter leichtem Köcheln und gutem Rühren wird der Reis innerhalb der folgenden 17 bis 18 Minuten gegart. Immer, wenn die Flüssigkeit deutlich weniger wird, gießt man eine Kelle Hühnerfond nach. Der Reis darf dabei weder am Boden des Topfes noch am Rand stark ansetzen, sonst verbrennt er oder bleibt hart.

Je nach Reissorte und Gartemperatur kann evtl. ein wenig Hühnerfond übrig bleiben. Ab der 14. Minute sollte man aufpassen, dass man nicht mehr zu viel Fond nachgießt, damit das Risotto am Ende nicht zu flüssig ist.

Kurz vor dem Ende der Garzeit, kann der Reis von der Herdpatte genommen werden und noch für 2 Minuten ruhen.

In der Zwischenzeit die Pfanne mit dem schon geschnittenen Radicchio erhitzen und unter Wenden für eine gute Minute erwärmen, nicht braten. Danach die Pfanne erneut zur Seite stellen.

In den Reis werden nun die kalten Butterwürfel und der frisch geriebene Parmesan untergerührt. Mit Meersalz und evtl. Pfeffer abschmecken. Und ganz zum Schluss den halb gegarten Radicchio unterheben. Das fertige Gericht zügig auf die Teller verteilen und gleich servieren.

Chicorée mit Eihaube aus der Pfanne (nach Tönnies)

- Bitterstoffe, Cystein
  auch als Frühstücksgericht bei Leberbeschwerden

Zutaten pro Person
- 2 kleine Chicorées
- 1 EL Butter
- 1 Prise Meersalz
- etwas Orangenschale einer Bio-Orange
- 1 Eiweiß
- 1 EL Saft der Orange oder ½ EL Essig
- ½ TL Zucker
- 1 Prise Meersalz

Zubereitung

Chicorées der Länge nach halbieren. Butter in einer Pfanne erhitzen und die Chicoréehälften mit der Schnittfläche nach unten bei mittlerer Hitze für ca. 3 Minuten anbraten. Eiweiß in der Zwischenzeit mit einer Prise Meersalz und ein wenig Orangensaft oder Essig steif schlagen. Am Ende den Zucker unter den Eischnee mischen. Orangenschale auf den Chicorée geben und diesen mit einer dicken Schicht aus Eischnee bedecken. Pfanne mit einem Deckel verschließen und den Eischnee bei mittlerer Hitze für ca. 5 Minuten stocken lassen.

Gut zu wissen:

Dieses Gericht hat Tönnies bei besonders erschöpften Menschen als Abendessen empfohlen. Vermehrt im Sommer ist körperliche Erschöpfung an geschwollenen Fuß- und Fingergelenken sowie an einem aufgedunsenen Körper am Abend zu sehen.

Die Bitterstoffe aus Chicorée zusammen mit Kohlenhydraten aus vollwertigem Brot verbessern die Entgiftungsleistung der Leber während des Schlafens. Die Kombination mit leicht verdaulichem Eiweiß in Form von kurz gestockter Eischneehaube hält den Kreislauf während der Nacht besser stabil. Das Cystein aus Eischnee ist zudem wichtig, um verbrauchtes körpereigenes Eiweiß zu ersetzen. Gerade nach körperlicher Anstrengung ist das wenig gegarte Eiweiß nützlich.

Dieses Gericht kann auch zum Frühstück gegessen werden bei Leberbeschwerden und starker Müdigkeit am Morgen, dann am besten zusammen mit ein wenig frischer Grapefruit.

Rührei mit Parmesan und roter Bete

- Tyrosin, Kupfer, Kalzium

Zutaten pro Portion

- 1 Ei
- 4 EL Milch
- 1 Prise feines Meersalz
- 40 g Parmesankäse
- 1 EL Butter
- 100 g rote Bete, gesäuert aus dem Glas

Als Beilage ist Brot mit Butter und evtl. ein wenig grüner Blattsalat zu empfehlen.

Zubereitung

Ei aufschlagen und mit Milch und Salz verquirlen. Parmesankäse in kleine Stückchen teilen und mit der Eimasse vermengen.

Butter in einer Pfanne erhitzen und die Ei-Käsemasse darin bei niedriger Temperatur stocken lassen. Die Eimasse darf gerne noch weiche bzw. flüssige Partien aufweisen, da sie dann leichter zu verdauen ist. Rote Bete in der Zwischenzeit in Würfel teilen und am Ende zum gestockten Ei geben.

Gut zu wissen:

Diese Kombination von Eierspeise und roter Bete hat Tönnies empfohlen für Menschen, die aufgrund körperlicher Erschöpfung zum Abendessen leicht verdauliches Eiweiß benötigen, um abgebaute körpereigene Eiweißstrukturen zu ersetzen.

Das Tyrosin aus Ei sowie das Kalzium aus dem schnell zu verdauenden Parmesankäse **unterstützten die Nebennierentätigkeit, sodass der Kreislauf nicht allzu stark durch Erschöpfung absackt.** Kupfer aus roter Bete sorgt zudem für eine gute Sauerstoffverwertung in den Zellen, sodass man sich schneller erholt. Dieses Gericht ist besonders im Hochsommer zu empfehlen.

Wichtig für die Regenerationsleistung in der Nacht ist die zusätzliche Aufnahme von Kohlenhydraten in Form von Brot oder anderen Getreideprodukten.

Nudeln mit Brokkoli und Parmesan

- Kohlenhydrate, Magnesium, Folsäure, Kalzium, Schwefel, Vitamin E

Zutaten für 4 -6 Personen

- 400 g - 500 g Nudeln (z.B. Penne, Farfalle, Cellentani, Creste di Gallo oder Orecchiette)
- 4 Liter Wasser
- 1 EL Meersalz für das Kochwasser
- 500 g Brokkoli
- 2 EL Butter
- 3 - 4 Prisen feines Meersalz
- 4 - 6 EL hochwertiges Olivenöl
- 50 g Parmesankäse, frisch gerieben
- 1 rote Paprikaschote/ evtl. Chili
- etwas Schnittlauch

Zubereitung

Wasser in einem großen Kochtopf zusammen mit Salz zum Kochen bringen. Nudeln je nach Packungsangabe ca. 8 bis 12 Minuten darin garen lassen. Sie sollten noch bissfest sein. Nudeln nach dem Garen sofort abgießen.

In der Zwischenzeit Brokkoli säubern und in kleine mundgerechte Stücke teilen. In einer Pfanne Butter zum Schmelzen bringen und Broccoli zusammen mit etwas Salz darin für 2 Minuten bei mittlerer Hitze unter gelegentlichem Wenden erhitzen. Pfanne mit Deckel verschließen und den Brokkoli für weitere 5 Minuten gar ziehen lassen.

Paprikaschote waschen und in sehr feine Stückchen schneiden. Wenn keine Kinder mitessen, darf auch je nach Geschmack scharfe Paprika (Chili) verwendet werden.

Schnittlauch waschen und in feine Röllchen schneiden.

Zu den fertig gegarten Nudeln werden nun der Broccoli, die Paprikastückchen und hochwertiges Olivenöl gegeben. Alles einmal vorsichtig umrühren und auf die Teller verteilen. Mit geriebenem Parmesankäse und Schnittlauchröllchen dekorieren.

Gut zu wissen:

Dieses Gericht enthält alle „Zutaten", die man für eine gute nächtliche Regeneration benötigt.

Nudeln bieten ausreichend Kohlenhydrate für den Leberstoffwechsel, Broccoli enthält Magnesium und Kalium für die Entsäuerung und hochwertiges Olivenöl liefert Vitamin E. Damit der Kreislauf nicht zu rasch und zu stark gedämpft wird, eignet sich das Beimengen von ein wenig Parmesankäse (Kalzium) sowie etwas Schnittlauch (Schwefel). Mithilfe des Niacins aus der roten Paprikaschote wird zusätzlich der Leberstoffwechsel unterstützt. Wer Chili anstelle der süßen Paprikaschote verwenden möchte, regt damit seinen Kreislauf zusätzlich an. Paprika und Chili haben recht hohe Chromwerte – bei Neurodermitis und Allergiebereitschaft sollten sie evtl. weggelassen werden.

Couscous mit Pfannengemüse

- Kohlenhydrate, Magnesium, Kalium, Provitamin A, Niacin

Zutaten für 4 Personen
- 2 EL Butter
- 1 Zucchini
- 1 Möhre
- 1 grüne Paprikaschote
- 1 gelbe oder rote Paprikaschote
- 8 Cherrytomaten
- 2 EL süße Balsamicocreme oder Rotweinessig und ein wenig Zucker
- 50 g Mandeln oder Bio-Cashewkerne
- 3 Prisen feines Meersalz
- evtl. Pfeffer oder Tabasco
- 125 g Couscous
- 125 ml Hühnerfond oder Wasser, evtl. etwas mehr

Zubereitung

Zucchini, Paprika und Tomaten waschen und in mundgerechte Stücke teilen. Möhre schälen und in kleine Würfel schneiden.

Den Fond oder das Wasser mit etwas Meersalz aufkochen und den Couscous-Grieß hineingeben. Mit einem Deckel verschließen und für 10 Minuten quellen lassen. Evtl. kann die Flüssigkeitszugabe in Abhängigkeit von der Marke etwas mehr sein, sodass dann die Mengenangaben von der Verpackung zu verwenden sind.

In der Zwischenzeit in einer großen Pfanne die Butter erhitzen und das Gemüse zusammen mit etwas Meersalz von allen Seiten scharf anbraten. Mit der Balsamicocreme ablöschen. Mit einem Deckel verschließen und ohne weitere Hitzezufuhr für ca. 8 Minuten gar ziehen lassen. Das Gemüse muss noch Biss haben.

Mandeln oder Cashewkerne sowie das Gemüse zum Couscous geben und alles miteinander vermengen, mit Salz und evtl. Pfeffer oder Tabasco würzen.

Gut zu wissen:

Das kurz gegarte Gemüse mit etwas Balsamico und Couscous ist besonders im Sommer oder nach körperlicher Arbeit hilfreich bei der nächtlichen Regeneration. Mit Couscous, der aus Hartweizengrieß hergestellt wird, nimmt man Kohlenhydrate auf. Das Gemüse liefert das nötige Magnesium, Kalium, Niacin und ein wenig Provitamin A. Wenn man schnell unter Kreislaufschwäche leidet, sind schwefelhaltige Mandeln zu ergänzen. Wenn man jedoch mehr Tryptophan benötigt, um Magnesium auf zellulärer Ebene besser aufzunehmen, dann sind Bio-Cashewkerne zu bevorzugen.

Buchweizen mit Champignons und Petersilie

• Molybdän, Schwefel, Niacin, Kobalt

Zutaten für 4 Personen

• 1 Zwiebel
• 2 EL Butter
• 200 g Buchweizen
• 350 ml Hühnerfond oder Wasser
• 200 g Zwiebeln
• 400 g Champignons
• 2 EL Butter
• 1 TL frischen Thymian
• 3 Prisen feines Meersalz und evtl. etwas Pfeffer
• 1 EL Rübensaft oder Ahornsirup
• 2 EL Balsamico oder Rotweinessig
• 50 g frische Petersilie
• 2 EL Haselnüsse, grob gehackt
• 12 - 16 Cherrytomaten

Zubereitung

1 Zwiebel schälen und in feine Würfel schneiden. Butter in einem Topf erhitzen und die Zwiebel darin anschwitzen.
Buchweizen in ein Sieb geben und mit heißem Wasser gründlich abspülen und abtropfen lassen und schließlich zu den Zwiebeln in den Topf geben und 2 Minuten unter ständigem Wenden erhitzen. Mit Hühnerfond oder Wasser mit Meersalz ablöschen. Bei geringer Hitzezufuhr den Buchweizen für gut 10 Minuten leicht köchelnd garen lassen. Buchweizen darf nicht zerfallen.

In der Zwischenzeit die restlichen Zwiebeln schälen. Champignons säubern und in mundgerechte Stückchen teilen. In einer Pfanne Butter erhitzen und Zwiebeln und Champignons darin kurz scharf anbraten, mit Rübensaft oder Ahornsirup süßen und schließlich mit Balsamiko bzw. Essig ablöschen. Thymian dazu geben und mit Meersalz und evtl. etwas Pfeffer würzen.
Den fertigen Buchweizen zusammen mit Zwiebeln und Champignons auf die Teller verteilen und mit frischer Petersilie ein paar frischen Cherrytomaten und Haselnüssen garnieren.

Gut zu wissen:

Buchweizen enthält das Spurenelement Molybdän, welches als Gegenspieler zu Chrom im Stoffwechsel wirkt. **Da Buchweizen dämpfende Eigenschaften aufweist, ist es sinnvoll schwefelhaltige Lebensmittel, wie z.B. Zwiebeln und Haselnüsse, dazu zu essen, die anregend wirken.** Um der dämpfenden mentalen Wirkung entgegen zu wirken, können gut Tomaten dazu gereicht werden, die aufgrund des Kobalts aufmunternd wirken. Champignons enthalten zudem Niacin, welches Ideenreichtum fördert.

SÜSSE LECKEREIEN FÜR AB UND ZU

Polenta-Orangen-Muffins

• Tyrosin, Kohlenhydrate

Zutaten für ca. 26 bis 30 Muffins

• 250 g weiche Butter
• 120 g Zucker
• 1 Päckchen echter Vanillezucker
• 1 TL abgeriebene Schale einer ungespritzten Orange
• ½ TL Zimt
• 2 Prisen Meersalz
• 4 Eier
• 250 g Weizenmehl (505er)
• 250 g Polenta (Maisgrieß)
• 1 Päckchen Backpulver
• 200 ml Milch
• 100 g Rosinen

Zubereitung

Butter, Zucker, Vanillezucker, Meersalz, Orangenschale und den Zimt zusammen in einer großen Rührschüssel schaumig schlagen. Anschließend Eier, Mehl, Backpulver, Maisgrieß und Milch unterrühren bis ein cremiger Teig entsteht, der etwas weicher ist, als ein gewöhnlicher Rührteig. Rosinen waschen und abtropfen lassen und unter die Teigmasse heben.

Den Teig in ca. 26 bis 30 Muffinförmchen füllen und bei 160°C (Umluft) auf mittlerer Schiene für 20 bis 25 Minuten backen.

26-30 Muffinförmchen
20-25 Minuten Backzeit
160°C Umluft-Backofen

Gut zu wissen:

Durch Beimengung von Maisgrieß können Muffins, die gerne von Kindern verspeist werden, die Nebennierenfunktion stärken.

Das in Polenta enthaltene Tyrosin unterstütz die Nebennieren, sodass man auf körperlichen Stress besser reagieren kann. Auch zur Genese nach Erkältungskrankheiten sowie nach Streptokokkeninfektionen erholt sich der Körper schneller, wenn ausreichend Tyrosin vorhanden ist. Tyrosinreiche Kost benötigt ausreichend Niacin zur Verstoffwechselung. Bei einer Niacinunterversorgung kann es sonst schnell zu Magenkneifen oder Sodbrennen kommen. Niacinreiches Abendessen (für Kinder) wäre z.B. Brot mit Avocado oder mit Erdnussmus und Banane.

WEISSMEHL ODER VOLLKORNMEHL?

Häufig ist man dazu geneigt, süßen Kuchen oder auch Gebäck mit Vollkornmehl zu backen, weil man meint, dass die süßen Leckereien dann etwas gesünder seien, was nicht ganz richtig ist. Teig aus Vollkornmehl muss aufgrund der Phytinsäure aus den Randschichten des Getreides lange gehen, bevor er gebacken wird. Bei Sauerteigen ist dieses gut möglich. Bei gewöhnlichen Kuchen und Keksen, bei denen aufgrund der Backtriebmittel keine lange Teigführung möglich ist, senken Backpulver und Natron den pH-Wert des Teiges, so dass er basisch wird. Vitamin B1, welches Vollkornmehl so wertvoll macht, wird größtenteils durch basisches Milieu zerstört. Bei Kuchen und Keksen, die mit Backpulver oder Natron zubereitet werden, kann daher mit gutem Gewissen Weißmehl, wie z.B. 405er oder 550er Weizenmehl, verwendet werden.

Schoko-Linsen-Muffins mit Himbeeren

- Mangan, Molybdän, Vitamin C

Zutaten für 10 bis 12 Muffins
- 150 g Butter
- 100 g Zucker
- 200 g helles Weizenmehl
- 25 g echten Kakao, Pulver
- 1 Päckchen Vanillezucker
- 2 Eier
- 8 EL Vollmilch
- 150 g kurz gegarte Linsen (s. S. 87)
- 50 g Schokolinsen, Zartbitter
- Himbeeren zum Dekorieren

Zubereitung
Backofen vorheizen.

Butter mit Handrührgerät zusammen mit Zucker und Vanillezucker geschmeidig rühren. Eier und Salz hinzugeben und so lange rühren, bis alles gut miteinander vermengt ist. Mehl und Kakao mischen und zusammen mit der Milch zügig zu einem glatten Teig vermengen. Am Ende werden die gegarten Linsen (z.B. Paradinalinsen) und die Schokolinsen vorsichtig untergerührt. Den rohen Teig auf 10 bis 12 Muffinförmen aufteilen.

Im vorgeheizten Backofen auf mittlerer Schiene werden die Muffins bei recht niedriger Temperatur gebacken, da sie sonst wegen des Kakaos schnell anbrennen würden.

Ober- und Unterhitze: etwa 180° C (vorgeheizt)
Umluft: etwa 160° C (vorgeheizt)
Backzeit: etwa 25 Minuten

Gut zu wissen:
Diese Schokomuffins machen überdrehte und sich schnell erzürnende Kinder wieder etwas ruhiger, sodass sie wieder aufeinander eingehen und mit einander spielen können.

Aufgrund der Linsen und des recht hohen Kakaoanteils kann Mangan gut wirken, ein Spurenelement, welches innere Zufriedenheit und Ruhe bewirkt.

Gut eignen sich Himbeeren als Fingerfood dazu. Himbeeren enthalten viel Vitamin C. Kinder, die Mangan nicht so viel benötigen und dann zu ruhig werden, greifen intuitiv mehr bei den Himbeeren zu, die die Stimmung heben und munter machen.

Hafer-Waffeln mit Dickmilch, Äpfeln und Blaubeeren

- Pantothensäure, Leucin, Tyrosin

Zutaten für ca. 10 bis 15 Waffeln

- 6 Eier
- 500 ml Vollmilch
- 250 g Haferflocken
- 200 g griffiges Weizenmehl (550)
- 2 Päckchen echten Vanillezucker
- 2 Prisen Zimt
- 3 Prisen Meersalz

Als Beilage eignen sich Dickmilch und etwas Obst, wie z.B. Blaubeeren, Äpfel oder auch Kirschgrütze.

Zubereitung

Alle Zutaten nacheinander zu einem sämigen Teig zusammenrühren und für mindestens eine halbe Stunde ausquellen lassen. Den fertigen Teig in einem Waffeleisen zu goldgelben Waffeln ausbacken lassen. Sie sollten nicht zu dunkel werden und am besten noch warm gegessen werden.

Gut zu wissen:

Haferflocken enthalten viel wirksame Pantothensäure, die insbesondere am Nachmittag zu warmen Händen und Füßen beiträgt. Zusammen mit Zink aus Haferflocken unterstützen sie den Wärmehaushalt, die Immunfunktion und auch die Blasenfunktion. Wenn man in der feucht-nassen Jahreszeit schnell unter einer verkühlten Blase leidet, sollte man häufiger am Nachmittag Haferflocken zu sich nehmen.

Haferflocken sollten immer mit Milch bzw. Milchprodukten, wie z.B. Dickmilch, zusammen gegessen werden.

Teig lässt sich für mehrere Tage im Kühlschrank aufbewahren. Je vollwertiger das verwendete Mehl ist, um so schneller verdirbt der Teig jedoch. Durch das Lagern des Teiges wird die Phytinsäure aus Haferflocken, die immer aus dem vollen Korn gemacht werden, abgebaut.

Polenta-Waffeln

• Tyrosin

Zutaten für ca. 8 bis 10 Waffeln
• 250 ml Wasser
• 3 Prisen feines Meersalz
• 100 g Polenta (Maisgrieß, mittel fein)
• 350 ml Milch
• 3 Eier
• 350 g Mehl (Weizen oder Dinkel)
• 1 Päckchen echten Vanillezucker
• 2 Prisen Zimt
• 4 EL Butterschmalz

Als Beilage eignen sich verschiedene Früchte (Kirschen, Erdbeeren, Himbeeren, Johannisbeeren) und Sahne.

Zubereitung

Wasser in einem hohen Topf zum Kochen bringen. Salz hineingeben und zügig unter Rühren den Maisgrieß einrieseln lassen. Deckel auflegen und noch eine Minute weiter Hitze zuführen, dann vom Herd nehmen. Erneut umrühren und für ca. 10 Minuten weiter ausquellen lassen.
In der Zwischenzeit Milch, Eier, Mehl, Vanillezucker zu einem glatten Teig verrühren. Gegarte Polentamasse hineingeben und kräftig verrühren.
Teig für ca. 20 Minuten ruhen lassen.

Waffeleisen vorheizen und mit ein wenig Butterschmalz einfetten. Jeweils eine Teigkelle in das Waffeleisen geben und den Teig zu gold-gelben Waffeln ausbacken.

Gut zu wissen:

Polenta enthält viel Tyrosin, eine Aminosäure, die die Nebennierenfunktion stärkt und leistungsfähig macht. Nicht alle Kinder mögen Maisgrieß. In dieser verpackten Form wird Polenta dennoch gerne auch von Kindern gegessen. Besonders gut zur Wirkung kommt Tyrosin, wenn Kirschen oder Kirschgrütze (s. S. 234) dazu gegessen werden. Kirschen enthalten Kobalt, welches den Tryosinstoffwechsel positiv beeinflusst.
Zur Erdbeerzeit lohnen sich auch diese zusammen mit Sahne auf der Waffel. Sie enthalten viel Silizium und Chrom. Chrom kann bei Neurodermitis und Allergiebereitschaft allerdings die Symptome verschlimmern.

Buchweizen-Mohn-Waffeln mit Waldhonig

- Arginin, Mangan, Molybdän

Zutaten für 6 bis 8 Waffeln

- 200 g Weizenmehl
- 200 g Buchweizenmehl (nur frisch gemahlenes Mehl verwenden)
- 3 Eier
- 40 ml Waldhonig
- 2 Prisen Bio-Zitronenschale, frisch abgerieben
- 3 Prisen Meersalz
- 450 ml Milch
- 100 g Mohn

Butterschmalz für das Waffeleisen

Zubereitung

Eiweiß vom Eigelb trennen. Eigelb in einer separaten Schüssel zusammen mit beiden Mehlsorten, Milch, Honig, frisch abgeriebene Zitronenschale, Mohn und Meersalz zu einem glatten Teig verrühren und etwas ausquellen lassen. Aus dem Eiweiß in einer fettfreien Schüssel festen Eischnee schlagen. Vorsichtig den Eischnee unter den Teig rühren. Waffeleisen vorheizen und mit ein wenig Butterschmalz einfetten. Jeweils eine Teigkelle in das Waffeleisen geben und den Teig zu hellbraunen Waffeln ausbacken.

Gut zu wissen:

Buchweizenmehl kann schnell ranzig werden, daher sollte immer nur frisches Mehl verwendet werden. **Buchweizen enthält Arginin (Aminosäure) und Mangan. Beide Nährstoffe sind wichtig, um die Wirkung von Chrom zu vermindern. Chrom erhöht die Allergiebereitschaft und verstärkt Hautekzeme. In Mohn ist Molybdän enthalten, was besonders gut gegen Chrom wirksam ist.**

Da Mangan und Molybdän jedoch auch sehr dämpfend wirken, vertragen einige diese Nahrungsmittel besser zusammen mit Vitamin C-reichen Beerenfrüchten. Zu empfehlen sind dann Blaubeeren, schwarze Johannisbeeren und evtl. auch Himbeeren – Früchte die wenig Chrom enthalten.

Wer die Waffeln süßer mag, kann Honig oder Dattelsirup (Molybdän) dazu essen.

Weiße Bohnen-Torte mit Birnen

- Vitamin B2, Zink

Zutaten für eine Springform

- 5 kleine Kochbirnen
- 1 Zitrone, Saft
- 100 g Butter
- 100 g Zucker
- 2 Prisen feines Meersalz
- 3 Eier
- 100 g gegarte weiße Bohnen
- 150 g Weizenmehl
- 3 TL Backpulver
- 100 ml Schmand
- 2 Vanilleschoten
- 1 Prise Muskatnuss
- 1 Prise Zimt

Zubereitung

Birnen sorgfältig schälen und mit einem scharfen Küchenmesser den Blütenansatz und das Kerngehäuse von unten her ausschneiden, sodass die Birne im oberen Teil unversehrt aussieht. Mit dem Saft der Zitrone beträufeln, damit sie nicht braun wird.

Butter und Zucker in einer Rührschale schaumig schlagen. Eier nach und nach hinzugeben und immer so lange die Masse rühren, bis sich die Zutaten zu einem glatten Teig vermengt haben. Weiße Bohnen mit einem Pürierstab zu Mus verarbeiten und zusammen mit Mehl, Backpulver, Schmand, sowie dem ausgekratzten Mark der Vanilleschoten, dem Zimt, der Muskatnuss und dem Salz zu einem glatten Teig verarbeiten.

Backform mit Butter einfetten und den Teig einfüllen. Birnen aufrecht in den Teig setzen.

Backofen vorheißen auf 180°C (Umluft) und die Bohnen-Birnen-Torte für 35-40 Minuten auf der mittleren bis unteren Schiene backen lassen.

35-40 Minuten Backzeit
180°C Umluft-Backofen

Gut zu wissen:

Weiße Bohnen machen diesen Kuchen sehr sättigend und reichhaltig. **Mit den weißen Bohnen nimmt man Zink auf, welches zusammen mit Vitamin B2 aus den Birnen gut im Herbst gegen die ersten Erkältungserkrankungen und Wetterumstellungsreaktionen, wie z.B. aufgesprungene Mundwinkel und rote, tränende Augen bei kaltem Wind, wirkt.**

Buttermilch-Törtchen
mit Himbeeren

- Lysin, Vitamin C, Kupfer, Folsäure

Zutaten für 8 Törtchen
- 10 Blatt weiße Gelatine
- 50 ml Orangensaft
- 500 ml Buttermilch, natur
- 80 g Zucker
- 2 EL Zitronensaft, frisch
- 300 ml Sahne
- 5 Blatt Gelatine
- 200 ml Saft oder Fruchtpüree evtl. aus aufgetauten TK-Himbeeren, evtl. teilweise durch rote Betemost (80 ml) ersetzt
- 50 g Zucker
- 300 g frische Himbeeren (oder Blaubeeren, Brombeeren, Johannisbeeren)

Zubereitung
8 Törtchenringe oder einen großen Tortenring auf einem großen Brettchen bereitstellen, auf dem die Törtchen zum Kühlen in den Kühlschrank passen.

Die Gelatineblätter in kaltem Wasser einweichen. Buttermilch, Zitronensaft und Zucker miteinander verrühren. Weiche Gelatineblätter leicht ausdrücken und zusammen mit dem Orangensaft in einem Topf leicht erhitzen bis sie sich aufgelöst hat. Gelatine darf nicht kochen!

Sahne steif schlagen. Buttermilch vorsichtig unterrühren. Nun die Orangen-Gelatine ebenfalls zügig unterrühren.

Anschließend wird die Masse in die Törtchenringe bzw. in den Tortenring eingefüllt. Es muss immer noch ein wenig Platz bleiben für die nachfolgende Fruchtschicht. Für 1 Stunde in den Kühlschrank stellen bis die Masse anzieht.

Restlichen Gelatineblätter in kaltem Wasser in einem separaten Gefäß einweichen. Saft oder Tiefkühl-Himbeeren in einem anderen Topf zusammen mit Zucker einmal aufkochen lassen und schließlich vom Herd nehmen. Bei einer Unterversorgung an Kupfer lässt sich gut ein wenig rote Betemost anstelle von Himbeeren nehmen – Mischungsverhältnis ca. 120 ml Himbeerpüree und 80 ml rote Betemost. Gelatine ausdrücken und in die heiße Flüssigkeit geben zum Auflösen. Fruchtmasse abkühlen lassen bis sie handwarm ist.

Erstarrte Buttermilchcreme aus dem Kühlschrank nehmen und mit den frischen Himbeeren oder anderen Beeren belegen. Handwarme Gelatine-Fruchtmassen vorsichtig darüber gießen.

Erneut in den Kühlschrank stellen (ca. 30 Minuten) zum Erstarren der Gelatine-Fruchtmasse.

Kurz vor dem Servieren die Törtchen mit dem jeweiligen Törtchenring auf die Teller setzen. Mit einem Messer, das zuvor in heißes Wasser getaucht wurde, Törtchenrand lösen und entfernen.

Gut zu wissen:

In dieser Form konsumieren Kinder Buttermilch gerne. Buttermilch enthält viel **Lysin**, eine Aminosäure, die gut gegen Heuschnupfen hilft. Buttermilch und auch Himbeeren enthalten ebenfalls **Folsäure**, so dass man das Gefühl hat, „frischen Wind" in seine Gedanken zu bekommen.

Himbeeren enthalten neben **Vitamin C** auch **Kupfer**. Bei einer Unterversorgung an Kupfer lässt sich die Kupferwirkung sehr gut verstärken, indem etwas rote Betemost/-saft anstelle von Himbeerpüree verwendet wird.

Zusammen mit **Vitamin B2** aus Buttermilch wird die Sauerstoffverwertung in den Zellen deutlich verbessert. In Kombination mit der Folsäure- und der Lysin-Wirkung aus Buttermilch führen diese Törtchen dann besonders zu klaren Gedanken.

Buttermilch darf nicht tiefgekühlt werden, da sonst die Aminosäure Lysin unwirksam wird.

Buttermilch-Blaubeer-Torte

- Lysin, Vitamin C, Mangan

Zutaten für den Teig

- 3 Eier
- 6 EL Weizenmehl (405er)
- 4 EL Zucker
- ½ Päckchen Backpulver

Zutaten für die Creme

- 14 Blatt weiße Gelatine
- 600 g TK-Blaubeeren, evtl. anteilig mischen mit Brombeeren, schwarze Johannisbeeren oder Fliederbeeren
- 120 g Zucker
- 4 EL Zitronensaft, frisch
- 600 ml Buttermilch, natur
- 300 ml Sahne

Zum Verzieren evtl. 200 ml Sahne und kleine Deko-Oblaten verwenden.

Zubereitung

Für den Tortenboden werden die Zutaten zügig miteinander vermengt. Eine Springform mit Butter ausfetten und den Teig einfüllen.

Im vorgeheizten Backofen (Umluft) bei 180 Grad ca. 18 bis 20 Minuten backen.

Kurz auskühlen lassen und aus der Form lösen, damit sich der Boden auch später, wenn die Tortenfüllung darauf ist, lösen lässt.

Für die Creme wird die Gelatine in kaltem Wasser eingeweicht. Tiefkühlblaubeeren für die Creme in einem Kochtopf erhitzen und einmal aufkochen lassen. Anschließend vom Herd nehmen und fein pürieren. Schließlich die etwas ausgedrückte Gelatine in die noch warme Masse hineingeben und unter Rühren darin auflösen lassen.

Buttermilch, Zitronensaft und Zucker in einem Extragefäß miteinander verrühren.

Sahne steif schlagen. Buttermilch vorsichtig unterrühren. Gut 2/3 der abgekühlten Blaubeermasse vorsichtig mit der Buttermilch-Sahnemasse vermengen.

Anschließend wird die Masse auf den abgekühlten Tortenboden gegeben bzw. in die Springform oder den Tortenring eingefüllt. Es muss immer noch ein wenig Platz bleiben für die restliche Blaubeerfruchtschicht. Für eine 1/2 Stunde in den Kühlschrank stellen bis die Masse anzieht. Dann die restliche Blaubeermasse als oberste Schicht einfüllen. Erneut kalt stellen.

Kurz vor dem Servieren die Torte vom Tortenring mit einem Messer lösen, das zuvor in heißes Wasser getaucht wurde. Eventuell mit einer Extraschicht aufgeschlagener Sahne und bunten Deko-Oblaten den Rand verzieren.

Gut zu wissen:

In dieser Form konsumieren Kinder Buttermilch gerne. Buttermilch enthält viel Lysin, eine Aminosäure, die gut gegen Heuschnupfen hilft. Buttermilch enthält zudem Folsäure, so dass man das Gefühl hat, frischen Wind in seine Gedanken zu bekommen. Blaubeeren wirken etwas dämpfend. Das Mangan aus Blaubeeren nimmt Stress und sorgt für innere Ruhe. **Die Kombination Buttermilch mit Blaubeeren ist besonders günstig, da es weder zu Symptomen eines Lysin-Überschusses (z.B. empfindliche, trockene Haut,** **Sonnenstrahlen „zwicken" auf der Haut) noch zu einer zu dämpfenden Mangan-Wirkung mit Passivität und Antriebslosigkeit durch Blaubeeren kommt.**

Kinder können danach ideenreich und ausgeglichen mit einander spielen. Buttermilch darf nicht tiefgekühlt werden, da sonst die Aminosäure Lysin unwirksam wird.

Blaubeeren können auch teilweise oder vollständig durch Brombeeren, schwarze Johannisbeeren oder Fliederbeeren ersetzt werden.

Früchtebrot

- Vitamin B2, Molybdän, Arginin, Chrom

Zutaten

- 4 Eier
- 50 ml Milch
- 250 g Mehl (Dinkel- oder Weizenmehl)
- 2 TL Zimt
- 150 g Haselnüsse, klein gehackt
- 250 g Datteln, entsteint
- 150 g getrocknete Feigen
- 150 g getrocknete Aprikosen
- 150 g Dörrpflaumen, entsteint
- 3 Prisen feines Meersalz
- evtl. 2 Prisen Muskatnuss, gemahlen
- evtl. etwas Honig zum Süßen
- Butter für die Backform

Zubereitung

Trockenfrüchte in nicht allzu kleine Stückchen schneiden. Sofern in Datteln und Pflaumen noch Steine enthalten sein sollten, diese entfernen. Bei Feigen muss man evtl. den etwas härteren Stilansatz entfernen.

Eier aufschlagen und zusammen mit der Milch in einer große Schüssel schaumig schlagen. Mehl, Trockenfrüchte, Haselnüsse und Gewürze sowie evtl. etwas Honig zügig zusammenrühren.

Backform mit Butter einfetten und den Teig einfüllen.

Bei 160°C im vorgeheizten Umluftofen für ca. 1 Stunde backen.

Das gebackene Früchtebrot aus der Form nehmen, auskühlen lassen und zwei bis drei Tage in Butterbrotpapier wickeln, damit sich die Aromen gut vermengen können.

60 Minuten Backzeit
160°C Umluft-Backofen

Gut zu wissen:

Das Früchtebrot eignet sich besonders gut, um Vitamin B2 aus den Trockenfrüchten und Molybdän aus Datteln und Aprikosen aufzunehmen. Gerade in der Übergangszeit zwischen warmem und kaltem Wetter benötigen wir mehr Vitamin B2. Eingerissene Mundwinkel sowie tränende Augen bei kaltem Wind können Zeichen für eine Unterversorgung an Vitamin B2 sein. Wer Acht geben muss auf Chrom, sollte den Anteil an Feigen und Aprikose gering halten.

Pflaumenkuchen mit Hefe-Polenta-Teig

• Tyrosin

Zutaten
• 250 g Weizenmehl (550)
• 200 g Polenta (Maisgrieß)
• ½ TL Meersalz
• 150 ml lauwarmes Wasser
• 1 Würfel frische Hefe
• 80 g Zucker
• 100 g Butter
• 2 kg Zwetschgen (Pflaumen)
• 80 g Zucker zum Bestreuen
• 2 TL Zimt
• Butter für das Backblech

Zubereitung
Die Hälfte vom Mehl zusammen mit Maisgrieß und Zucker, Salz, Wasser und frische Hefe zu einem Vorteig verarbeiten und an einem warmen Ort ca. 30 Minuten gehen lassen. In dieser Zeit die Zwetschgen waschen und entsteinen.

Butter in einem Topf flüssig werden lassen. Die flüssige Butter zusammen mit dem restlichen Mehl zum Vorteig geben und noch einmal gut durchkneten bis ein geschmeidiger Teig entstanden ist. Anschließend wird der Teig auf ein gefettetes Backblech gleichmäßig verteilt und mit den halbierten Zwetschgen belegt. Nun noch den restlichen Zucker mit dem Zimt mischen und auf den Früchten verteilen. Backofen auf 50°C (Umluft) stellen und das gefüllte Backblech auf mittlerer Schiene für weitere 30 Minuten gehen lassen. Anschließend die Ofentemperatur hoch drehen auf 180°C und für ca. 20 Minuten backen lassen.

30 Minuten Wartezeit bei 50°C
20 Minuten Backzeit bei 180°C im Umluftofen

Gut zu wissen:
Dieser Hefe-Polentateig eignet sich auch für andere Früchte, wie zum Beispiel Kirschen, Äpfel oder Aprikosen. Durch den Maisgrieß wirkt der Teig kreislaufanregend und stärkt die Nebennieren in ihrer Funktion.
Das Beimengen von Maisgrieß in den Teig kann genutzt werden, wenn Kinder normalerweise keinen Grieß mögen. In der verpackten Form nehmen die Kinder dann dennoch Tyrosin auf. Bei Niacin-Unterversorgung kann auch schon der geringe Anteil von Tyrosin im Teig dazu führen, dass Magenkneifen, Sodbrennen oder auch eine gewisse Steifigkeit des Magens empfunden wird. Dann muss erst der Niacinbedarf gedeckt werden, z.B. mit Avocado, Fenchel oder frisch gegarter Kartoffel, bevor tyrosinreich gegessen wird.

Gut zu wissen:

Mohn enthält viel bioverfügbares Molybdän, welches als Gegenspieler zu Chrom im Stoffwechsel fungiert.

Molybdän macht jedoch auch müde, sodass das Kombinieren mit tyrosinhaltiger Polenta sinnvoll ist.

Dieser Mohnkuchen schmeckt meist auch Kindern, die normalerweise Mohn ablehnen, da er sonst häufig zu krümelig ist. Birne kann auch durch kernlose Weintrauben oder frische Aprikosen ersetzt werden.

Mohn-Birnen-Kuchen

- Molybdän, Tyrosin

Zutaten für den Boden

- 250 g Weizenmehl
- 2 EL echten Vanillezucker
- 2 Prisen feines Meersalz
- 125 g weiche Butter
- Evtl. etwas Butter oder Schmalz zum Fetten der Springform

Zutaten für den Belag:

- ½ l Vollmilch
- 1 Prise feines Meersalz
- 90 g Polenta
- 75 g Zucker
- 125 g Butter
- 175 g Mohn,
- 1 Ei
- 2 Kochbirnen (z.B. Grauchen)

Zubereitung

Für den Mürbeteig werden Mehl, Vanillezucker, Salz, Zimt und weiche Butter zügig zu einem glatten Teig geknetet. Eine Springform evtl. mit etwas Butter oder Schmalz einfetten. Den Teig sorgfältig auf dem Boden verteilen und einen kleinen Teigrand hochziehen.

Bei der Zubereitung des Mohn-Polenta-Belags Milch im Kochtopf einmal kurz aufkochen lassen. Polenta, Zucker, Salz, Mohn in die Milch geben und unter Rühren ca. 2 Minuten köcheln lassen. Anschließend die Butter hineingeben und solange weiterrühren, bis sie geschmolzen ist. Die Mohn-Polenta-Masse ein wenig abkühlen lassen. Anschließend das Ei ebenfalls zügig unterrühren.

Danach die ganze Masse auf dem Mürbeteig gleichmäßig verteilen. Backofen auf 180° vorheizen.

Kochbirnen waschen und schälen und in kleine Stückchen schneiden und auf der Mohn-Polentamasse verteilen.

Kuchen im Ofen auf mittlerer Schiene bei 180°C für ca. 30 Minuten backen lassen.

30 Minuten Backzeit
180°C Umluftofen

Mohn-Orangen-Kuchen

• Molybdän

Zutaten

• 100 g Mohn
• 50 g Zucker
• 1 EL Speisestärke
• 160 ml Milch
• 20 g Butter
• 250 g Butter
• 50 g Zucker
• 4 Eier
• 250 g Weizenmehl
• ½ Päckchen Backpulver
• 1 Prise Meersalz
• 2 Päckchen echten Vanillezucker
• 2 EL Rum, 54%
• 50 g Orangenmarmelade
• 75 ml Orangensaft

Zubereitung

Mohn in einen kleinen Edelstahltopf füllen und mit Zucker und Speisestärke mischen. Milch und Butter hinzufügen und unter gelegentlichem Umrühren einmal aufkochen, anschließend etwas auskühlen lassen.

Weiche Butter (Zimmertemperatur) und Zucker in eine Rührschüssel geben und mit der Küchenmaschine auf höchster Stufe schaumig rühren. Zunächst erst einmal 1 Ei hinzufügen und gut unterrühren. Erst wenn das Ei von der Butter aufgenommen wurde, nach und nach die anderen Eier unterrühren. In einer Schüssel Mehl mit Backpulver und einer guten Prise Meersalz und dem Vanillezucker mischen. Das Mehlgemisch unter die Butter-Ei-Masse rühren. Backofen auf 175°C vorheizen.

54%igen Rum und die Orangenmarmelade unter die Mohnmasse rühren. Mohnmasse zum Rührteig geben und alles gut vermengen. Eine flache Kastenform mit Butter auspinseln. Backform sollte ca. so groß sein wie ein Din A 4 Blatt. Stattdessen kann auch eine runde Springbackform genommen werden. Teig in die Form füllen und im vorgeheizten Backofen bei 175° ca. 45 Minuten backen.

Noch im heißen Zustand wird der fertig gebackenen Kuchen mit Orangensaft bepinselt.

Gut zu wissen:

Mohn enthält Molybdän, welches als Antagonist zu Chrom fungiert.

Durch den Konsum von recht vielen Äpfeln als Getränk oder als Frucht pur, ist der Chromkonsum heutzutage recht hoch. Viele Kinder und zum Teil auch Erwachsene reagieren mit Neurodermitis und Allergien auf Chrom. Molybdän kann die Symptome etwas lindern. Molybdän ist zudem recht müde machend. Die Kombination mit frischem Orangensaft wirkt der Müdigkeit entgegen.

45 Minuten Backzeit
175°C Umluftofen

Polenta-Gugelhupf

- Tyrosin, Kohlenhydrate

Zutaten

- 250 g weiche Butter
- 120 g Zucker
- 2 Päck echter Vanillezucker
- ½ TL abgeriebene Schale einer ungespritzten Zitrone
- ½ TL Meersalz
- 4 Eier
- 200 g Weizenmehl (505er)
- 250 g Polenta (Maisgrieß)
- 50 g Haferflocken
- 1 Päckchen Backpulver
- 200 ml Milch
- 100 g Backpflaumen

Zubereitung

Butter, Zucker, Vanillezucker, Meersalz und Zitronenschale zusammen in einer großen Rührschüssel schaumig schlagen. Anschließend Eier, Mehl, Backpulver, Maisgrieß und Milch unterrühren bis ein cremiger Teig entsteht, der etwas weicher ist, als ein gewöhnlicher Rührteig. Backpflaumen in kleine Stückchen schneiden und unter die Teigmasse heben.
Die Teigmasse in eine gut ausgebutterte Backform geben und bei 160°C (Umluft) auf mittlerer Scheine abbacken.

45-50 Minuten backen lassen
160°C Umluft-Backofen

Gut zu wissen:

Durch die Beimengung von Polenta wirkt ein gewöhnlicher Gugelhupf nebennierenstärkend. Kinder, die Maisgrieß als Brei nich mögen, essen ihn in dieser verpackten Form meist gerne.

Mohn-Blumen-Kekse
• Molybdän

Zutaten
• 200 g Butterschmalz
• 100 g Zucker
• 1 Päckchen echten Vanillezucker
• 100 g Mohn
• 260 g Weizen- oder Dinkelmehl (Weißmehl)
• 2 Prisen feines Meersalz
• 150 g Johannisbeer- oder Preiselbeermarmelade

Zubereitung
Butterschmalz mit Zucker und Vanillezucker so lange verkneten, bis eine glatte Masse entsteht. Den Mohn zusammen mit Mehl und Salz unter die Fett-Zuckermasse kneten. Den Teig zu einer Kugel formen und in Folie wickeln. Im Kühlschrank 1 Stunde ruhen lassen.

Anschließend wird der Teig noch einmal durchgeknetet und schließlich auf einer bemehlten Fläche ausgerollt. Mit einer runden Plätzchenform oder einer in Blütenform werden Kreise bzw. Blüten ausgestochen. Bei der einen Hälfte der rohen Teigfiguren wird jeweils in der Mitte ein kleiner Kleks Johannisbeergelee oder Preiselbeermarmelade platziert. Bei den restlichen Teigfiguren wird mit einer kleineren runden Plätzchenform ein Loch in der Mitte ausgestochen. Sie dienen als Deckel. Die mit Marmelade bestückten Teigfiguren jeweils mit einem Teigdeckel bedecken und auf ein Backblech mit Backpapier legen. Den Ofen auf 190°C vorheizen und die Kekse auf der mittleren Schiene in 10 Minuten hellbraun backen.
Auf dem Backblech abkühlen lassen, sonst brechen die Kekse. Erst wenn sie ganz ausgekühlt sind in eine Dose legen, dann bleiben die Mohn-Blumen-Kekse knusprig.

10 Minuten Backzeit
190°C Umluft-Backofen

Gut zu wissen:
Mohn enthält Molybdän, welches als Antagonist zu Chrom fungiert. Gerade in der Weihnachtszeit werden häufig viele chromreiche Mandarinen und Bratäpfel gegessen.
In dieser verpackten Form essen auch Kinder Mohn gerne. **Mit dem sauren Marmeladenklecks wird die dämpfende Wirkung von Molybdän etwas reduziert, sodass die Kekse nicht zu müde machen.**

Brombeergrütze

• Mangan, Vitamin C

Zutaten
• 500 g Brombeeren, TK
• 125 g Zucker
• 1 Päckchen echten Vanillezucker
• 40 g Speisestärke
• 1 Prise Meersalz
• 1 Zitrone

Zubereitung
Brombeeren zusammen mit Zucker in einem Kochtopf aufkochen. Dabei immer wieder umrühren. Vanillezucker und Salz hinzugeben. Speisestärke mit ein wenig Wasser glatt rühren und unter die Brombeeren geben. Noch einmal kurz aufkochen lassen. Die Zitrone auspressen und den Saft unterrühren. In Schälchen geben und auskühlen lassen.

Gut zu wissen:

Brombeeren enthalten viel Mangan, welches sehr beruhigend wirkt. Bei einem unruhigem Darm mit zu weichem Stuhlgang wirken Brombeeren harmonisierend. Den Zitronensaft wegen des Vitamin C-Gehalts nicht mitkochen.

Kirschgrütze

• Kobalt, Vitamin C

Zutaten
• 500 g Sauerkirschen, TK
• 125 g Zucker
• 1 Päckchen echten Vanillezucker
• 40 g Speisestärke
• 1 Prise Meersalz
• 1 Zitrone, Saft

Nach Belieben mit Polentawaffel, Haferflocken mit Milch, einfach pur oder mit aufgeschlagener Sahne kombinieren.

Zubereitung
Sauerkirschen entsteinen und zusammen mit Zucker in einem Kochtopf aufkochen. Dabei immer wieder umrühren. Vanillezucker und Salz hinzugeben. Speisestärke mit ein wenig Wasser glatt rühren und unter die Kirschen geben. Noch einmal kurz aufkochen lassen. Die Zitrone auspressen und den Saft unterrühren. In Schälchen geben und auskühlen lassen.

Gut zu wissen:

Kirschen enthalten viel Kobalt, welches u.a. von der Darmflora für die Vitamin B12-Synthese benötigt wird. Den Zitronensaft wegen des Vitamin C-Gehalts nicht mitkochen.

Blaubeergrütze

- Mangan, Vitamin C

Zutaten

- 500 g Wald-Blaubeeren, TK oder frisch
- 125 g Zucker
- 1 Päckchen echten Vanillezucker
- 40 g Speisestärke
- 1 Prise Meersalz
- 1 Zitrone

Blaubeeren zusammen mit Zucker in einem Kochtopf aufkochen. Dabei immer wieder umrühren. Vanillezucker und Salz hinzugeben. Speisestärke mit ein wenig Wasser glatt rühren und unter die Blaubeeren geben. Noch einmal kurz aufkochen lassen. Die Zitrone auspressen und den Saft unterrühren. In Schälchen geben und auskühlen lassen.

Gut zu wissen:

Blaubeeren eignen sich aufgrund der Mangan-Wirkung bei einem unruhigen Darm. Auch auf psychischer Ebene wirkt Mangan beruhigend. Empfindliche, trockene Haut durch Lysin-Überschuss oder aufgrund von Neurodermitis wird weniger empfindlich durch Mangan. Den Zitronensaft wegen des Vitamin C-Gehalts nicht mitkochen.

Haferflocken mit Kirschen (nach Tönnies)

- Pantothensäure, Kobalt, Kalium, Natrium

Zutaten für eine Portion

- 4 EL frische Haferflocken
- 6 EL lauwarme Milch
- 1 Prise Meersalz
- 2 EL Kirschgrütze (oder Sauerkirschen aus dem Glas)

Zubereitung

Haferflocken zusammen mit Salz in eine Dessertschüssel geben. Milch kurz etwas erwärmen, über die Haferflocken geben, umrühren und etwas ziehen lassen. Kirschgrütze (s. Rezept S. 234) oder eingelegte Sauerkirschen aus dem Glas hinzufügen.

Gut zu wissen:

Sauerkirschen enthalten viel Kobalt, welches die Stimmung aufhellen kann. Zusammen mit pantothensäurehaltigen Haferflocken kann diese Zwischenmalzeit besonders am Nachmittag gut über die Runden helfen. Pantothensäure wirkt zudem gut gegen kalte Finger und Füße und bei einer kälteempfindlichen Blase. Da Milch und Kirschen viel Kalium enthalten, sollte immer ein wenig Natrium aus Meersalz hinzugefügt werden, damit kein Bauchkneifen durch Kalium-Überschuss entsteht. Zudem wird die wärmende Wirkung von Pantothensäure mit Salz verstärkt.

LAKRITZ AUS SÜSSHOLZWURZEL

Echte Lakritz wird aus Extrakten der Süßholzwurzel hergestellt, die sehr anregend wirken. **Bei Nebennierenschwäche in Folge von Erkältungskrankheiten kann Lakritz schnell Abhilfe verschaffen.** Jedoch darf Lakritz nicht als Dauerlösung angewendet werden. Mit dem Konsum von echter Lakritz bzw. von Süßholzwurzel kommt es zur Hemmung von Enzymen, die normalerweise körpereigenes Cortison und Aldosteron (Hormone der Nebennierenrinde) abbauen. Dadurch kommt es zu einer Verlängerung der biologischen Wirksamkeitsdauer dieser Stresshormone, was zur Folge hat, dass man sich länger fit fühlt. Gleichzeitig kann es aber auch durch einen zu hohen Aldosteronspiegel zu **Kaliumverlust, Bluthochdruck und zu Wassereinlagerungen ins Gewebe kommen.** Insbesondere starke Salzlakritz mit Salmiak (aus skandinavischen Ländern und aus Holland) kann schnell zu gefährlichem Bluthochdruck führen.

Starklakritz sollte nur bei zu niedrigem Blutdruck konsumiert werden und dann auch nur in sehr geringen Mengen.

Im Binnenland wird starke Lakritz sehr viel weniger konsumiert als an der Küste. In Süddeutschland beispielsweise reagieren Menschen häufig unmittelbar nach Konsum von ein paar Echtlakritzscheiben mit einer Überfunktion der Schilddrüse.

In der Medizin wird Süßholzwurzel auch bei Magengeschwüren und bei Gastritis verwendet. Den Süßholzextrakten werden eine antibakterielle und antimykotische Wirkung (gegen Pilze) zugeschrieben. Weitere typische Anwendungsgebiete sind Erkältungskrankheiten der oberen Atemwege, wie Husten und Bronchitis, da Süßholzextrakte auch schleimlösend wirken.

KAKAO UND ZARTBITTERSCHOKOLADE

Kakao und hochprozentige Zartbitterschokolade (ab 70% Kakaoanteile) wirken leistungssteigernd und anregend – bei vielen Menschen sogar besser als Kaffee. Kakao wirkt stärkend auf die Nebennierenfunktion ein und enthält neben Koffein auch Theobromin (= Götterspeise), eine Substanz, die eine ähnliche Wirkung wie Koffein aufweist. Gleichzeitig enthält Kakao auch **Mangan**, welches beruhigend und wärmend wirkt, sodass es durch Kakaokonsum nicht zu Nervosität und innerer Zerrissenheit kommt, wie es nach dem Konsum von zu viel Kaffee oder echtem Tee zu beobachten ist. Eine Beimengung von echtem Kakao in den Kaffee erhöht die leistungssteigernde Wirkung von Kaffee (s. S. 84).

Durch Kakaokonsum wird die Durchblutung des Gehirns verbessert, was sogar durch Kernspinuntersuchungen nach Kakaoverzehr nachgewiesen werden konnte. Kakao hat daher auch den Spitznamen „süßes Aspirin" erhalten. Bei Kopfschmerzen hilft der Konsum von Kakao in Form von heißer Schokolade, die mit Milch aufgekocht wird oder auch als Zartbitterschokolade, die zusammen mit ein wenig roter Bete gegessen wird, da neben der besseren Durchblutungsleistung zusätzlich die Sauerstoffverwertung der Zellen durch Kupfer aus roter Bete verbessert wird.

Des Weiteren wirkt sich der Konsum von Kakao positiv auf den Cholesterinspiegel aus. Festgestellt wurden des Weiteren eine blutdrucksenkende Wirkung, eine verminderte Rate an Herz-Kreislauferkrankungen sowie eine Verbesserung der Hautfunktionen durch regelmäßigen Zartbitterschokoladenkonsum. Letzteres lässt sich an einer Glättung der Haut, an erhöhtem Eigen-UV-Schutz sowie an einer verbesserten Hautfeuchtigkeit bemessen. Eine Hautalterung kann somit durch Zartbitterschokoladenkonsum verzögert werden.

Es spricht wenig gegen einen Kakaokonsum, außer vielleicht die Kalorien!

SALZ

Beim Salzen von Speisen sind natur-
belassene Salze am besten. Hierzu
zählen nicht rieselfähig gemachtes
Meersalz ohne Zusätze sowie Steinsalz.

PFEFFER UND CHILI

Pfeffer und Chili werden in dieser Rezeptsammlung nur selten zum Würzen
genommen, da sie sehr hohe Chromwerte aufweisen. Heutzutage leiden
viele Menschen unter einem Chrom-
Überschuss, der zu beobachten ist
an einem aufgedunsenen Bauch nach
dem Essen, an Neurodermitisschü-
ben oder auch an verstärkter Allergiebereitschaft. Sofern jedoch keine
Chrom-Überempfindlichkeit besteht,
kann ganz nach Belieben mit Pfeffer
und Chili gewürzt werden.

GEWÜRZMISCHUNGEN

Gewürzmischung 1 (nach Tönnies):

Je 1 Teelöffel getrockneten **Rosmarin, Salbei** und **Meersalz** im Mixer oder Kaffeemühle zerkleinern und durchmixen.

Diese Gewürzmischung wird mit auf den Tisch gestellt und bei Bedarf zusätzlich auf das Gericht gegeben. **Sie wirkt anregend auf die Verdauung – besonders bei fetthaltigen Speisen.**

Gewürzmischung 2 (nach Tönnies):

Je 1 Teelöffel getrockneten **Rosmarin, Salbei und Meersalz** im Mixer oder Kaffeemühle zerkleinern, dann je 1 EL **Edelhefe** (Reformhaus) und **Parmesankäse** dazugeben und noch einmal durchmixen.

Diese Gewürzmischung wird mit auf den Tisch gestellt und bei Bedarf zusätzlich auf das Gericht gegeben. **Sie wirkt Kreislauf anregend und wirkt sich positiv auf den Magen und die Verdauung aus. Kreislaufschwache Menschen können mehrmals über den Tag verteilt eine Prise davon lutschen.** Leidet man jedoch unter Bluthochdruck oder Herzrasen, darf diese Gewürzmischung nicht regelmäßig konsumiert werden, damit der Bluthochdruck nicht gesteigert wird. Durch Edelhefe enthält die Gewürzmischung Vitamin B1, welches Gegenspieler zu Vitamin B6 ist. Bei Vitamin B6-Unterversorgung kann Bluthochdruck entstehen. Aufbewahrt werden muss die Gewürzmischung in einem verschließbaren Gefäß im Kühlschrank.

Gewürzmischung 3:

Je 1 Teelöffel getrockneten **Rosmarin, Thymian, Estragon, Salbei** und **Salz** im Mixer oder Kaffeemühle zerkleinern, dann je 3 EL **Edelhefe** (Reformhaus) und **Parmesankäse** dazugeben und noch einmal durchmixen.

Diese Gewürzmischung wird mit auf den Tisch gestellt und bei Bedarf zusätzlich auf das Gericht gegeben. **Sie wirkt Kreislauf anregend und ist besonders günstig bei schwacher Stimme und bei Frauen mit PMS (Prämenstruelles Syndrom) mit Ischias-Schmerzen und verspäteter Menstruation.** Leidet man jedoch unter Bluthochdruck oder Herzrasen, darf diese Gewürzmischung nicht regelmäßig konsumiert werden, damit der Bluthochdruck nicht gesteigert wird. Durch Edelhefe enthält die Gewürzmischung Vitamin B1, welches Gegenspieler zu Vitamin B6 ist. Bei Vitamin B6-Unterversorgung kann Bluthochdruck entstehen sowie Verspannungen im Schultergürtelbereich.

Gewürzmischung 4:

Je 1 Teelöffel getrockneten **Thymian, Rosmarin, Estragon** und **Salz** im Mixer oder Kaffeemühle zerkleinern, dann je 2 EL **Edelhefe** (Reformhaus) und **Parmesankäse** dazugeben und noch einmal durchmixen.

Diese Gewürzmischung wird mit auf den Tisch gestellt und bei Bedarf zusätzlich auf das Gericht gegeben. **Sie wirkt Kreislauf anregend und ist besonders günstig bei Appetitlosigkeit durch Magenschwäche, Übelkeit und unangenehmem Völlegefühl nach den Mahlzeiten von deftigen Speisen sowie bei Menschen mit häufigem Schluckauf.** Leidet man jedoch unter Bluthochdruck oder Herzrasen, darf diese Gewürzmischung nicht regelmäßig konsumiert werden, damit der Bluthochdruck nicht gesteigert wird. Durch Edelhefe enthält die Gewürzmischung Vitamin B1, welches Gegenspieler zu Vitamin B6 ist. Bei Vitamin B6-Unterversorgung kann Bluthochdruck entstehen.

TÖNNIESSCHNAPS

Zutaten
- 500 ml Cointreau
- 12,5 g Kalmuswurzel
- 12,5 g Pomeranzenschale (Bitterorangenschale)
- 20 g kandierten Ingwer, fein geschnitten

Zubereitung
Kalmuswurzel, Pomeranzenschale und kandierten Ingwer mit Cointreau übergießen und für mindestens 2 Wochen ziehen lassen.

Gut zu wissen:
Pomeranzenschale ist die Schale von Bitterorangen, aus denen auch die englische Marmelade und Sukkade gemacht wird. Die Bitterstoffe wirken sich positiv auf die Verdauungssäfte aus. Kalmuswurzel enthält reichlich Bitterstoffe, die die Leberfunktion unterstützen. **Ingwer hilft bei der Eiweißverdauung im Magen. Bei Magenbeschwerden durch fettreiches Essen zum Mittag oder durch zu viel Eiweiß am Abend hat Tönnies empfohlen, ein kleines Schlückchen zum oder auch nach dem Essen sich zu genehmigen.**

Aufgrund des hohen Alkoholgehalts dürfen Kinder, Jugendliche und Schwangere diese Verdauungshilfe nicht zu sich nehmen.

Anhang
NÄHRSTOFFLISTE

Nährstoffliste nach Heinrich Tönnies
mit therapeutisch einsetzbaren Nahrungsmitteln

Die nachfolgenden Nährwerttabellen (Kinderernährungswerk Hamburg e.V. 1994) zeigen an, welche Nährstoffe aus bestimmten Nahrungsmitteln gut bioverfügbar sind und zum Ausgleich von Ernährungsungleichgewichten eingesetzt werden können.

Sie sind nicht zu vereinen mit gewöhnlichen Vitamin- und Mineralstofftabellen. Ebenso wenig geben sie Auskunft über synergistische und antagonistische Wechselwirkungen verschiedener Lebensmittel in Kombination.

Vitamine	Nahrungsmittel
Vitamin A, Retinol **Provitamin A**	Leber, Eigelb, fetter Meeresfisch, aus Carotinen: Karotten, Brokkoli, Mangold, Pastinake, grüne Bohnen, Spinat etc. (=> wird aber nur in geringen Mengen zu Vitamin A umgewandelt)
Vitamin D, **z.B. Colecalciferol**	Speck, tierisches Fett, Ei, Hartkäse, Tiefseefisch (Lachs), Schweineschmalz, Salami etc.
Vitamin E, z.B. Tocopherol	gutes kalt gepresstes Olivenöl, Weizenkeime, dunkelgrüne Blattsalate, wie z.B. Feldsalat
Vitamin B1, Thiamin	Hülsenfrüchte, Vollgetreide, Edelhefeflocken
Vitamin B2, Riboflavin	Joghurt, Quark, Camembert, Brie, Sauermilchprodukte, Gemüsemais, Zwetschgen, Gemüse, grüne Salate
Vitamin B3, Niacin	Rohe, frische Champignons, Avocado, Fenchel, Kartoffeln, Bananen, Makrele, Kochschinken
Vitamin B5, Pantothensäure	Haferflocken, Hülsenfrüchte, wie z.B. Linsen, Kichererbsen, frisches Popcorn
Vitamin B6, Pyridoxin	Braune Linsen, Gerste, Mais, Hefeflocken, Vollkornreis, Roastbeef
Vitamin B12, **Cobalamin**	Fleisch, vor allem Tartar, Roastbeef, Leber, Blauschimmelkäse, evtl. wenig in Datteln
Vitamin C, **Ascorbinsäure**	gelbe. Grapefruit, Zitrone, Beeren, rote und schwarze Johannisbeere, Jostabeere, frischer Salat und Kräuter
Folsäure	dunkelgrünes Blattgrün, Spinat, Mangold, Petersilie, Basilikum, Orange (frisch), junges Geflügel (Hähnchenschenkel)

Fettsäuren	Abkürzungen	Nahrungsmittel
Arachidonsäure	= Ara	tierische Fette, Schaffett, Rinderfett
Linolensäure	= Lie	kaltgepresste Öle, Leinsamen, (Nachtkerzenölkapseln)
Linolsäure	= Lio	kaltgepresste Öle, Leinsamen (gute Wirkung, wenn gekaut)
Omega-3-Fettsäure		Fischöl, generell in fettem Fisch, Lebertrankapseln

Mineralstoffe / Spurenelemente:	Nahrungsmittel
Kalzium	Hartkäse, Ei, Fleisch, Fisch, auch in Pflanzenstrukturen in Verbindung mit Vitamin D
Chlor	Kochsalz, Bananen, Rotkohl, Ananas, Kartoffeln, Tomaten
Chrom	Karotten, rote Peperoni, Kaki, Kiwi, Mandarinen, Orangen, Äpfel, Ananas, Feigen, Papaya, Aprikosen, Erdbeeren, rote Johannisbeeren, Apfelsaft, Pistazien, Mango, Lachs, Vollrohrzucker, Pfeffer, Curry
Eisen	dunkelgrüne Blattsalate (z.B. Römer), rotes Fleisch, Leber, Linsen
Fluor	Lang gezogener Schwarztee, Grüner Tee, Weißer Tee, Buchweizen, Roggen, Hirs, Soja
Jod	Meeresfisch, am meisten in Schellfisch, Kabeljau, Meeresalgen
Kalium	Obst, Salate, Gemüse, Obst- und Gemüsesäfte, Milch
Kobalt	Sauerkirschen, Rotwein, dunkle Trauben, Tomaten, Leber, grüne Bohnen
Kupfer	Rote Bete, grüne Erbsen, Gurken, grüne Gemüse, Himbeeren
Magnesium	grüne Bohnen, Kohlrabi, Fenchel, Gurken, grüne Salate, Fisch
Mangan	gelbe Suppenerbsen, Rotkohl, Heidelbeeren, Kichererbsen, Vollkornreis, Aubergine, Preiselbeeren, Schaffleisch, Brombeere, Kakao
Molybdän	Buchweizen, Rotkohl, gelbe Erbsen, Leber, Muscheln, Aprikose, Rotwurst
Natrium	Kochsalz (Steinsalz, Meersalz, nicht rieselfähig)
Phosphor	Fisch, Fleisch, Wurst, Schmelzkäse, Linsen, Haselnüsse

Mineralstoffe / Spurenelemente:	Nahrungsmittel
Schwefel	Lauch, Zwiebeln, Knoblauch, Kresse, Rettich, Bärlauch, Eier, Wallnüsse Haselnüsse, Oliven, einige Mineralwasser
Selen	rote und braune Bohnen, Gerste, Sellerie, Rettich, Radieschen
Silizium	Hirse, Erdbeeren, Brennnessel, Rettich, Honigmelone
Zink	weiße Bohnen, Gerste, Kürbiskerne, Haferflocken, Rindfleisch, Austern, Blumenkohl, Zucchini

Aminosäuren	Abkürzung	Nahrungsmittel
Arginin	= Arg	Buchweizen, Hülsenfrüchte, Hasel- und Cashewnüsse
Cystein	= Cys	Ei, Seezunge, Seehecht, Thunfisch, Krebse, Nordseekrabben, Quark, Mandeln
Histidin	= His	Goudakäse, Truthahnfleisch, weiße Bohnen
Isoleucin	= Iso	Hähnchenschenkel, Forellenfilet, frische Sardinen, Buttermilch
Leucin	= Leu	Hafer, Hirse, Weizen, Linsen, allgemein Vollgetreide
Lysin	= Lys	Kabeljau, Schellfisch, Zander, Heilbutt, Makrele, Ölsardinen, frische Milch, Buttermilch
Methionin	= Met	Quark, Milchprodukte, Käse, Crevetten, Hummer, Hirse, Soja
Phenylalanin	= Phe	überall vorhanden, bes. in Soja und Mais
Threonin	= Tre	Hirse, Haselnüsse, Polenta (Maisgrieß)
Tyrosin	= Tyr	Polenta (Maisgrieß), Eier, (Rohmilchhartkäse)
Tryptophan	= Try	Hähnchenschenkel, Kalb-, Schweine- und Lammfleisch (von jungen Tieren), Austern, Wiener Würstchen, Kochschinken, Fleischkäse, (grüne Bohnen), Cashewnüsse, Gerste
Valin	= Val	Kalbfleisch, Flundern, Meeresfisch, Vollkornreis (12 Stunden eingeweicht)

EINKAUFSLISTE

Grundversorgung mit Nahrungsmitteln, die häufig bei der Bedarfsorientierten Ernährung Verwendung finden

Nahrungsmittel, die in den Einkaufswagen gehören	Wirkstoff und Nutzen der Nahrungsmittel
Polenta, mittelgrob	enthält bioverfügbares Tyrosin zum Stärken der Nebennieren zur Aktivierung bei Stressbelastung, um die Konstitution und die Immunabwehr zu stärken
Hirse, jung	enthält bioverfügbares Threonin zur Aktivierung
Linsen,(Paradina-, Teller- oder Bulgurlinsen), Kichererbsen, Kidneybohnen,	Mangan, Vitamin B6, pflanzliche Aminosäuren (Arginin, Leucin); zum Abbau von Stress und zur Erholung, für einen konstanten Blutzuckerspiegel
gelbe Erbsen	Mangan; verringert Stress und Aufregung
weiße Bohnen	Zink, Pantothensäure; wirkt positiv auf den Wärmehaushalt und auf die Immunabwehr
Haferflocken	Zink, Pantothensäure; wirkt positiv auf den Wärmehaushalt und auf die Immunabwehr
Dinkelmehl, Weizenmehl 550-er Mahlgrad	Kohlenhydrate
Gurke Kohlrabi Brokkoli	Magnesium, Regeneration
Rote Bete, grüne Erbsen	Kupfer; verbessert Sauerstoffverwertung, sinnvoll bei Kopfschmerz durch schlecht gelüftete Räume oder im Hochsommer durch zu starke Sonneneinwirkung mit hohen Ozonwerten, macht die Haut weich
Fenchel (Gemüse) Avocado Champignons, frische, mit geschlossenen Köpfen	Niacin; macht Vollgetreide und Hülsenfrüchte verträglich, wichtig für Energiestoffwechsel

Nahrungsmittel, die in den Einkaufswagen gehören	Wirkstoff und Nutzen der Nahrungsmittel
Rettich	Selen und Schwefel; verstärkt Bänderapparat
Chicorée **Radicchio**	Bitterstoffe; Leberstoffwechsel
Feldsalat, Basilikum, frische Kräuter, dunkelgrüne Blattsalate, frischer Spinat	Folsäure, Magnesium, Kalium; Regeneration und verbessert kognitive Leistungen
Rotkohl, Aubergine	Mangan; verringert Stress und Aufregung
Grüne Bohnen, Tomaten	Kobalt; wichtig für Vitamin B12-Synthese
Kirschen	Kobalt; wichtig für Vitamin B12-Synthese
Beerenobst (Himbeeren, Brombeeren, Blaubeeren, Johannisbeeren) **Gelbe Grapefruit, Zitrone**	Vitamin C; verbessert die Aufnahme von Eisen und Eiweiß, stärkt Magenfunktion, wichtig für Sulfatierung der Bänder
Dörrobst (Pflaume, Aprikose, Dattel)	Vitamin B2; verbessert Niacin-Wirkung, wichtig für Sauerstoffverwertung zusammen mit Kupfer
Mohn, Datteln, Aprikose	Molybdän; wichtig gegen Chromüberschuss, Neurodermitis, Allergien
Sahne, **Schmand**	Vitamin B2, Niacin; wichtig für Verstoffwechselung von Hülsenfrüchten und Getreide, zusammen gute Niacin-Wirkung, wichtig für Sauerstoffverwertung zusammen mit Kupfer
Buttermilch	Isoleucin, Lysin; gegen Heuschnupfen
Landbutter, Fassbutter	Essentielle Fettsäuren
Butterschmalz **Bio-Schweineschmalz**	Vitamin D; wichtig im Winter
Olivenöl	Schwefel, essentielle Fettsäuren, Omega-6-Fettsäure (Linolsäure) hitzestabil, zum Braten Vorsicht bei Neurodermitis und Migräne, stabilisiert Bänder
Leinöl	Salatöl, nicht erhitzen, Omega-3-Fettsäure (Linolensäure), Vitamin E und A; wichtig für Regeneration

Nahrungsmittel, die in den Einkaufswagen gehören	Wirkstoff und Nutzen der Nahrungsmittel
Walnussöl	Salatöl, nicht erhitzen, Omega-6-Fettsäure (Linolsäure) Vitamin E und A; wichtig für Regeneration
Erdnussmus (Reformhaus)	Essentielle Fettsäuren, Omega-6-Fettsäure (Linolsäure)
Hartkäse aus Rohmilch	Kalzium; wichtig für Knochen und Zähne
Parmesan im Stück	Kalzium; auch noch am Abend aufzunehmen
Camembert, Blauschimmelkäse	Vitamin B2; verbessert Niacin-Wirkung, wichtig für Sauerstoffverwertung zusammen mit Kupfer
Rindfleisch, Roastbeef, Lammsalami, Lammfleisch,	Eisen, Valin, Omega-6-Fettsäure (Arachidonsäure)
Hähnchenschenkel, Kochschinken, Wiener Würstchen, Kalbfleisch	Tryptophan, Niacin wichtig für Regeneration
Rote Grützwurst/Schwarzwurst, Rotwurst	Molybdän; wichtiger Gegenspieler zu Chrom, nützlich bei Neurodermitis und Allergien
Tiefseefisch Zuchtlachs, Kabeljau, Seelachs,Thunfisch, etc.	Lysin, Isoleucin, Omega-3-Fettsäuren; gegen Heuschnupfen, Neurodermitis, Allergien
Geräucherte Makrele	Niacin, Lysin, Isoleucin, Omega-3-Fettsäuren
unbehandeltes Meersalz oder Steinsalz	NaCl, Jod
Edelhefe (Reformhaus)	Vitamin B1; gegen Übersäuerung
Weizenkeime (Reformhaus)	Vitamin E, Phosphor; Regeneration, Leberstoffwechsel

LITERATUR

Allegri G. (Ed.),.Costa C.V.L, Ragazzi E, Steinhart H., Varesio L.(2004): **Allegry Developments in Tryptophan and Serotonin Metabolism. Advances in Experimental Medicine and Biology, Volume 527.** New York et al.: Kluwer Acadamic/ Plenum Publishers, 2004.

Bein-Wierzbinski, W. (2011): **Das Konzept der Bedarfsorientierten Ernährung nach Heinrich Tönnies- Wie ernähre ich mein Kind gesunderhaltend?** PäPKi®-Sonderdruck. Hamburg: Pädagogische Praxis für Kindesentwicklung (Hrsg.), 2011.

Bein-Wierzbinski, W. (2013a): **Einführung der Beikost. Bedarfsorientierte Ernährung von Anfang an.** Berlin: Lehmanns Media. 1. Aufl. 2013.

Bein-Wierzbinski (2013b): **Stillen und Ernährung der stillenden Mutter. Bedarfsorientierte Ernährung für Mutter und Kind.** Berlin: Lehmanns Media. 1. Aufl. 2013.

Berg J M,.J. L. Tymoczko, L. Stryer (2012): **Stryer Biochemie.** 8. Auflage, Heidelberg: Springer Spektrum Akademischer Verlag, 2012.

DGE-Info (2007): **Welchen Einfluss nehmen trans-Fettsäuren auf die Gesundheit?** DGEinfo 02/2007 – Beratungspraxis, 2007.

DGE-Info (2010): **Solanin in Kartoffeln** DGEinfo 02/2010 – Beratungspraxis, 2010.

Foster RG, Peirson SN, Wulff K, Winnebeck E, Vetter C, Roenneberg T. (2013): **Sleep and circadian rhythm disruption in social jetlag and mental illness.** Prog Mol Biol Transl Sci. 2013;119:325-46.

Ledochowski M, Fuchs D, Widner B (2001): **Fruktosemalabsorption. Journal für Ernährungsmedizin** (Ausgabe für die Schweiz) 2001; 3 (1):15-19.

Harland, BF., Oberleas, D. (2001): **Effects of Dietary Fiber and Phytate on the Homeostasis and Bioavailability of Minerals, in Gene A.** Spiller (Editor): CRC Handbook of Dietary Fiber in Human Nutrition. Third Edition. CRC Press, 2001: 161-170.

Hu FB, Manson JE, Willett WC.(2001): **Types of dietary fat and risk of coronary heart disease: a critical review.** J Am Coll Nutr. 2001 Feb;20(1):5-19.

Kinderernährungswerk Hamburg e.V. (Hrsg.) (1994): **Nährstoffliste nach Tönnies. Welche Nährstoffe finden Sie in welchen Nahrungsmitteln.** Hamburg, 1994.

Kinderernährungswerk Hamburg e.V. (Hrsg.) (1995): **Das Konzept der bedarfsorientierten Ernährung nach Heinrich Tönnies – Ein Überblick.** Skript. Hamburg, 1995.

Rampersaud GC, Pereira MA, Girard BL, Adams J, Metzl JD. (2005): **Breakfast habits, nutritional status, body weight, and academic performance in children and adolescents.** In: J Am Diet Assoc. 105, Nr. 5, 2005:743-760.

Roenneberg, T. (2012): **Wie wir ticken: Die Bedeutung der Chronobiologie für uns: Die Bedeutung der Chronobiologie für unser Leben.** Dumont, 2012.

Schulte, G., Nietner, H. (1996): **Die Bedeutung der alltäglichen Ernährung für Erziehung durch Ernährung. Ernährungsumstellung in einem Hamburger Kinderheim. Bericht über ein Forschungsprojekt 1982-1987.** Kinderernährungswerk Hamburg e.V. (Hrsg.), Hamburg, 1996.

Tönnies:, H. (1980 bis 1996): **Diverse Seminarmitschriften im Rahmen der Seminarreihe „Die Bedeutung der alltäglichen Ernährung in der Pädagogik" am Fachbereich Erziehungswissenschaft der Universität Hamburg.**

Tönnies, H. (1985): **Theoretische Arbeitsgrundlage einer gesunden Ernährung – Erörterung am Beispiel einer Ernährungsuntersuchung in einem Hamburger Kinderheim.** Skript. München, 1985.

Tönnies, Heinrich (1996): **Seelische Stabilität, gute Leistungsfähigkeit durch bedarfsorientierte Ernährung – Dargestellt am Beispiel einer Ernährungsuntersuchung in einem Hamburger Kinderheim.** Selbstverlag Tönnies, Alfeld 1996.

Zulley J., Knab B. (2009): **Unsere Innere Uhr. Natürliche Rhythmen nutzen und der Non-Stop-Belastung entgehen.** Mabuse-Verlag, 2009.

Haftungsausschluss

PäPKi® übernimmt keine Haftung für den Inhalt dieser Broschüre oder Schäden, die durch mittelbaren oder unmittelbaren Gebrauch der Informationen entstehen.

Die Autorin haftet nicht für die erfolgreiche Umsetzung, Wirkung oder Geschmack der vorgeschlagenen Rezepte und Anregungen.

Jeder ist bei der Zubereitung für den verantwortungsbewussten und sachgerechten Umgang mit den Lebensmitteln selbst verantwortlich.

Die für Sie zusammengestellten Gesundheits- und Medizininformationen dürfen weder als Ersatz für professionelle Beratung und/oder Behandlung durch approbierte Ärzte angesehen werden, noch dürfen aufgrund der Informationen eigenständig Diagnosen gestellt oder Behandlungen begonnen oder abgesetzt werden. Schadensersatzansprüche, sofern sie nicht auf Vorsatz bzw. grober Fahrlässigkeit beruhen, sind ausgeschlossen.

Zur Autorin:

Im Rahmen meiner beruflichen Tätigkeit in der Pädagogischen Praxis für Kindesentwicklung PäPKI® beschäftige ich mich nunmehr schon seit über 20 Jahren mit lern- und entwicklungsauffälligen Kindern und Erwachsenen. Neben Bewegungseinschränkungen in Form von Blockaden und Koordinationsschwächen sind es heutzutage vermehrt auch ernährerische Ungleichgewichte, die Kindern und ihren Eltern zu schaffen machen. Die Zahl an Betroffenen, die unter Konzentrationsschwierigkeiten, Erschöpfungszuständen, AD(H)S, Migräne, Kieferschmerzen (CMD) oder auch Neurodermitis leiden, nimmt weiter zu.

Durch mein Studium am Fachbereich Erziehungswissenschaft der Universität Hamburg im Rahmen der von Heinrich Tönnies abgehaltenen Seminarreihe „Die Bedeutung der alltäglichen Ernährung in der Pädagogik"

von 1980 bis 1996 sowie durch meine aktive Mitarbeit im Kinderernährungswerk Hamburg e.V., in dem Heinrich Tönnies lehrend und beratend tätig war, durfte ich die Theorie und die Umsetzung der Bedarfsorientierten Ernährung sowie antlitzdiagnostische Verfahren von ihm lernen. Es ist mir ein besonderes Anliegen, dieses wertvolle Wissen und die Erkenntnisse von Heinrich Tönnies über seinen Tod hinaus zu erhalten und weiterzuentwickeln. Daher habe ich mir die Mühe gemacht, das vorliegende Buch für die ganze Familie sowie zwei weitere Bücher zur Umsetzung der Bedarfsorientierten Ernährung im ersten Lebensjahr (Stillen und Beikosteinführung) zu verfassen. Auch werden Informations- und Weiterbildungsveranstaltungen zur Bedarfsorientierten Ernährung bei PäPKi® angeboten. Das aktuelle Kursangebot finden Sie unter **www.paepki.de.**

Danksagung

Ein dickes Dankeschön möchte ich an meinen Mann und meine drei Kinder richten, die einen wesentlichen Beitrag bei der Umsetzung der Bedarfsorientierten Ernährung im Alltag und beim Sammeln von Erfahrungen geleistet haben – auch, wenn sie das nicht immer mitbekommen haben.

Ganz herzlich möchte ich mich auch bei folgenden PäPKi® -Therapeuten bedanken, die bei der Erstellung dieses Buches behilflich waren.

Zu nennen sind: Susanne Biasio, Sr. Maria Gabriela Franke, Karin Bings, Christiane Heidbreder-Schenk, Lars Jürgensen, Dorthe Kastens und Dr. Anne Knopp.

JETZT IM HANDEL: BEDARFSORIENTIERTE ERNÄHRUNG IM ERSTEN LEBENSJAHR

Wertvolle Informationen zu Allergieprophylaxe und Neurodermitis